Psychologie im Familienrecht – zum Nutzen oder Schaden des Kindes?

Uwe Tewes

Psychologie im Familienrecht – zum Nutzen oder Schaden des Kindes?

2., vollständig überarbeitete und aktualisierte Auflage

Uwe Tewes
Lüneburg, Deutschland

ISBN 978-3-662-68465-8   ISBN 978-3-662-68466-5 (eBook)
https://doi.org/10.1007/978-3-662-68466-5

Die Deutsche Nationalbibliothek verzeichnet diese Publikation in der Deutschen Nationalbibliografie; detaillierte bibliografische Daten sind im Internet über http://dnb.d-nb.de abrufbar.

© Der/die Herausgeber bzw. der/die Autor(en), exklusiv lizenziert an Springer-Verlag GmbH, DE, ein Teil von Springer Nature 2016, 2024

Das Werk einschließlich aller seiner Teile ist urheberrechtlich geschützt. Jede Verwertung, die nicht ausdrücklich vom Urheberrechtsgesetz zugelassen ist, bedarf der vorherigen Zustimmung des Verlags. Das gilt insbesondere für Vervielfältigungen, Bearbeitungen, Übersetzungen, Mikroverfilmungen und die Einspeicherung und Verarbeitung in elektronischen Systemen.
Die Wiedergabe von allgemein beschreibenden Bezeichnungen, Marken, Unternehmensnamen etc. in diesem Werk bedeutet nicht, dass diese frei durch jedermann benutzt werden dürfen. Die Berechtigung zur Benutzung unterliegt, auch ohne gesonderten Hinweis hierzu, den Regeln des Markenrechts. Die Rechte des jeweiligen Zeicheninhabers sind zu beachten.
Der Verlag, die Autoren und die Herausgeber gehen davon aus, dass die Angaben und Informationen in diesem Werk zum Zeitpunkt der Veröffentlichung vollständig und korrekt sind. Weder der Verlag noch die Autoren oder die Herausgeber übernehmen, ausdrücklich oder implizit, Gewähr für den Inhalt des Werkes, etwaige Fehler oder Äußerungen. Der Verlag bleibt im Hinblick auf geografische Zuordnungen und Gebietsbezeichnungen in veröffentlichten Karten und Institutionsadressen neutral.

Planung/Lektorat: Lisa Bender
Springer ist ein Imprint der eingetragenen Gesellschaft Springer-Verlag GmbH, DE und ist ein Teil von Springer Nature.Die Anschrift der Gesellschaft ist: Heidelberger Platz 3, 14197 Berlin, Germany

Das Papier dieses Produkts ist recyclebar.

Vorwort zur 2. Auflage

Seit der Veröffentlichung der ersten Auflage dieses Buchs vor acht Jahren haben sich in den fachlichen Standards und der richtungsweisenden Rechtsprechung Veränderungen ergeben, die eine Neubearbeitung erforderlich machen. Insbesondere im Bereich der Gutachtenerstellung im Familienrechtsverfahren sind in den letzten drei Jahren überarbeitete Neuauflagen der maßgeblichen Standardwerke erschienen. Eine fachübergreifende Arbeitsgruppe, bestehend aus Vertretern aller juristischen, psychologischen und ärztlichen Fachgruppen, hat sich auf „Mindestanforderungen" geeinigt, die an die Qualität von Gutachten im Familienrecht gestellt werden sollten (Arbeitsgruppe Familienrechtliche Gutachten, 2019). Die Standards wurden im Jahr 2015 erstmalig veröffentlicht und ein Jahr später einstimmig in einer Entschließung des Deutschen Bundestags angenommen. Sowohl Gerichte als auch viele Sachverständige beziehen sich vermehrt auf diese Standards, die laut Splitt (2018) mittlerweile ähnlich wie die Düsseldorfer Tabellen im Unterhaltsrecht als Richtlinien für die Beurteilung der Qualität von Sachverständigengutachten im Familienrecht gelten können. Der Berufsverband Deutscher Psychologinnen und Psychologen und die Deutsche Gesellschaft für Psychologie haben ebenfalls Qualitätsstandards für psychologische Gutachten vorgelegt (Föderation Deutscher Psychologenvereinigungen, 2017), die auch für familienrechtliche Gutachten gelten. Es ist offensichtlich, dass die Sensibilität für Qualitätsmängel bei der Erstellung von Gutachten sowohl bei Gerichten, Sachverständigen, betroffenen Eltern als auch in den Medien deutlich gestiegen ist.

Allerdings gibt es auch Entwicklungen, die Anlass zur Besorgnis geben. Die öffentlichen Auseinandersetzungen verschiedener Interessengruppen nehmen an Heftigkeit zu. Dabei richtet sich die Kritik weniger auf fallbezogene Fehler und Mängel, sondern betrifft die Arbeit ganzer Berufsgruppen, insbesondere Gerichte, Jugendämter, das Gutachterwesen und die Verfahrensbeistände. Ihnen wird jeweils pauschales Versagen vorgeworfen. Unterschiedliche Vorgehensweisen und Einschätzungen der professionell Beteiligten führen zu Wettbewerben um die Deutungshoheit, insbesondere zwischen Verfahrensbeiständen, Sachverständigen und den Jugendämtern. Dies verstärkt die Konflikte und erhöht die Kosten für die Erstellung von Gutachten, die in den letzten Jahren ohnehin stark angestiegen sind.

Die kritische Diskussion über relevante Kindeswohlkriterien nimmt derart zu, dass gelegentlich der Eindruck entsteht, manche professionell Beteiligten würden den Einzelfall instrumentalisieren, um ihre Sichtweise zu untermauern. Themen, die derzeit kontrovers diskutiert werden, sind das Konzept der Entfremdung, der Bindungsintoleranz, sowie psychopathologische Konstrukte wie das Münchhausen-by-proxy-Syndrom, Traumatisierungsstörungen und Persönlichkeitsakzentuierungen wie Borderline, Narzissmus und histrionische Merkmale. Dabei entsteht gelegentlich der Eindruck, dass ein „Experte" vom anderen abschreibt, statt eine eigene Diagnostik durchzuführen. Zu all diesen Themen kursieren typisierende Narrative, die von einigen professionell Beteiligten bei der Entscheidungsfindung übernommen werden. Dies vermittelt gelegentlich den Eindruck, dass alle dasselbe Märchenbuch gelesen haben.

Es gibt verschiedene mögliche Ursachen für diese abträgliche Entwicklung. Eine davon ist die mangelnde Weiterbildung der beteiligten Fachkräfte. Es ist von entscheidender Bedeutung, dass Fachkräfte regelmäßig Fortbildungen absolvieren, um mit den aktuellen Entwicklungen Schritt zu halten. Eine weitere Ursache ist die fehlende Qualitätsprüfung und -kontrolle. Es ist wichtig, dass Gutachten einer sorgfältigen Prüfung unterzogen werden, um die Qualität und Belastbarkeit der Ergebnisse sicherzustellen. Zudem darf das Risiko einer sekundären Kindeswohlgefährdung bei Begutachtungen und gerichtlichen Entscheidung nicht vernachlässigt werden. Eine sekundäre Kindeswohlgefährdung tritt auf, wenn beschlossene Maßnahmen das betroffene Kind stärker belasten als die problematischen Umstände, die mit diesen Maßnahmen behoben werden sollen.

Die Verbreitung digitaler Medien hat den öffentlichen Diskurs erleichtert, der in der Regel dazu neigt, sich nur auf Mängel zu konzentrieren. In den Erfahrungsberichten professioneller Akteure oder auch ratsuchender Eltern überwiegt begreiflicherweise die Kritik. Ich habe nichts gegen Psychologen, die forensische Gutachten erstellen. Bei der Mehrzahl der Gutachten, die ich im Rahmen meiner beruflichen Tätigkeit zu lesen bekam, weil sie entweder Bestandteil der Akten waren, die ich lesen musste, oder weil sie mir zur kritischen Prüfung vorgelegt wurden, ist gute Arbeit geleistet worden. Aus manchen Gutachten habe ich viel gelernt, manchmal mehr als aus jedem aktuellen Fachbuch.

In dieser Neuauflage wurden Inhalte aktualisiert und kommentierte Hinweise für weiterführende Literatur aufgenommen. Beim methodisch-didaktischen Konzept wurde stärker darauf geachtet, das Problemverständnis zu fördern und Unterstützung für die Suche nach Lösungen dieser Probleme anzubieten. Zahlreiche Rückfragen zur Erstauflage haben gezeigt, dass sowohl Beteiligte aus anderen Fachrichtungen als auch Eltern als psychologische Laien unrealistische oder schlichtweg falsche Erwartungen an die Arbeit und die Rolle der psychologischen Sachverständigen haben. Es ist wichtig zu betonen, dass psychologische Sachkunde im familienrechtlichen Rahmen eine sinnvolle Unterstützung sein kann. Dabei sollte aber auch stets auf die möglichen Risiken und Nebenwirkungen der dann erforderlichen psychologischen Maßnahmen geachtet werden. Dieses Buch soll sowohl den Eltern als auch den am Verfahren beteiligten professionellen Akteuren Anregungen geben, wie man diese Risiken erkennen und verringern kann.

Unter Beibehaltung der inhaltlichen Untergliederung wurden wesentliche inhaltliche Veränderungen vorgenommen. Umfassende inhaltliche Änderungen und Aktualisierungen finden sich vor allem in den letzten vier Kapiteln, die sich auf die Begutachtung beziehen.

Lüneburg
im August 2023

Uwe Tewes

Literatur

Arbeitsgruppe Familienrechtliche Gutachten. (2019). Mindestanforderungen an die Qualität von Sachverständigengutachten im Familienrecht (2. Aufl.). Deutscher Psychologen Verlag.
Diagnostik- und Testkuratorium der Föderation Deutscher Psychologenvereinigungen (2017). Qualitätsstandards für psychologische Gutachten.
Splitt, A. (2018). Rechtsfragen im Zusammenhang mit familienpsychologischen Sachverständigengutachten. FF, 2, 51–59.

Vorwort zur 1. Auflage

Wer sich heute auf ein streitiges Familienrechtsverfahren einlässt, verliert als Laie schnell den Durchblick. Er bekommt es mit zahlreichen unterschiedlichen Experten zu tun, macht unter Umständen die Erfahrung, dass die verschiedenen gerichtlichen Instanzen den Fall unterschiedlich bewerten, und kann kaum noch nachvollziehen, wie Gutachterinnen und Gutachter zu ihren Ergebnissen gekommen sind. „Drei Gutachten mit drei verschiedenen Empfehlungen – da hätte ich ebenso gut Lotterie spielen können", meinte kürzlich resigniert ein Kindesvater bei einer Gerichtsverhandlung.

Recht hat er, denn Sachverständige, die einen wissenschaftlich begründeten Befund zu erheben haben, sind zur Einhaltung der Qualitätskriterien verpflichtet, zu denen in der Psychologie vorrangig die Objektivität, die Zuverlässigkeit und die Gültigkeit der Befunderhebung gehören. Diese Maßstäbe, die ursprünglich für die Beurteilung der Güte psychologischer Testverfahren entwickelt wurden, gelten selbstverständlich auch für die Beurteilung von Merkmalen, die im Rahmen der Begutachtung zu erfassen sind, wie beispielsweise die Intensität des Kindeswillens, die Enge der Bindung oder die erzieherische Eignung der Eltern. Das Kriterium der Gültigkeit bezieht sich in erster Linie auf die Relevanz der Untersuchungsergebnisse im Hinblick auf die zu beantwortende Fragestellung, das Kriterium der Zuverlässigkeit auf die zeitliche Stabilität des Ergebnisses, das nicht in Abhängigkeit von momentanen Besonderheiten und unsicher-schwankenden Einschätzungen der Sachverständigen ausfallen sollte. Die Objektivität stellt jedoch eine Mindestanforderung dar und wäre dann belegt, wenn verschiedene Sachverständige unter gleichen Voraussetzungen und bei gleicher

Sachlage bei ein und demselben Fall zu übereinstimmenden Erkenntnissen kommen würden, was in der Praxis jedoch nicht überprüft werden kann.

Wenn mehrere Sachverständige in einem Fall zu extrem unterschiedlichen Einschätzungen und Empfehlungen kommen, kann daraus jedoch nicht ohne weiteres auf Mängel ihrer Arbeit geschlossen werden. Der oben zitierte Kindesvater übersieht bei seiner Kritik, dass es in solchen Fällen bei den Eltern keine Gewinner oder Verlierer geben sollte, wie es bei einer Lotterie der Fall ist. Es geht ausschließlich um die Suche nach der bestmöglichen Regelung für das Kind und nicht um die Ansprüche der Eltern oder um deren Rechtsempfinden. Möglicherweise hatte das Gericht den drei Sachverständigen nicht klar und differenziert genug vorgegeben, was es geprüft haben wollte, sodass die verschiedenen Sachverständigen unterschiedliche Bewertungsmaßstäbe entwickelten hatten und sich daher nicht einig in der Frage waren, welche psychologischen Kriterien in diesem Fall von Bedeutung sein könnten.

Eltern, die in Kindschaftssachen miteinander vor Gericht im Streit liegen, bekommen es im Verlauf des Verfahrens in verschiedenen Zusammenhängen mit psychologischem Sachverstand zu tun: gelegentlich im Rahmen von Begutachtungen, aber auch bei Beratungsstellen der Jugendämter, im Rahmen von Mediationen oder wenn schriftliche Stellungnahmen psychologischer Experten von einer Partei in das Verfahren eingebracht werden. Obwohl in den meisten Fällen Gerichte, Jugendämter, Mediatoren und Sachverständige gemeinsam nach Lösungen suchen, werden an die psychologische Fachkompetenz besonders hohe Erwartungen gerichtet, die gelegentlich einer ans Magische grenzenden Mystifizierung gleichen. Wer Psychologie studiert hat, könne hinter die Fassade schauen, lasse sich nicht leicht täuschen oder beeinflussen und sei besser als andere in der Lage, beruhigend auf besonders konfliktreiche Auseinandersetzungen einzuwirken. Dieser Sichtweise stehen kritische bis fatalistische Einschätzungen gegenüber, wie man sie derzeit häufig in den Medien vermittelt bekommt: Die Qualität der familienpsychologischen Gutachten sei überwiegend mangelhaft, trotzdem seien die Sachverständigen in vielen Verfahren die „heimlichen Richter".

Das Misstrauen ist nicht ganz unbegründet, und die zuständigen Ministerien befassen sich gegenwärtig auch mit der Erarbeitung von Änderungsvorschlägen für die Rechtsvorschriften noch in der laufenden Legislaturperiode. Derzeit gibt es keine verbindlichen Qualitätsmaßstäbe und keine hinreichenden Qualitätskontrollen für familienpsychologische Gutachten. Es gibt auch keine fächerübergreifenden verbindlichen Ausbildungsgänge. Die derzeit vorhandenen Ausbildungsangebote kommen aus unterschiedlichen fachlichen Richtungen und stehen daher in Konkurrenz zueinander. Zudem haben die starken finanziellen Anreize und der eher ungünstige Stellenmarkt für psychosoziale Berufe zur Folge, dass sich häufiger arbeitssuchende Psychologen und Pädagogen um Gutachtenaufträge bemühen, ohne über hinreichende Erfahrungen oder eine systematische Ausbildung zu verfügen.

Der Autor dieses Texts war nie im Hauptberuf Gutachter, sondern hat als Diplom-Psychologe und Hochschullehrer in der Psychiatrie und in der Medizinischen Psychologie in einer medizinischen Fakultät (Medizinische Hochschule Hannover) forensische Gutachten ausschließlich nebenberuflich erstellt. Die entsprechenden Qualifikationen wurden während der Assistenzzeit durch die institutsinterne Aus- und Weiterbildung mit gründlicher Supervision erworben. Eine Anbindung an eine bestimmte schulische Ausrichtung bestand nicht, wohl aber die Pflicht, die eigene Tätigkeit transparent zu gestalten und sich der Aufsicht und Kontrolle durch wissenschaftliche Experten zu stellen.

Obwohl die öffentliche Diskussion über Mängel bei familienpsychologischen Gutachten den Anstoß für dieses Buch gab, sind systematische Auflistungen und Analysen dieser Mängel oder Vorschläge zu deren Behebung hier nicht das eigentliche Anliegen. Die Idee entstand vielmehr im Zusammenhang mit den mühsamen Versuchen, Eltern bei der Begutachtung über ihre Rechte aufzuklären und ihnen die gutachterliche Arbeit transparent zu machen. Die meisten Eltern zeigten eine eher ambivalente Haltung, die sich aus dem Konflikt zwischen unrealistisch hohen Erwartungen einerseits und unbegründeten Befürchtungen andererseits ergab, möglicherweise die Folgen von Fehlern und Mängeln tragen zu müssen, die sie selbst nicht erkennen und vor denen sie sich nicht schützen können.

In der Medizin hat man sich in den letzten Jahrzehnten vermehrt dem Konzept des Empowerment verpflichtet. Insbesondere bei chronischen Erkrankungen soll der Patient sich nicht mehr überwiegend als Objekt oder Empfänger diagnostischer und therapeutischer Maßnahmen der medizinischen Experten erleben, sondern über sein Leiden und seine Rechte in einer Weise aufgeklärt werden, die es ihm ermöglicht, auf Augenhöhe mit dem Arzt zu reden, um mit ihm gemeinsam die erforderlichen Schritte in der Diagnose und Therapie seiner Krankheit zu erarbeiten. Bei der Begutachtung erleben sich viele Eltern ebenfalls als eher unwissendes Objekt, das die Empfehlungen und Entscheidungen von Experten einfach hinzunehmen hat. Eine gründliche Aufklärung der Eltern über das, was im Rahmen der Begutachtung auf sie zukommen kann und wie die einzelnen Maßnahmen zu bewerten sind, könnte unter Umständen ihre Bereitschaft und ihre Fähigkeit stärken, in diesem Konflikt mehr Verantwortung für sich selbst und ihr Kind zu übernehmen und gemeinsam mit den juristischen und den psychologischen Experten an Lösungen zu arbeiten. Damit verbindet sich nicht die Erwartung, dass Eltern sich selbst zu Experten im Kindschaftsrecht oder in familienpsychologischer Begutachtung weiterbilden sollten. Wer diesbezüglich Ehrgeiz entwickelt, kann sich in der einschlägigen Fachliteratur informieren und sich an den Literaturhinweisen im Verlauf dieses Texts orientieren, insbesondere bei Salzgeber (2015), Dettenborn und Walter (2015) oder Fichtner (2015). Er sollte sich davon jedoch nicht zu viel versprechen. Eltern, die sich in diesem unübersichtlichen und mit Fallstricken übersäten Terrain vorwiegend selbst vertreten, vermindern in der Regel ihre Chancen, weil sie sich durch allzu viele Fehler angreifbar machen.

Dieses Buch versteht sich daher auch nicht als Einführung in die Grundlagen und Regeln der Gutachtenerstellung. In erster Linie soll es Eltern darüber informieren, worauf sie sich einstellen müssen, falls das Gericht die Erstellung eines Gutachtens anordnet, worauf sie in diesem Fall zu achten haben, wozu sie verpflichtet sind, was sie selbst entscheiden dürfen, welche Vorteile die psychologische Tätigkeit möglicherweise in diesem Verfahren hat und welche Nachteile und möglichen Gefahrenquellen damit für sie verbunden sein können. Gleichzeitig soll für Leser anderer Professionen, die ebenfalls an einem solchen Verfahren beteiligt sind (beispielsweise Juristen, Mitarbeiter der Jugendhilfe oder Verfahrensbeistände), die Arbeit der Sachverständigen ein wenig transparenter gemacht werden. Dabei wird auf Möglichkeiten der Zusammenarbeit und gegebenenfalls erforderliche Abgrenzungen hingewiesen und auf methodische Probleme eingegangen, die in der einschlägigen Fachliteratur häufig kontrovers diskutiert werden. Auf diese Weise kann vielleicht auch dem häufig zu beobachtenden Wettstreit um Deutungshoheit entgegengewirkt werden, der meistens zulasten der betroffenen Kinder geht. Letztlich handelt es sich hier um eine Anleitung zum zweckdienlichen, sachlich begründeten, lösungsorientierten und konfliktvermeidenden Vorgehen mit einem Einstieg in die sehr komplexe Problematik in einer Form, die auch für psychologische und juristische Laien verständlich ist.

Wer sich auf ein solches Projekt einlässt, muss damit rechnen, dass ihm vorgehalten wird, er habe sich als Gutachter selbst nicht immer konsequent an die Regeln und Empfehlungen gehalten, die er hier als wichtig hervorhebt. Dem muss entgegengehalten werden, dass bei der Erarbeitung von fachlichen Empfehlungen und verfahrensrechtlichen Vorgaben in letzter Zeit eine starke Dynamik zu beobachten war, nicht zuletzt dank der öffentlichen Kritik an der Qualität der Gutachten. Manches von dem, was vor wenigen Jahren noch der wissenschaftlichen und rechtlichen Norm entsprach, kann heute nicht mehr maßgeblich sein. Damit soll nicht in Abrede gestellt werden, dass jedes Gutachten fehleranfällig ist und jeder Gutachter Fehler macht. Frühere Fehler vergisst nur der, der seine eigene Expertise überschätzt.

Mein Dank gilt vor allem den Eltern, die mich aus der Sicht von Betroffenen auf die Probleme hingewiesen haben, die sie bei der Zusammenarbeit mit psychologischen Beratern und Gutachtern hatten, sowie Frau Marion Krämer und Frau Carola Lerch von der Fachredaktion des Verlags Springer für die stets aufmerksame und sehr konstruktive Betreuung des Projekts und den Juristen, Jugendamtsmitarbeitern und Psychologen, mit denen ich viele der hier aufgegriffenen Probleme diskutieren durfte, insbesondere den Mitgliedern des Arbeitskreises „Qualitätssicherung im Familienrechtsverfahren" an der Leuphana Universität Lüneburg.

Lüneburg
im September 2015

Uwe Tewes

Literatur

Dettenborn, H., & Walter, E. (2015). *Familienrechtspsychologie* (4. Aufl.). Ernst Reinhardt.
Fichtner, J. (2015). *Trennungsfamilien – Lösungsorientierte Begutachtung und gerichtsnahe Beratung*. Hogrefe.
Salzgeber, J. (2015). *Familienpsychologische Gutachten* (7. Aufl.). Beck.

Inhaltsverzeichnis

1 Kindeswohl und elterliche Sorge   1
  1.1 Wenn Trennungskonflikte aus dem Ruder laufen – Vom akuten Trennungskonflikt zum Kampf um jeden Preis   1
  1.2 Die Folgen für das Kind – Risiken und Nebenwirkungen   5
  1.3 Die Delegation der Verantwortung an den Experten – Mit privaten Problemen in die Öffentlichkeit   9
  1.4 Pflichten und Rechte der Eltern – Die Wahrnehmung von Rechten erzeugt Pflichten   16
  1.5 Die Rechte und das Wohl des Kindes – Kinder haben eigene Rechte   20
  Literatur   26

2 Das Konfliktfeld und die beteiligten Akteure   27
  2.1 Verfahrensrechtliche Einordnung – Was ist zu regeln?   27
  2.2 Informelle und formelle Regelungen – Den Gang zum Gericht kann man sich möglicherweise auch sparen   30
  2.3 Die beteiligten Akteure – Rolle und Aufgabe der Professionen im Verfahren   32

	2.4	Formelle und informelle Spielregeln – Recht haben und Recht bekommen	40
	Literatur		46
3	**Psychologische Hilfen bei Problemen mit elterlicher Sorge und Umgang**		**49**
	3.1	Psychologische Hilfen bei autonomen Regelungen – Die außergerichtliche Konfliktbehandlung	49
	3.2	Psychologische Begutachtungen bei gerichtlichen Regelungen – Auch Sachverständige müssen sich an Regeln halten	54
	3.3	Gutachten als gerichtliche Entscheidungshilfen – Gutachter als „heimliche Richter" oder als „Beweismittel" im Verfahren?	59
	3.4	Gutachten als gerichtliche Lösungshilfen – Gutachter als „Friedensbringer"?	62
	3.5	Spielräume des gutachterlichen Handelns – Auch für Gutachter gelten Regeln	66
	3.6	Handlungsspielräume von Eltern und Kindern – Man sollte seine Rechte kennen und wahrnehmen	69
	Literatur		72
4	**Eigenverantwortliches Handeln und Mitdenken der Eltern bei der Begutachtung**		**75**
	4.1	Vorbereitung auf die Begutachtung – Vertrauen ist gefährlich, Kontrolle ist besser	76
	4.2	Prüfung der gerichtlichen Beweisfrage und der psychologischen Fragen – Worum geht es hier eigentlich?	78
	4.3	Kontaktaufnahme zum Gutachter – Abwarten oder handeln?	83
	4.4	Das Erstgespräch mit dem Gutachter – Der erste Eindruck kann prägend sein für den weiteren Verlauf	84
	4.5	Die Bedeutung der Akten und zusätzlicher Unterlagen – Papier ist geduldig und vergisst wenig	85
	4.6	Die Exploration – eine Kommunikation unter ganz besonderen Bedingungen	88

4.7	Verhaltensbeobachtungen und Interaktionsdiagnostik – Wie authentisch verhält man sich?	96
4.8	Psychologische Testdiagnostik – Mythen und Fakten	99
4.9	Befunddarstellung und gutachterliche Empfehlungen – Nachvollziehbarkeit und Nachhaltigkeit	112
4.10	Stellungnahme zum Gutachten – Konflikt- oder Lösungssuche	129
	Literatur	132

5 Hoch eskalierte Trennungskonflikte — 135

5.1	Konfliktmerkmale – Wie sich Konflikte verselbstständigen können	135
5.2	Ursachen des hoch eskalierten Konflikts – Besser ein heftiger Streit als keine Gefühle?	141
5.3	Auswirkungen hoch eskalierter Konflikte auf Kinder und Eltern – Streit als Belastung und Herausforderung	144
5.4	Umgangsboykott – Der völlige Bruch	148
5.5	Regelungs- und Interventionsmöglichkeiten – Hilflose Helfer?	152
	Literatur	162

6 Die Inobhutnahme des Kindes — 165

6.1	Die Ermessensspielräume – Wo sind die Grenzen der Intervention?	165
6.2	Besondere Anforderungen an die Gutachtenerstellung – Systematisches Vorgehen oder Stochern im Nebel?	169
6.3	Besondere Fehlerquellen und Risiken im Verfahren – Muss das Kind erst in den Brunnen gefallen sein?	177
	Literatur	181

7 Risiken und positive Entwicklungen bei der psychologischen Begutachtung — 183

	Literatur	194

Stichwortverzeichnis — 195

1

Kindeswohl und elterliche Sorge

Inhaltsverzeichnis

1.1 Wenn Trennungskonflikte aus dem Ruder laufen – Vom akuten Trennungskonflikt zum Kampf um jeden Preis.................... 1
1.2 Die Folgen für das Kind – Risiken und Nebenwirkungen............ 5
1.3 Die Delegation der Verantwortung an den Experten – Mit privaten Problemen in die Öffentlichkeit................................ 9
1.4 Pflichten und Rechte der Eltern – Die Wahrnehmung von Rechten erzeugt Pflichten... 16
1.5 Die Rechte und das Wohl des Kindes – Kinder haben eigene Rechte 20
Literatur... 26

1.1 Wenn Trennungskonflikte aus dem Ruder laufen – Vom akuten Trennungskonflikt zum Kampf um jeden Preis

Wenn aus Ehen Akten werden lautet der einprägsame Titel eines Buchs, das eine angesehene Familienrechtsanwältin aus Hannover vor drei Jahrzehnten herausgab (Fabricius-Brand, 1989). Trennungen, die ohne seelische Verletzungen ablaufen, sind selten. Wenn Familien zerbrechen, entsteht Leid. Oft arrangiert man sich dann doch auf eine halbwegs erträgliche Art und Weise und überlässt die formalen Regularien den Anwälten und Richtern. In manchen Fällen läuft der Konflikt aus dem Ruder und die zuvor privat geführten Auseinandersetzungen verlagern sich auf die Bühne des Gerichtssaals, wo sie dann häufig mit viel Geld und kompromissloser und erbitterter Härte, begleitet von mehr oder minder kompetenter Unterstützung und gelegentlich sogar öffentlich ausgetragen werden. Beim Lesen der bisweilen mehrere Tausend Seiten umfassenden Akten solcher jahrelangen Auseinandersetzungen wird man mit einem inszenierten Drama konfrontiert, das mit dem „wirklichen Leben" kaum noch etwas zu tun hat. Nichts von dem findet sich wieder, was die getrennten Partner früher aneinander geschätzt haben, was sie verbunden hat und wofür sie dem anderen nachträglich vielleicht dankbar sein könnten. Übrig bleiben nur Enttäuschungen, Kränkungen und die ausschließliche Fixierung auf die dunkle und vermeintlich schlechte Seite des anderen.

> Im Trennungsfall schonen einvernehmliche Regelungen die Seele und den Geldbeutel. Was geschieht, wenn man die persönlichen Meinungsverschiedenheiten und Vorbehalte in den Gerichtssaal trägt?

Die Dynamik solcher konflikthaften Entwicklungen beschreibt Alberstötter (2004) sehr anschaulich. Gelegentlich verhärten sich die Fronten nur vorübergehend, bis die streitenden Parteien dann eine Basis finden, auf der sie wieder sachlich und vernünftig miteinander reden und verhandeln können. Dramatisch wird der Konflikt, wenn er zum Dauerzustand wird. Dann werden vermehrt Angehörige, Freunde und Bekannte einbezogen. Bündnispartner werden gesucht und Mythen gebildet, um zu belegen, dass der andere unveränderlich böse ist. Sich selbst sieht man dann eher als Opfer, das in dieser Beziehung nur verletzt und ausgebeutet wurde. Häufig reichen jedoch diese Polarisierung und Selbstrechtfertigung nicht, sondern es geht dann auch darum, den anderen einzuschüchtern und öffentlich bloßzustellen.

Die tragische Endstufe einer solchen Konfliktdynamik bezeichnet Alberstötter als „Beziehungskrieg mit Kampf um jeden Preis", der getragen wird von extremer Verzweiflung und Hassgefühlen auf beiden Seiten. Persönliche Kontakte werden verweigert. Es geht nur noch darum, den anderen seelisch zu vernichten und finanziell in den Ruin zu treiben. Ziel ist dann die existenzielle Vernichtung des Gegners, wobei unter Umständen sogar in Kauf genommen wird, dass man selbst davon keinen Nutzen hat, sondern sich möglicherweise sogar damit schadet. In dieser Phase wird mit Unterstellungen und Verleumdungen gearbeitet, die sich bis zur subjektiven Gewissheit verdichten können. Der Gegner wird als bösartig, seelisch krank und gefährlich dargestellt oder wahrgenommen. Die Kinder werden rücksichtslos auf

Loyalität verpflichtet und instrumentalisiert. Im Extremfall kommt es auch zu Tötungsdelikten oder erweitertem Suizid. Eine solche Konfliktdynamik wird gemeinhin als Rosenkrieg bezeichnet, in Anlehnung an das Ehepaar Rose, dessen Scheidungskrieg im gleichnamigen Film von Danny DeVito aus dem Jahr 1989 sehr eindringlich von Kathleen Turner und Michael Douglas gespielt wird.

Fast jede zweite Ehe wird heute geschieden (Walper & Fichtner, 2011). Wie viele Kinder davon betroffen sind, lässt sich schwer schätzen. Außerdem wenden sich auch unverheiratete Eltern bei Trennungen an die Gerichte, wenn es Meinungsverschiedenheiten wegen des ständigen Aufenthalts der Kinder oder der Regelung der Umgänge gibt. Man schätzt, dass in Deutschland etwa fünf Prozent aller Trennungen hochstrittig verlaufen (Dietrich & Paul, 2006). Das bezieht sich auf Trennungsfamilien, bei denen Beratungsangebote, juristische Maßnahmen und psychosoziale Hilfen mehrfach gescheitert sind (Walper et al., 2011; Bröning, 2011). Die Belange und das Wohlergehen der Kinder treten dabei meistens in den Hintergrund. Die Kinder werden dann eher auf Loyalität verpflichtet und mit den Problemen der Eltern belastet. Sie tragen die Folgen der Bindungsverluste und der daraus entstehenden Lücken in ihrer Biografie.

> **Was verstärkt die Konflikte bei solchen Auseinandersetzungen?**

Ob sich eine Konfliktdynamik bei gerichtlichen Auseinandersetzungen verstärkt, hängt von vielen Faktoren ab. Individuelle Merkmale sind beispielsweise erhöhte Konfliktbereitschaft, geringe Selbstbeherrschung, starke Empfindlichkeit und Kränkbarkeit oder geringes Einfühlungsvermögen. Zu den eher ungünstigen Umständen zählen konfliktfördernde Einflussnahmen Dritter, meistens aus dem Kreis der Angehörigen und Bekannten. Manchmal sind auch die wirtschaftlichen und finanziellen Belange von derart großer Bedeutung, dass die Kompromissbereitschaft stark reduziert wird. Zu den innerfamiliären Bedingungen, die die Konflikte schüren können, gehören gegenseitige Kränkungen, Verletzungen und Schuldzuweisungen. Ungeschicktes oder fehlerhaftes Agieren der professionellen Akteure kann ebenfalls eine Rolle spielen, weil bei den betroffenen Eltern der Eindruck entsteht, dass sie in dem Verfahren gezielt benachteiligt werden. In den digitalen Medien bilden sich schnell Gruppen von Eltern mit ähnlichen Erfahrungen, die sich gegenseitig in ihren Ängsten und Besorgnissen bestärken. Wenn dann die professionell Beteiligten den Betroffenen auch noch vorhalten, dass ihnen die erforderliche Kooperationsbereitschaft und -fähigkeit fehle, sind die Chancen für eine Deeskalation und einvernehmliche Lösungen minimal.

Die Chronifizierung des Konflikts ist nicht die Regel. Meistens dauert es etwa ein bis zwei Jahre, bis sich die früheren Partner auch innerlich voneinander gelöst haben und wieder sachlicher miteinander umgehen können (Furstenberg & Cherlin, 1993). Voraussetzung dafür ist, dass die Meinungsverschiedenheiten durch das Gerichtsverfahren nicht zusätzlich verstärkt werden. Konflikthafte Zuspitzungen können dazu führen, dass die streitenden Parteien sich noch mehr veranlasst sehen, den Streit am Laufen zu halten, bis eine Partei den vermeintlichen Sieg davongetragen hat. Diese Erkenntnis hat unter anderem dazu geführt, dass Gerichte, Sachverständige und Angehörige des Helfersystems vermehrt dazu angehalten werden, lösungsorientiert zu arbeiten und deeskalierend auf die streitenden Parteien einzuwirken. Damit werden aber auch hohe Anforderungen an die fachliche Qualität der professionellen Arbeit gestellt. Es macht wenig Sinn, wenn Gerichte, Sachverständige, Jugendämter oder Verfahrensbeistände von den Eltern Kooperationsbereitschaft und Wohlverhalten einfordern und gleichzeitig überempfindlich und abwehrend auf berechtigte Kritik an falschen Einschätzungen und fehlerhaften Maßnahmen reagieren, die nie auszuschließen sind.

Ausführlicher wird die Frage, wie mit solchen Problemen umzugehen ist, in Kap. 5 diskutiert. Eltern, die wissen möchten, wie stark die Trennungsauseinandersetzungen inzwischen eskaliert sind, können die folgende Checkliste durchgehen und sich anschließend zu jeder Antwort überlegen, ob und wie sich dieser Belastungsfaktor hätte vermeiden lassen.

Checkliste für Eltern: Wie strittig verläuft der Trennungsprozess?
- Wie viele Monate liegt der Beginn der gerichtlichen Trennungsauseinandersetzung zurück?
- Wie viele Anträge haben beide Seiten bisher insgesamt bei Gericht erstellt?
- Wie häufig wurde in dieser Trennungsauseinandersetzung schon der Anwalt gewechselt?
- Gibt es Streit um Eigentum und Vermögen?
- Gibt es Streit um die Höhe des Unterhalts?
- Gibt es Streit um das Sorgerecht für die Kinder?
- Gibt es Streit um den zukünftigen Lebensmittelpunkt der Kinder?
- Gibt es Streit um das Recht auf Umgang mit den Kindern?
- Wurden in diesem Streit schon Befangenheitsanträge gegen die Richterin/den Richter gestellt?
- Werden Forderungen gestellt, die völlig unangemessen erscheinen?

- Werden Bemühungen erkennbar, dass in dieser gerichtlichen Auseinandersetzung ein Elternteil versucht, den anderen zu übervorteilen?
- Gibt es Hinweise, dass die Auseinandersetzungen durch Dritte geschürt werden?
- Wie oft ist es vorgekommen, dass sich ein Elternteil über gerichtliche Beschlüsse hinweggesetzt hat?
- Hat das Gericht es für erforderlich gehalten, einen Verfahrensbeistand für die Kinder zu bestellen?
- Hat das Gericht es für erforderlich gehalten, ein familienrechtliches Gutachten in Auftrag zu geben?
- Wurde schon mehr als ein Gutachten erstellt?
- Wurde schon mal die Ablehnung eines Gutachters wegen des Eindrucks einer Befangenheit beantragt?
- Wie oft wurde bisher Widerspruch gegen gerichtliche Beschlüsse eingelegt, über die in der nächsten Instanz entschieden werden musste?
- Haben die Kinder für ein Elternteil Partei ergriffen?
- Welche Argumente und Maßnahmen haben den Konflikt nur befeuert, statt ihn in der Sache voranzubringen?
- Welche Maßnahmen haben sich im Nachhinein eher als nachteilig erwiesen?

1.2 Die Folgen für das Kind – Risiken und Nebenwirkungen

Die meisten Kinder erleben die Trennung der Eltern als belastend und leidvoll. Gerichtliche Auseinandersetzungen, die meistens auch mit Befragungen der Kinder durch Dritte verbunden sind, können zusätzlich zur Verunsicherung beitragen. Eltern sollten daher bedenken, was sie ihren Kindern damit zumuten und ob der Nutzen, den sie sich von einer gerichtlichen Entscheidung erhoffen, die damit verbundenen Belastungen und Risiken rechtfertigt.

Besser ein Ende mit Schrecken als ein Schrecken ohne Ende?

Häufig rechtfertigen Eltern ihren Trennungsentschluss damit, dass die Konflikte in der Ehe für die Kinder belastend sind und dass die Zumutungen der Trennung durch die anschließende Beruhigung der Lebensverhältnisse aufgewogen werden. Anderseits lässt sich im Einzelfall kaum vorhersagen, wie sich die Trennungen auf Dauer bei den Kindern auswirken. Für manche Kinder ist das eine lebenslange Belastung. Andere lernen aus solchen Erfahrungen, wie man mit solchen Problemen umgeht, werden selbstständiger und entwickeln soziale Fähigkeiten, die Kindern aus unbelasteten Verhältnissen fehlen. Eltern sollten sich zumindest darum bemühen, ihre konflikthafte Beziehung von der Eltern-Kind-Beziehung zu trennen und darauf zu achten, dass die Kinder im Trennungsprozess nicht zusätzlich belastet werden, weil ihre Bindungen an die Eltern instrumentalisiert werden.

> **Worauf sollte man bei den Kindern achten?**

Wenn man sich die schädlichen Auswirkungen der Trennungsbelastungen auf die Kinder näher anschaut (siehe zum Beispiel Brisch, 2019), muss man zwischen akuten und dauerhaften Folgen unterscheiden. Das akute Leid bezieht sich auf die Trennungskrise. Kinder sind völlig überfordert, wenn die Trennung in einer emotional aufgeheizten Atmosphäre vollzogen wird. Angehörige des Helfersystems bekommen dann häufig von den Kindern zu hören, dass es ihnen egal sei, was aus ihnen wird. Hauptsache sei, dass die Eltern aufhören, sich zu streiten. Zu den dauerhaften Auswirkungen gehört, dass sich die Beziehung der Kinder zu den Eltern irreversibel verändert. Das Spektrum reicht von der völligen Ausgrenzung eines Elternteils bis zur Beibehaltung enger Kontakte zu beiden Eltern im Lebensalltag, wie es beispielsweise im sogenannten Wechselmodell (siehe Abschn. 5.5) praktiziert wird, bei dem die Kinder gleich viel Zeit bei jedem Elternteil verbringen. Den gemeinsamen Lebensalltag mit den Eltern gibt es jedoch nicht mehr.

Manche Eltern verlieren im Trennungsstreit die Bedürfnisse der Kinder aus dem Blick. Sie hoffen, eine leidvolle Beziehung mit einem Schlussstrich beenden zu können und möchten wenig oder keine Kontakte zum ehemaligen Partner. Kinder haben jedoch eher den Wunsch, dass der Streit aufhört und denken, dass sie dazu einen Beitrag leisten können, indem sie eigene Erwartungen und Bedürfnisse zurückstellen, was dann aufseiten der Eltern auch zu Fehlinterpretationen führen kann. Es kommt aber auch vor, dass die Kinder Bedürfnisse vortäuschen, um die Eltern zu beruhigen. Die Kinder vermitteln dann beiden Eltern das Gefühl, dass sie deren Erwartungen und Ziele teilen und stimmen dann Regelungen zu, die im Widerspruch zu den eigenen Wünschen stehen. Die mangelnde Empathie und „Blindheit" mancher Eltern gegenüber den Bedürfnissen ihrer Kinder ist nur eine Ursache der Belastungen der Kinder.

Der Leidensdrucks wird verstärkt, wenn ein Elternteil Leidäußerungen oder Verhaltensauffälligkeiten des Kindes zum Anlass nimmt, um Schuldzuweisungen gegen den anderen Elternteil zu rechtfertigen, oder wenn er von den Kindern fordert, dass sie ihm zur unbedingten Loyalität verpflichtet seien und ihre eigenen Bindungsbedürfnisse hintanzustellen hätten. Im Extremfall kann es zu einer Umkehrung der Rollen und gegenseitigen Verpflichtung von Eltern und Kindern kommen, einer sogenannten Parentifizierung, bei der sich dann nicht mehr die Eltern für das Wohlergehen der Kinder verantwortlich fühlen, sondern die Kinder meinen, dass sie alles tun müssten, damit es dem betreffenden Elternteil gut geht (Reich et al., 1996).

Die Parentifizierung des Kindes führt bei diesem häufig zu einer Beeinträchtigung in der Entwicklung der Beziehungsfähigkeit, die es ihm erschwert, später tragfähige Beziehungen zu anderen Partnern aufzubauen. Daher wird eine Parentifizierung häufig auch als Hinweis auf eine Einschränkung der erzieherischen Eignung des betreffenden Elternteils gewertet und zum Anlass genommen, das Kind in die Obhut des anderen Elternteils zu geben. Oft wird dabei übersehen, dass diese Maßnahme bei dem betreffenden Kind massive Schuldgefühle auslösen kann. Es macht sich Vorwürfe, dass es sich nicht mehr in der gewohnten Weise um den Elternteil kümmern kann, für den es sich verantwortlich fühlt. Daher sollten solche Maßnahmen nach Möglichkeit therapeutisch begleitet werden.

> **Beispiel**
> Bei der Parentifizierung kommt es zu einer Rollenumkehr in der Eltern-Kind-Beziehung, bei der das Kind eine Eltern- oder Partnerfunktion für einen Elternteil übernimmt. Das Kind vermittelt dem betreffenden Elternteil dann beispielsweise die Zuwendung, die dieser Elternteil beim früheren Partner vermisst, oder verzichtet auf Fortschritte in der eigenen Entwicklung oder der Befriedigung eigener Bedürfnisse, um sich ganz für den betreffenden Elternteil aufzuopfern.

Zu den langfristigen Scheidungsfolgen bei Kindern gibt es einige Studien, deren Ergebnisse sich jedoch schwer verallgemeinern lassen und sich auch nicht auf den Einzelfall übertragen lassen. Schaan, Schulz und Vögele (2019) geben einen Überblick und verweisen auf ein generell schlechteres Wohlbefinden von Scheidungskindern im Vergleich zu Kindern von kontinuierlich verheirateten Eltern. Die Scheidungskinder fühlen sich einsamer, entwickeln mehr Ängste und Belastungssymptome und neigen zu Vermeidungsverhalten. Erkenntnisse aus wissenschaftlichen Studien müssen jedoch mit Vorsicht interpretiert werden. Sie beziehen sich häufig auf ältere Daten. Bei den familiären Lebensmodellen und Normen haben sich in den vergangenen Jahren jedoch deutliche Veränderungen ergeben. Nichteheliche

Lebensgemeinschaften und sogenannte Patchworkfamilien haben zugenommen, Trennungen sind häufiger geworden. Während Kinder der früheren Elterngenerationen sich häufig durch die Trennungen der Eltern stigmatisiert fühlten, kennt heute jedes Trennungskind andere, denen es ähnlich gegangen ist. Die bloße Feststellung, dass Scheidungskinder mehr Belastungssymptome aufweisen als andere Kinder, erklärt im Grunde wenig. Möglicherweise gibt es andere Ursachen, die sowohl die Scheidungsrate erhöhen als auch die seelische Verfassung der Kinder beeinträchtigen. Dies könnten beispielsweise ungünstige sozioökonomische Verhältnisse sein.

Kinder, die durch eine Trennung der Eltern traumatisiert werden, reagieren darauf häufig mit Angst und Wut. Wirksame Schutzfaktoren sind dann die emotionale Unterstützung des Kindes und eine verlässliche Normalität des Lebensalltags. Furstenberg und Cherlin (1993) unterscheiden zwei Formen des kindlichen Problemverhaltens in Trennungssituationen: Störungen, die eher nach außen gerichtet sind (Aggression, Ungehorsam, Lügen), und solche, die nach innen gerichtet sind (Depression, Angst, Rückzug). Bei Personen, die nur mit einem Elternteil aufwuchsen, seien folgende Auffälligkeiten gehäuft beobachtet worden: vorzeitiger Schulabbruch, frühe Heirat, ledige Elternschaft und Zusammenbruch der eigenen Ehe. Ähnliche Auffälligkeiten hätten sich aber auch bei Kindern nachweisen lassen, deren Eltern ständig miteinander stritten, ohne sich zu trennen. Solche Ergebnisse lassen vermuten, dass nicht die Trennung, sondern die Konflikthaftigkeit der entscheidende Belastungsfaktor sein könnte. Die Autoren weisen aber auch darauf hin, dass die Trennungsfolgen altersabhängig sind. Bei Kleinkindern komme es häufiger zu einer Störung des Urvertrauens und der Bindungssicherheit, auf die sie vermehrt ängstlich-verunsichert reagierten. Bei Vorschulkindern beobachte man eher Schuldgefühle oder Zweifel an der Selbstwirksamkeit, die vor allem dann zu befürchten seien, wenn die Eltern Liebesentzug als Strafe einsetzten. Im Grundschulalter tendierten die Kinder eher dazu, eigene Bedürfnisse zurückzustellen, um die Elternkonflikte zu reduzieren. Sie seien dann besonders anfällig für Loyalitätskonflikte. Im Jugendalter komme es infolge der Trennung eher zu Veränderungen in der Einstellung zur Elternschaft und in der Beziehung zu den eigenen Eltern, verbunden mit innerer Distanzierung zu einem Elternteil oder beiden. Manchmal kommt es auch zu stärkerer Hinwendung zum abwesenden Elternteil, wobei die Kinder auch versuchten, die Eltern zum eigenen Vorteil zu manipulieren.

Checkliste für Eltern: Wie stark wird das Kind belastet?
- Wie überraschend wurde das Kind mit der Trennung der Eltern konfrontiert?
- Wie häufig wurde das Kind bisher von anderen Verfahrensbeteiligten (Gerichten, Sachverständigen, Jugendämtern, Verfahrensbeiständen) gezielt befragt?
- Wie häufig wurde das Kind hin- und hergezerrt, beispielsweise zu Besuchen nicht herausgegeben, nach Besuchen nicht pünktlich zurückgebracht?
- Wie stark haben sich die Lebensverhältnisse des Kindes mit der Trennung der Eltern verschlechtert (räumlich, finanziell)?
- Hat sich das Kind nach der Trennung zu seinem Nachteil verändert (schulisch, emotional, in seinem Sozialverhalten)?
- Verletzt es Sie, wenn das Kind den Wunsch nach Kontakten zum anderen Elternteil äußert?
- Wurde das Kind im Zuge der Trennungsauseinandersetzungen in einen Loyalitätskonflikt verstrickt oder zur Parteinahme für einen Elternteil gedrängt?
- Muss das Kind Sie trösten, wenn Sie sich mit den Trennungsauseinandersetzungen überfordert fühlen?
- Sprechen Sie mit dem Kind über die Probleme, die Sie selbst mit dem abwesenden Elternteil haben?
- Gibt ein Elternteil dem Kind Einblick in die gerichtlichen Schriftsätze?

1.3 Die Delegation der Verantwortung an den Experten – Mit privaten Problemen in die Öffentlichkeit

Bei einer Trennung können Eltern sich untereinander einigen, bei wem die Kinder in Zukunft ihren Lebensmittelpunkt haben sollen, wie die Kontakte zu beiden Eltern ausgestaltet werden können und ob sie die persönlichen und finanziellen Belange der Kinder zukünftig einvernehmlich regeln wollen. Eltern haben nach der Trennung nicht nur das Recht, sondern auch die Pflicht, für ihre Kinder zu sorgen. Der Staat übt dabei nur ein Wächteramt aus, und greift über Gerichte und Jugendämter nur dann ein, wenn die elterliche Sorge missbräuchlich ausgeübt wird oder das Kindeswohl gefährdet ist. Die gemeinsame Verantwortung setzt aber auch ein Mindestmaß an Kooperationsbereitschaft und Kooperationsfähigkeit voraus, von der man bei zerrütteten Beziehungen nicht ausgehen kann. In diesem Fall können Eltern ihre Meinungsverschiedenheiten auch durch Gerichte regeln lassen, wobei sie dann in Kauf nehmen müssen, dass sie Teile ihrer Verantwortung an ein System delegieren, das sehr kompliziert und fehleranfällig ist.

> **Beispiel**
> Im Familienrecht wird zwischen Personensorge und Vermögenssorge unterschieden. Die Personensorge bezieht sich insbesondere auf Pflege, Beaufsichtigung, Erziehung, Aufenthaltsbestimmung, Gesundheitsfürsorge, schulische Belange, religiöse Zugehörigkeit und Beantragungen von Sozialleistungen.

Persönliche Gründe dafür, dass die Nachteile gerichtlicher Regelungen in Kauf genommen werden, sind unterschiedliche wirtschaftliche Interessen, das Bedürfnis nach Vergeltung für Kränkungen, eine Verletzung des persönlichen Rechtsempfindens, aber auch positive Motive wie das Verantwortungsgefühl für die Kinder. Eine unvermeidbare Nebenwirkung der gerichtlichen Regelung ist jedoch, dass ein privater Konflikt öffentlich wird. Die gerichtlichen Verhandlungen sind zwar nichtöffentlich, aber man kann sich nicht davor schützen, dass wesentliche Informationen auch Dritten bekannt werden. Schriftsätze, Unterlagen und Gutachten können von den Eltern im Kreis der Angehörigen, Freunde und Bekannten herumgereicht werden. Obwohl das professionelle Helfersystem der Schweigepflicht unterliegt, bekommen zahlreiche Personen Einblick in das Verfahren und die Unterlagen: neben Richtern, Anwältinnen, Verfahrensbeiständen, Jugendamtsmitarbeiterinnen, Familienhelfern, Beratungsstellen, Sachverständigen auch die dazugehörigen Bürokräfte. Ein wirksamer Schutz der Intimsphäre ist nur begrenzt möglich. Gelegentlich suchen streitende Parteien auch von sich aus den Weg in die Öffentlichkeit, wenden sich an die Presse oder andere öffentliche Medien oder diskutieren die Probleme auf verschiedenen Plattformen oder in Interessensverbänden.

Die Regeln, nach denen dieser Streit abläuft, haben sich in den letzten Jahrzehnten mehrfach geändert. Bis zur Eherechtsreform von 1977 wurden Ehen nach dem Schuldprinzip geschieden. Der schuldig geschiedene Ehepartner hatte weitgehend die Lasten der Scheidungsfolgen zu tragen. Die Übertragung aller Elternrechte für die Kinder auf den „nicht schuldigen" Elternteil war der Regelfall. Dieses Schuldprinzip befeuerte die Bereitschaft zu gegenseitigen Vorhaltungen. Das „Waschen schmutziger Wäsche" vor Gericht war der Regelfall. Es folgte die Einrichtung von Familiengerichten und ein neues Scheidungsrecht, das sich am Zerrüttungsprinzip orientierte. Zerrüttete Ehen konnten nach Ablauf vorgegebener Fristen geschieden werden, wenn mit einer Wiederherstellung der ehelichen Lebensgemeinschaft nicht mehr zu rechnen war. Die elterliche Sorge wurde einem Elternteil übertragen. Die Eltern konnten Vorschläge unterbreiten, die Entscheidung traf jedoch das Gericht, das zuvor zu prüfen hatte, welcher Elternteil über die besseren Voraussetzungen verfügte, die Kinder zu versorgen, zu betreuen und zu erziehen. Dieses Vorgehen entsprach einer juristischen Orientierung am sogenannten kontradiktorischen Prinzip (Klenner, 2013): Die Eltern streiten sich vor Gericht um ihr Recht, das schließlich einem von beiden zugesprochen wird, während der andere leer ausgeht.

Im Jahr 1998 trat ein Kindschaftsreformgesetz in Kraft, das die Beibehaltung der gemeinsamen elterlichen Sorge zunächst nur als Option berücksichtigte, die dann aber im weiteren Verlauf eher zum Regelfall wurde, weil die Übertragung des alleinigen Sorgerechts auf einen Elternteil als nicht zwingend erforderlicher staatlicher Eingriff in die Rechte von Eltern und Kindern angesehen wird, der möglichst vermieden werden sollte. Später wurden auch die Rechte nichtehelich geborener Kinder erweitert, die denen ehelich geborener gleichgestellt wurden. Damit wurden aber auch die Rechte der Mütter dieser Kinder eingeschränkt, die nun nicht mehr allein über die Kontakte ihrer Kinder zu den nichtehelichen Vätern entscheiden durften. Inzwischen dürfen nichteheliche Väter auch gegen den Willen der Kindesmutter die Übertragung der elterlichen Sorge auf sich beantragen.

> Muss man vor Gericht oder geht es auch anders?

Heute haben Eltern das Recht und die Möglichkeit, sich in allen wesentlichen Belangen, die die Kinder betreffen, privat zu einigen. Wenn sie sich dazu nicht in der Lage sehen, können sie die Entscheidung an das Familiengericht delegieren, indem sie dort Anträge stellen, über strittige Fragen gerichtlich zu entscheiden. Das Gericht wird jedoch vor einer Entscheidung ausloten, inwieweit noch Möglichkeiten bestehen, in diesen Fragen zu einer Vereinbarung zu kommen. Bevor Eltern diesen Weg einschlagen, sollten sie sich jedoch fragen, ob es wirklich unvermeidbar ist, Entscheidungen über das zukünftige Leben ihrer Kinder in die Hände Fremder zu geben. Falls sie dies für unabwendbar halten, sollten sie sich jedoch darüber im Klaren sein, welche Risiken und Nebenwirkungen damit verbunden sind.

Eine niedrigschwellige Inanspruchnahme professioneller Hilfen bietet die Mediation (siehe auch Abschn. 3.1), die von entsprechend ausgebildeten und zertifizierten Personen aus juristischen, psychologischen oder therapeutischen Berufsgruppen durchgeführt wird. Die Mediation ist ein erster niedrigschwelliger Versuch, die ursprünglich privaten Meinungsverschiedenheiten unter formell geregelten Bedingungen mithilfe von Experten beizulegen.

Eine erfolgreiche Mediation schont Nerven und verursacht oft weniger Kosten als jedes Gerichtsverfahren. Andererseits wird damit aber auch schon der erste Schritt zum professionellen Konfliktmanagement gemacht, das aufgrund seiner psychologischen Eigendynamik leicht außer Kontrolle geraten kann. Die Vorstellungen, Erwartungen und Forderungen, die die Eltern in die Mediation einbringen, haben sie nicht gemeinsam entwickelt. Die Bestärkung ihrer unterschiedlichen Haltung erhalten sie aus ihrem jeweiligen Umfeld, wobei sich manchmal recht komplizierte Rückkopplungsprozesse ergeben. Im Fall eines Scheiterns besteht die Gefahr, dass ein Elternteil den Misserfolg zum Vorwand nimmt, um die angeblich mangelnde Kompromissbereitschaft des anderen zu belegen. Außerdem kann durch solche Maßnahmen eine schnelle Entscheidung verhindert werden, was dem Elternteil entgegenkommt, der an einer Verzögerung interessiert ist. Wenn die Mediation scheitert, sinkt manchmal die Hemmschwelle, den Konflikt auf die Ebene der gerichtlichen Auseinandersetzung auszuweiten. Eltern, die eine gerichtliche Auseinandersetzung vermeiden wollen, können sich auch an Beratungsstellen oder an Familientherapeuten wenden, was vor allem dann einen Sinn macht, wenn man die Kinder möglichst aus den Auseinandersetzungen heraushalten will oder wenn die Eltern den Eindruck haben, dass ihnen Einigungen in Sachfragen schwerfallen, weil sie mit den Trennungsproblemen nicht fertig werden.

> Was ändert sich, wenn man mit seinen persönlichen Vorhaltungen und Bedenken vor Gericht geht?

Bei der Entscheidung, strittige Fragen gerichtlich klären zu lassen, müssen die Eltern in Kauf nehmen, dass über ihre gegensätzlichen Zielvorstellungen nach juristischen Kriterien entschieden wird und dass es dem Gericht beim Streit um die Kinder vor allem um deren Belange und nicht um das vermeintliche Recht der Eltern geht. Die Eltern können zum Beispiel Anträge zur Regelung der Frage stellen, wo die Kinder in Zukunft ihren Lebensmittelpunkt haben oder wie die persönlichen Kontakte zum anderen Elternteil ausgestaltet werden sollen. Ihre Vorschläge oder Forderungen müssen sie entsprechend begründen. Aus der Vielzahl ihrer Argumente wählen ihre Verfahrensbevollmächtigten dann bevorzugt solche aus, die juristisch relevant sind, was sich nicht immer mit den Vorstellungen des betreffenden Elternteils deckt. Solche Argumente werden im Rahmen der Stellungnahmen der gegnerischen Verfahrensbevollmächtigten und Gerichte gewürdigt und möglicherweise als entscheidungsrelevant akzeptiert oder aber verworfen. Daraus entwickelt sich manchmal ein subtiler Lernprozess. Auf Argumente und gegenseitige Vorhaltungen, die wenig erfolgsversprechend sind, wird nach und nach verzichtet, während gleichzeitig verstärkt auf die juristisch wirksamen und eher verfahrenstaktisch motivierten Argumente zurückgegriffen wird. Bezogen auf die Ausgangsproblematik ist die Argumentationsweise dann auf Dauer zwar nicht mehr authentisch, kann sich aber nach und nach derart verfestigen, dass der betreffende Elternteil schließlich selbst daran glaubt. Wertet man die Gerichtsakten aus jahrelangen Auseinandersetzungen aus, stellt man häufig fest, dass die Forderungen der streitenden Parteien zwar im Wesentlichen dieselben geblieben sind, dass dafür aber später ganz andere Begründungen angegeben wurden als zu Beginn der Auseinandersetzungen.

Das Konfliktfeld lässt sich dann horizontal und vertikal ausweiten. Mit der horizontalen Ausweitung des Konflikts ist hier die vermehrte Einbindung weiterer Personen aus dem persönlichen Umfeld oder aus dem Expertensystem gemeint. Manche Akten enthalten zahlreiche eidesstattliche Erklärungen von Angehörigen oder Bekannten, mit denen Eltern ihre eigenen Vorhaltungen und Forderungen belegen wollen, sowie ärztliche Bescheinigungen oder Berichte der Schulen und Kindergärten. Eltern wechseln ihre Verfahrensbevollmächtigten. Die Gerichte binden Jugendämter, Sachverständige und Verfahrensbeistände für die Kinder ein. Alle am Verfahren beteiligten Personen erstatten schriftliche Berichte, die einander manchmal widersprechen, gelegentlich auch fehlerhaft sind und somit genügend Material für weitere Auseinandersetzungen liefern können. Schlimmstenfalls kommt es dann zu zahlreichen Nebenkriegsschauplätzen in Form von Dienstaufsichtsbeschwerden, Befangenheitsanträgen und gelegentlich auch zu Strafanzeigen. Auf diese Weise wird unter Umständen das ursprüngliche Konfliktfeld durch zusätzliche, also sekundäre, Konflikte erweitert.

Die vertikale Dimension des Konfliktfelds bezieht sich auf den Instanzenweg. Eröffnet wird das Verfahren beim zuständigen Familiengericht. Gegen dessen Entscheidung kann beim zuständigen Oberlandesgericht Beschwerde eingelegt werden. In manchen Fällen wird auch das Bundesverfassungsgericht oder gar der Europäische Gerichtshof angerufen. Eine Sicherheit, dass die Auseinandersetzung wirklich ihr Ende gefunden hat und dann endlich Ruhe auf Dauer einkehrt, ist nie gewährleistet. Wenn sich die bisherigen Regelungen nachweislich als nachteilig für die Kinder erweisen oder sich Änderungen in den Lebensumständen ergeben, die für die Kinder bedeutsam sind, beispielsweise bei Wohnortwechseln oder neuen Lebensgemeinschaften der Eltern, können Anträge auf Abänderung der geltenden Regelungen gestellt werden. Manche Eltern streiten sich bis zur Volljährigkeit ihrer Kinder vor Gericht.

Die Dynamik solcher Konflikte ist zwar nicht unbedingt gewollt, aber auch nicht immer unverschuldet. Eltern und professionelle Verfahrensbeteiligte lassen sich manchmal von persönlichen Interessen und Einstellungen leiten, die eher konfliktfördernd sind, ohne einen Bezug zum Gegenstand und Ziel des Gerichtsverfahrens zu haben. So verlieren beispielsweise querulatorisch veranlagte Eltern schnell aus den Augen, dass Familienrichter oder Sachverständige einen großen Ermessensspielraum im Hinblick darauf haben, wie sie ihre Arbeit ausgestalten und ihren gerichtlichen Auftrag erfüllen. Der Querulant ist jedoch stärker darauf fixiert, wie ein solches Verfahren seiner Meinung und seinem Rechtsempfinden zufolge abzulaufen hat, verzettelt sich in Verfahrenskritik und verliert dabei auch sein eigentliches Ziel aus den Augen. Bei den professionellen Akteuren besteht die Gefahr, dass sie sich zu sehr an ihren grundsätzlichen Überzeugungen orientieren und dabei die speziellen Belange des Einzelfalls übersehen. Besonders konfliktfördernd kann das Vorgehen von Sachverständigen sein, wenn diese intransparent arbeiten und ihre Erkenntnisse und Rückschlüsse nicht nachvollziehbar begründen. Anwälte unterscheiden sich stark in ihrem Verhandlungsstil. Manche neigen eher dazu, die Konflikte zuzuspitzen und im Interesse ihrer Mandanten alle erdenklichen Möglichkeiten auszuschöpfen, andere sind eher um Deeskalation und Vermittlung bemüht und sind auch bereit, eine potenzielle Kompromissbereitschaft ihrer Mandanten zu fördern. Zu den konfliktfördernden Persönlichkeitsstilen mancher Richterinnen und Richter gehören Zwanghaftigkeit und mangelnde Entscheidungsfähigkeit. Beides kann zur Folge haben, dass es den Betreffenden schwerfällt, zwischen Wesentlichem und Unwesentlichem zu unterscheiden, komplexe Probleme auf den Punkt zu bringen und Aufträge an Sachverständige oder Verfahrensbeistände klar und unmissverständlich zu vergeben.

Konfrontative familienrechtliche Auseinandersetzungen sind in der Regel äußerst komplex. Daher ist die Entscheidungsfindung stets risikobehaftet. Manche Experten scheinen sich dieser Risiken nicht bewusst zu sein und agieren eher leichtfertig und mit unkritischer Selbstsicherheit, indem sie fehlende Informationen und Erkenntnisse durch subjektive Überzeugungen und Gewissheiten ersetzen. Hier müssen sich vor allem Sachverständige kritisch hinterfragen lassen, warum sie manchmal allgemeine wissenschaftliche Erkenntnisse unzulässig auf den Einzelfall übertragen oder auf welche Weise ihre Diagnosen zustande gekommen sind bzw. auf welche konkret zu benennenden Kriterien sie sich dabei gestützt haben. Es kann durchaus vorkommen, dass pädagogisch-psychologisch ausgebildete Experten des Jugendamts, Verfahrensbeistände oder Sachverständige ihre Zuständigkeiten sehr weit definieren und sich zum „heimlichen Herren des Verfahrens" aufzuschwingen versuchen oder sich auf einen unzulässigen Wettbewerb um die Deutungshoheit einlassen, die ausschließlich in die Zuständigkeit des Gerichts fällt.

Eltern sollten keine unrealistisch hohen Anforderungen an die professionellen Akteure stellen. Das Familienrechtsverfahren verläuft in einem Klima, das sehr belastend ist und die Beteiligten schnell überfordern kann. Zu den psychologischen Merkmalen, die die familienrechtlichen Auseinandersetzungen von privaten Konflikten unterscheiden, gehören vor allem die Emotionalisierung, das subjektive Rechtsempfinden, das Ansehen im familiären sozialen Umfeld, verbunden mit der Angst vor dem Gesichtsverlust, und das Hinterfragen der Glaubwürdigkeit.

Die emotionale Aufladung des Konflikts scheint kaum vermeidbar zu sein. Häufig wird um einen hohen Einsatz gestritten, was ohnehin die Empfindlichkeit erhöht. Gegenseitige Vorhaltungen werden nicht mehr spontan im persönlichen Streitgespräch erhoben („Du solltest vielleicht etwas weniger trinken!"), sondern schriftlich vorgetragen und damit auch fremden Personen bekannt gemacht („Er/Sie hat möglicherweise ein Alkoholproblem. Er/Sie trinkt häufiger zu viel und wird dann unter Alkoholeinfluss ausfallend."). Eltern, die sich um die Kinder streiten, stellen dabei auch häufig die erzieherische Eignung des anderen und seine Rolle als fürsorglicher und verantwortlicher Elternteil infrage. Das führt insbesondere dann zu schweren Kränkungen, wenn der beschuldigte Elternteil eine enge Beziehung zu den Kindern hat. Ausgrenzungen werden als ungerecht erlebt („Er/Sie wollte doch die Trennung – warum soll ich denn jetzt auf die Kinder verzichten?").

Der Ausgang des Verfahrens ist auch mit sozialer Aufwertung oder Abwertung verbunden. „Alleinerziehend" zu sein ist nicht nur eine große Verantwortung mit entsprechenden Anforderungen und Belastungen, sondern auch mit Sonderrechten und manchmal auch mit sozialer Aufwertung verbunden. Die Kehrseite dieser Medaille sind „entsorgte" Väter oder Mütter. Derjenige, bei dem die Kinder nicht leben, muss sich häufiger als der andere gegenüber Angehörigen, Freunden oder Bekannten erklären.

Trennungskonflikte können im Rahmen einer verantwortungsvollen Zusammenarbeit zwischen den verschiedenen beteiligten Professionen durchaus reduziert oder gar beigelegt werden, sodass ein solches Verfahren dann doch noch einvernehmlich abgeschlossen werden kann. Man sollte aber auch stets die Möglichkeit im Auge behalten, dass durch die gerichtliche Auseinandersetzung noch zusätzlich Öl ins Feuer geschüttet und der Konflikt auf diese Weise erst richtig entfacht wird. Wenn Eltern jedoch nicht bereit oder in der Lage sind, sich im Interesse ihrer Kinder zu einigen, sollten sie sich zumindest überlegen, ob sie sich wenigstens auf die Kriterien einigen könnten, die für die Entscheidung maßgeblich sein sollten. Solche Kriterien könnten beispielsweise die Wahrung der Kontinuität der Lebensverhältnisse für Kinder sein oder deren authentischer und autonomer Wunsch oder Wille. Es besteht jedoch keine Einigungspflicht. Wenn Eltern kein Einvernehmen erzielen können, haben sie ein Recht auf richterliche Entscheidungen.

1.4 Pflichten und Rechte der Eltern – Die Wahrnehmung von Rechten erzeugt Pflichten

Da es im Familienrechtsverfahren um lebenswichtige Belange von Kindern geht, ist es für die Beteiligten schwierig, frei von subjektiven Überzeugungen und Gewissheiten zu argumentieren. Vorurteile und Laientheorien über Gerechtigkeit erschweren dann häufig den rationalen Entscheidungsprozess. Das Bundesverfassungsgericht weist jedoch ausdrücklich darauf hin, dass es in Kindschaftssachen nicht um die Herstellung einer vermeintlichen Gerechtigkeit oder um die Sanktionierung des etwaigen Fehlverhaltens eines Elternteils gehen darf, sondern ausschließlich um die Herbeiführung einer kindeswohlorientierten Entscheidung (BVerfG, 2012). Daher sollten streitende Eltern sich darüber im Klaren sein, dass sie auf dem Weg zu einer gerichtlichen Auseinandersetzung auch das Recht in fremde Hände geben, darüber zu entscheiden, was für ihr Kind das Beste ist.

> Wie sammelt man Pluspunkte in der Auseinandersetzung?

Wenn vor Gericht um die Kinder gestritten wird, kommt es häufig zu massiven gegenseitigen Vorhaltungen. Die wenigsten Eltern wissen dann, wie sie sich gegen die Vorhaltungen der Gegenseite zur Wehr setzen sollen. Sie bestreiten die gegen sie erhobenen Vorwürfe vehement und reagieren unter Umständen mit Gegenvorwürfen, obwohl die Spielregeln solcher Auseinandersetzungen überschaubar sind. Das „Waschen schmutziger Wäsche" sollte möglichst vermieden werden. Falls persönliche Vorhaltungen erhoben werden, sortiert das Gericht ohnehin alles aus, was aus seiner Sicht irrelevant für seine Entscheidung ist oder nicht so überzeugend begründet ist, dass es verwertbar erscheint. In der Praxis ist dieses Problem häufig vielschichtiger. Ein Elternteil, der sich falschen Vorwürfen ausgesetzt sieht, wird umso weniger geneigt sein, diese unkommentiert im Raum stehen zu lassen, je leichter es ihm fällt, den überzeugenden Gegenbeweis zu führen. Dieser schützt ihn nicht nur vor möglichen Unterstellungen, sondern verschafft ihm im Wettstreit der gegenseitigen Vorhaltungen den Vorteil, dass die Argumentationsweise der Gegenseite als unglaubwürdig entlarvt wird. Selbstverständlich gilt auch im Familienrechtsstreit die Unschuldsvermutung, die nicht mit einer Forderung nach Gegenbeweisen außer Kraft gesetzt werden darf, und zwar auch dann nicht, wenn mögliche Restzweifel bestehen bleiben. Für manche ist es jedoch schwer erträglich, Vorhaltungen ungeklärt im Raum stehen zu lassen. Sie haben Sorge, dass man die Zurückhaltung als unausgesprochenes Schuldeingeständnis auslegen könnte.

Besonders problematisch sind Vorwürfe angeblicher Gewalttätigkeiten oder sexueller Übergriffe. Normalerweise sind die Hürden recht hoch, die überwunden werden müssen, um einen Elternteil in seinen Rechten einzuschränken, weil damit das Risiko verbunden ist, dass dadurch die Beziehungen der Kinder zu ihren Eltern beeinträchtigt werden könnten. Solange jedoch Restzweifel bestehen, tun sich die Verfahrensbeteiligten schwer, sich an die Unschuldsvermutung zu halten, weil stets die Befürchtung mitschwingt, dass den Kindern etwas zustoßen könnte, wenn an den Vorhaltungen doch etwas dran sein sollte. Manchmal weiten sich dann die Auseinandersetzungen auf die strafrechtliche Ebene aus, weil Anzeige gegen den Beschuldigten erhoben wird oder dieser Anzeige wegen falscher Anschuldigungen erstattet. Dies kann zu erheblichen Belastungen für die Kinder führen, die im Ungewissen über ihre Zukunft bleiben und sich möglicherweise auch im Rahmen der strafrechtlichen Ermittlungen zusätzlichen Befragungen durch die Polizei, die Staatsanwaltschaft oder durch weitere Sachverständige ausgesetzt sehen.

Ein weiteres Problem ergibt sich aus der Unsicherheit bei Langzeitprognosen. Die Trennung erzeugt Umbrüche in den sozioökonomischen Verhältnissen, den Beziehungsstrukturen und den Bedürfnissen der Betroffenen, deren weitere Entwicklungen und mögliche Folgen zum akuten Zeitpunkt schwer absehbar sind. Aus den Absichtserklärungen der Eltern zu ihren weiteren Plänen lassen sich dann keine zuverlässigen Prognosen ableiten. Manche Argumente lassen sich schwer überprüfen. Gelegentlich wird mit Teilwahrheiten argumentiert, die schwer zu widerlegen sind. Individuelle Schwächen, die noch im Spektrum der Normalität liegen, werden als Belege für schwerwiegende Störungen der körperlichen oder seelischen Gesundheit angeführt. So wird gelegentlicher Alkoholkonsum zu einer Suchtproblematik umgedeutet oder aus Stimmungsschwankungen und impulsiven Reaktionen, die noch im Normbereich liegen, auf psychische Erkrankungen oder Persönlichkeitsstörungen geschlossen. Außerdem wird oft übersehen, dass auch gesunde Eltern ihren Kindern schaden können und dass im Einzelfall auch Personen mit Beeinträchtigungen und Störungen die „besseren" Eltern sein können.

> Was nützt es, wenn man auf seinem Recht beharrt?

Normalerweise liegt das Recht auf Pflege und Erziehung der Kinder bei den Eltern. Dieses Recht ist ihnen im Grundgesetz garantiert (Artikel 6, Absatz 2, Satz 1). Gerichte können dieses Recht nur dann einschränken oder den Eltern völlig entziehen, wenn es konkrete Hinweise gibt, dass ein Kind unter der Obhut seiner Eltern Schaden nimmt, oder weil Eltern sich nach der Trennung nicht einigen können, welche zukünftigen Regelungen für die Kinder am besten sind. Eventuell erforderliche Eingriffe in das Elternrecht müssen jedoch so gering wie möglich gehalten werden. Der gravierendste Eingriff in das Elternrecht, die Trennung des Kindes von den Eltern, ist nur dann möglich, wenn den Eltern schwerwiegendes Versagen nachzuweisen ist oder die Kinder zu verwahrlosen drohen (Artikel 6, Absatz 3 des Grundgesetzes). Die bloße Möglichkeit einer Gefährdung des Kindes reicht für einen solchen Eingriff in das Elternrecht und das Recht der Kinder nicht aus, denn der Staat hat nicht die Aufgabe, gegebenenfalls auch ohne Zustimmung der Eltern für die bestmögliche Förderung des Kindes zu sorgen. Voraussetzung ist vielmehr ein derart schwerwiegendes elterliches Fehlverhalten, dass im Fall eines Verbleibs des Kindes bei seinen Eltern dessen körperliches, geistiges oder seelisches Wohl nachhaltig gefährdet ist.

Damit werden Gerichte, Sachverständige und Jugendämter vor eine schwierige Aufgabe gestellt, denn das Bundesverfassungsgericht macht gleichzeitig zur Auflage, dass man von einer nachhaltigen Gefährdung des Kindes nur dann ausgehen darf, wenn bereits ein Schaden des Kindes eingetreten ist oder sich eine erhebliche Schädigung mit ziemlicher Sicherheit voraussagen lässt (BVerfG, 2014). Fatalistisch eingestellte Experten mögen daher auch argumentieren, dass man wohl erst abwarten müsse, „bis das Kind in den Brunnen gefallen ist", bevor man etwas unternimmt. Dem ist entgegenzuhalten, dass in solchen Fällen eine sorgfältige und aussagekräftige Beweisführung gefordert wird. Es reicht nicht aus, einen Elternteil nur auf Defizite in seiner Erziehungsfähigkeit hinzuweisen. Vielmehr muss auch geprüft werden, mit welchen Beeinträchtigungen bei den Kindern gerechnet werden muss, wie wahrscheinlich diese sind und welche konkreten Auswirkungen auf die Kinder nachweisbar sind. Damit soll vermieden werden, dass sich Experten ausschließlich mit den möglichen Einschränkungen der Eltern befassen, ohne gleichzeitig nachzuweisen, was diese im konkreten Fall für die Kinder bedeuten. Experten dürfen nicht pauschal argumentieren, dass bestimmte Merkmale oder Verhaltensweisen der Eltern, beispielsweise eine Suchtproblematik, die Zugehörigkeit zu einer Sekte, eine seelische Störung oder sozial abweichendes Verhalten, dem allgemeinen Erkenntnisstand zufolge nachteilige Auswirkungen auf die Kinder haben. Sie müssen auch prüfen, wie sich das im Einzelfall konkret auf das davon betroffene Kind auswirkt. Würde man diese strengen Maßstäbe nicht vorgeben, so würde man dem Staat das Recht einräumen, allen Eltern, die eines dieser Kriterien erfüllen, ohne weitere Prüfung die Kinder wegzunehmen, und könnte beispielsweise – ähnlich wie bei einem Entzug der Fahrerlaubnis – allen Eltern, die einen vorgegebenen Grad der Suchtmittelabhängigkeit aufweisen, die Erlaubnis zur Erziehung ihrer Kinder entziehen.

Eltern lesen aus den gesetzlichen Vorgaben vor allem heraus, welche „Rechte" sie an „ihren" Kindern haben. Eltern mit anderer ethnischer Zugehörigkeit argumentieren manchmal sogar, dass sie einen „Besitzanspruch" hätten, weil die Kinder ihr Blut hätten. Das Bundesverfassungsgericht sieht im Elternrecht jedoch einerseits ein Pflichtrecht für die Eltern, die daher aus eigener Verantwortung Sorge für die Lebensverhältnisse und Entwicklungsbedingungen ihrer Kinder zu tragen haben, und andererseits ein Abwehrrecht für die Eltern, das sie davor schützt, dass ihnen Richter, Gutachter oder Jugendamtsmitarbeiter unter Androhung einer Inobhutnahme vorschreiben wollen, wie sie ihre Kinder zu erziehen haben (Korn-Bergmann, 2013).

Fassen wir noch einmal zusammen: Eltern dürfen und sollten sich bei der Trennung selbst einigen, was dann mit den Kindern geschieht. Nur dann, wenn ihnen die Einigung nicht gelingt, muss eine gerichtliche Entscheidung herbeigeführt werden, die sich dann allerdings weniger an den Rechten der Eltern als vielmehr am Kindeswohl orientiert. Häufig haben streitende Eltern sehr unterschiedliche Vorstellungen davon, was darunter zu verstehen ist, und legen daher unterschiedliche Maßstäbe an. Das ist auch legitim, da ihnen verfassungsrechtlich vorrangig die Befugnis zusteht, den Begriff Kindeswohl nach eigenen Vorstellungen auszulegen. Dabei handelt es sich jedoch nur um ein Elternprimat (Art. 6 Abs. 1 GG) und nicht um ein Recht, das nur den Eltern zusteht. Im Gesetz ist auch kein Primat für Mütter oder Väter vorgegeben. Falls Eltern kein Einvernehmen erzielen, kann im Einzelfall auch das Gericht bestimmen, nach welchen Maßstäben und Kriterien hier eine Regelung herbeigeführt werden soll. Außerdem kann das Elternprimat auch dann eingeschränkt werden, wenn es Anhaltspunkte für eine schwerwiegende Kindeswohlgefährdung gibt, sodass der Staat sein staatliches Wächteramt ausüben muss.

Der Gesetzgeber hat bewusst darauf verzichtet, den Begriff des Kindeswohls inhaltlich festzulegen, und fordert, dass stets für den Einzelfall unter Berücksichtigung der jeweiligen Verhältnisse und Bedingungen geklärt werden muss, was dem Kindeswohl dient oder abträglich sein kann. Auf diese Weise wird dem Gericht ein großer Ermessensspielraum eingeräumt. Es macht sich nur angreifbar, wenn der Eindruck entsteht, dass es diesen Spielraum in nicht nachvollziehbarer Weise überschritten hat. Zu berücksichtigen ist aber auch, dass in der Fachliteratur und in der Rechtsprechung dafür inzwischen verschiedene Kriterien benannt werden, deren Prüfung obligatorisch sein sollte.

1.5 Die Rechte und das Wohl des Kindes – Kinder haben eigene Rechte

Wenn ein Gericht über die Zukunft der Kinder bestimmen muss, weil die Eltern sich nicht einigen können oder weil das Jugendamt Hinweise gefunden hat, dass die Lebensverhältnisse, denen das Kind ausgesetzt ist, zu einer körperlichen, geistigen oder seelischen Gefährdung des Kindes führen, orientiert sich die Entscheidung vor allem an den Belangen und Rechten des Kindes und weniger an den Ansprüchen der Eltern. Grundsätzlich ist davon auszugehen, dass Kinder das Recht haben, bei ihren Eltern zu leben und nach einer Trennung der Eltern Beziehungen zu beiden Eltern aufrechtzuerhalten. Meistens entscheiden die Eltern selbst, in welcher Form sie nach einer Trennung diesen Anforderungen gerecht werden wollen. Nur im Streitfall macht das Gericht dazu Vorgaben.

Dabei geht man davon aus, dass:

- Kinder ein natürliches Bedürfnis nach Kontakten zu ihren biologischen Eltern haben (auch adoptierte oder durch Samenspenden gezeugte Kinder zeigen häufig ein existenzielles Bedürfnis, die Personen kennenzulernen, von denen sie abstammen);
- Kontakte zu beiden Eltern für die gesunde Identitätsentwicklung notwendig sind, unter anderem weil es sonst zu unbegründeten Ängsten vor dem abwesenden Elternteil oder zu dessen unrealistischer Idealisierung kommen kann;

- Kinder die Sicherheit einer zweiten Chance brauchen, wenn demjenigen Elternteil, bei dem sie leben, mal etwas zustoßen sollte.

> **Was haben Kinder von ihren Rechten?**

Wenn ein Elternteil die Kontakte der Kinder zum anderen Elternteil ablehnt, mag es dafür durchaus beachtenswerte Gründe geben. Manche Eltern fordern im Trennungskonflikt jedoch die unbedingte Loyalität ihrer Kinder ein oder legen es darauf an, den anderen Elternteil zu kränken, indem sie ihm vorhalten, dass die Kinder nichts mehr mit ihm zu tun haben wollten oder dürften. Überlegungen, was sie ihren Kindern damit langfristig antun, treten dann in den Hintergrund. Bei den Kindern entstehen dann Lücken in der Biografie, die sie häufig mit Wunschvorstellungen oder unbegründeten Ängsten ausfüllen. Ein Kind, das die Kontakte zum anderen Elternteil aufgrund eigener leidvoller Erfahrungen ablehnt, kommt wahrscheinlich mit der Kontaktunterbindung eher zurecht. Kinder, die solche Erfahrungen nicht gemacht haben und denen trotzdem die Kontakte untersagt werden, können jedoch unbegründete Ängste und Vorbehalte entwickeln, die keinen realen Hintergrund haben und daher überflüssige emotionale Belastungen für sie sind. Außerdem können sie sich durch das Gefühl entwertet fühlen, von einem Elternteil abzustammen, der eine Gefährdung für sie sein soll. Manche Kinder füllen die Lücken mit idealisierten Vorstellungen vom abwesenden Elternteil aus, die ebenfalls keinen realen Hintergrund haben. Man sollte Trennungskindern daher die Möglichkeit einräumen, auf Dauer eigene Erfahrungen mit beiden Eltern zu machen, um sich einen realistischen Eindruck von ihnen zu verschaffen und für sich selbst zu klären, was sie von ihnen erwarten wollen und können.

Wenn Kinder nach der Trennung den Kontakt zum abwesenden Elternteil verlieren, kann dies langfristig nachteilige Folgen für sie haben, weil sich für sie keine zweite Option ergibt, falls sich die ursprüngliche Regelung nicht als tragfähig erweist oder dem betreuenden Elternteil etwas zustößt. Unter Umständen gibt es dann aus rechtlichen Gründen keine andere Möglichkeit, als das Kind in die Obhut des anderen Elternteils zu geben, von dem es bis dahin ein negatives Bild hatte und den es unter Umständen zutiefst ablehnt. Falls dann schlimmstenfalls im Interesse des Kindes angedacht werden müsste, es in die Obhut Dritter zu geben, hätte es auf diese Weise gleich beide Eltern verloren.

Angemessene Lösungen lassen sich am leichtesten finden, wenn man die Kinder bei der Trennung in die Suche nach Regelungen einbinden kann. Schwieriger wird es, wenn Kinder solche Regelungen ablehnen, also mit Umgangsverweigerung reagieren. Dann muss stets bedacht werden, ob es möglicherweise im Interesse der Kinder ist, wenn man Kontakte auch gegen ihren Willen durchzusetzen versucht. Meistens wird dann auch geprüft, ob das Kind entwicklungsmäßig schon in der Lage ist, die Tragweite der anstehenden Entscheidungen zu erkennen, und wie authentisch und verbindlich die Haltung des Kindes ist. Falls doch gerichtliche Entscheidungen erforderlich werden, wird den Kindern meistens eine zusätzliche Hilfe in Form eines Verfahrensbeistands zur Seite gestellt, der dafür zu sorgen hat, dass die Rechte des Kindes im laufenden Verfahren hinreichend berücksichtigt werden.

> Was wollen die Kinder und wissen sie wirklich, was gut für sie ist?

Die Umsetzung einer Entscheidung gegen den Kindeswillen ist besonders problematisch, wenn sie einerseits mit Zwangsmaßnahmen durchgesetzt werden müsste, gleichzeitig jedoch deutlich wird, dass diese ablehnende Haltung des Kindes von dem Elternteil, bei dem es lebt, induziert wurde. Die Rechtsprechung nimmt in solchen Fällen meistens den Elternteil in die Verantwortung, bei dem das Kind lebt, weil dieser dem Gesetz nach verpflichtet ist, die Kontakte des Kindes zum anderen Elternteil zu fördern und gegebenenfalls auch entsprechend auf das Kind einzuwirken.

Gelegentlich berufen sich induzierende Eltern auf den Kindeswillen und erklären, dass man von ihnen nicht verlangen könne, die Kinder zu Kontakten zu zwingen. In der gerichtlichen Auseinandersetzung kann dies eine riskante Strategie sein. Das Gericht kann daraus unter Umständen schließen, dass dieser Elternteil nicht hinreichend erziehungsgeeignet ist, weil es im Lebensalltag auch andere Belange und Erfordernisse gibt, über die ein Kind noch nicht selbst entscheiden darf. Dies gilt sowohl für Probleme des Lebensalltags wie die Schlafenszeit, die körperliche Hygiene, die Ausgestaltung sozialer Kontakte und die Gestaltung der Freizeit bis hin zur Festlegung der Uhrzeit, wann ein Kind wieder zu Hause sein muss, als auch für bindende Verpflichtungen des Kindes, wie beispielsweise den Schulbesuch oder die Einhaltung von sozialen und gesetzlichen Regeln. Wenn ein Elternteil dann beispielsweise seinem Kind die Entscheidung darüber freistellt, ob es gerichtlich festgelegte Kontakte zum anderen Elternteil annimmt oder nicht, stellt es damit auch die eigene erzieherische Autorität infrage. Ein Kind, das in derart wichtigen Fragen selbst entscheiden darf, dürfte eher dazu neigen, auch in weniger wichtigen Fragen des Zusammenlebens im Lebensalltag selbst bestimmen zu wollen. Allerdings sind die rechtlichen Möglichkeiten des Eingriffs oder der Sanktionierung bei Umgangsboykott begrenzt. Das Gericht hat in solchen Fällen stets zu prüfen, wie stark das Kind die Ablehnung verinnerlicht hat und ob die zwangsweise Durchsetzung solcher Maßnahmen das Kindeswohl möglicherweise stärker gefährdet als die Nachteile, die sich aus einem Verzicht ergeben würden.

Eine Auseinandersetzung vor Gericht ist selten frei von egoistischen Motiven der streitenden Parteien. Trotzdem darf man wohl davon ausgehen, dass die meisten Eltern auch ein natürliches Interesse daran haben, dass es ihren Kindern möglichst gut geht, auch wenn sie unterschiedlicher Ansicht darüber sind, wie man dafür am besten sorgen kann. Daher kann es hilfreich sein, wenn man sich noch einmal vergegenwärtigt, welche Position und welche Rechte die Kinder in diesem Streit haben.

> Welche besonderen Rechte haben die Kinder?

Die Dynamik des Verfahrensablaufs hängt weitgehend von den Anträgen und Gegenanträgen ab, die von den Eltern eingebracht werden. Kinder haben aber auch eigene Rechte, die vor Gericht durch einen Verfahrensbeistand vertreten werden können. Dieser kann ebenfalls Anträge stellen und Empfehlungen aussprechen, die das Gericht in seine Entscheidung einbeziehen kann. Unter bestimmten Voraussetzungen, beispielsweise bei Verdacht auf Kindeswohlgefährdung, stellt auch das Jugendamt eigene Anträge. Wenn Eltern den zukünftigen Lebensmittelpunkt der Kinder oder die Kontakte der Kinder zum jeweils anderen Elternteil gerichtlich regeln lassen wollen, geht es um drei verschiedene Rechtspositionen. Der Staat übt ein Wächteramt aus und muss eingreifen, wenn das Kindeswohl ernsthaft gefährdet ist. Die Hauptverantwortung für das Kind haben gemäß Artikel 6 Absatz 2 des Grundgesetzes die Eltern, denen ein großer Ermessensspielraum für eigenverantwortliches Handeln eingeräumt ist. Die Kinder können jedoch wegen des im Grundgesetz garantierten Grundrechts auf freie Entfaltung der Persönlichkeit eigene Rechte geltend machen. Schimke (2013) weist in diesem Zusammenhang darauf hin, dass diese drei Rechtspositionen einander wechselseitig beeinflussen, da jede Veränderung einer Position auch die beiden anderen Positionen beeinflusst.

Die Gleichwertigkeit der drei Positionen gab es nicht immer. Ein eigenes Recht auf Entfaltung der Persönlichkeit wurde den Kindern erst mit Beschluss des Bundesverfassungsgerichts vom 29.07.1968 zugestanden, was dann 1979 Eingang in die Reform des Sorgerechts fand. Damals wurde der Rechtsbegriff der elterlichen Gewalt durch den der elterlichen Sorge abgelöst. Außerdem wurde Kindern ab 14 Jahren ein eigenes Vorschlagsrecht eingeräumt. Erweitert wurden die Rechte der Kinder dann mit der Reform des Kindschaftsrechts am 01.07.1998, bei der eine Gleichstellung ehelicher und nichtehelicher Kinder erfolgte, das Umgangsrecht der Eltern zu einem Recht der Kinder auf Kontakt zu ihren Eltern umgewandelt wurde und dem Kind eine eigenständige Vertretung vor Gericht durch einem Verfahrenspfleger („Anwalt des Kindes" gemäß § 50 FGG) ermöglicht wurde. Die Rolle des Kindes im Verfahren beschränkt sich somit nicht mehr auf die Funktion als „Objekt", über das entschieden wird, sondern ihm wird auch das Recht auf eine eigene aktive Rolle im Verfahren eingeräumt. Zu den eigenen Rechten, die die Kinder dann einfordern können, gehören insbesondere die Rechte auf (siehe Schimke, 2013)

- gewaltfreie Erziehung;
- Kontakt zu allen Bezugspersonen, die für sie wichtig sind;
- Beachtung ihrer Meinung bei der Wahl ihres Namens, Kenntnis ihrer Abstammung;
- Unterhalt und
- einen eigenen Verfahrensbeistand vor Gericht.

Weitere Rechte haben die Kinder im Hinblick darauf, ob und in welcher Form sie selbst aktiv in das Verfahren eingebunden werden. Eine Verfahrensfähigkeit, die es ihnen erlaubt, selbstständig Anträge zu stellen und im Verfahren auch selbst aufzutreten, wird ihnen ab dem 15. Lebensjahr zugestanden. Ab diesem Alter ist das Gericht auch verpflichtet, die Kinder persönlich anzuhören, sofern keine schwerwiegenden Gründe dagegensprechen. Das Kind muss auch bei der Trennungs- oder Scheidungsberatung, die der Herbeiführung einvernehmlicher Regelungen dienen soll, beteiligt werden.

> Welche Risiken und Nebenwirkungen bleiben?

Die Stärkung der Position des Kindes durch eigene Rechtsansprüche stellt zweifellos einen Fortschritt dar, wie er auch in der UN-Kinderrechtskonvention mit der Forderung des Rechts von Kindern auf den Schutz der eigenen Persönlichkeit sowie auf Förderung und auf Beteiligung in allen Angelegenheiten, die es berühren, dokumentiert ist. Diese Konvention wurde 1992 auch durch Deutschland ratifiziert. Solche Entwicklungen sind in jeder Hinsicht zu begrüßen, was aber nicht dazu führen darf, dass man im Hinblick auf schädliche oder belastende Nebenwirkungen die Augen verschließt. Je mehr die eigenständige Rechtsposition des Kindes verstärkt wird, umso mehr wird es auch in die Verantwortung genommen. In den meisten Fällen bleiben die Kinder auch nach der Trennung unter dem Einfluss beider Eltern. Es wäre lebensfremd, wenn man von der Annahme ausgehen würde, dass die Eltern es in den meisten Fällen vermeiden, einen Einfluss auf die Entscheidungen ihrer Kinder auszuüben. Die rechtliche Idealvorstellung von einer freien Willensbildung und autonomen Entscheidung von Kindern und Jugendlichen in derart konflikthaften Situationen ist eher selten erfüllt. Die Kinder fühlen sich eher in einen Loyalitätskonflikt verstrickt, mit dem sie überfordert sind. Konkret äußert sich das dann beispielsweise darin, dass sie es ablehnen, irgendeine Willensäußerung zu machen, die Mutter oder Vater verletzen könnte, oder selbst die Verantwortung dafür zu übernehmen, was in Zukunft aus ihnen wird. Die Kinder fordern dann eher, dass das Gericht oder der Gutachter darüber entscheiden solle, was mit ihnen wird. Das Recht des Kindes auf Gehör und auf eine eigene Meinung kann auch als Pflicht für eine Positionierung gegenüber den Eltern empfunden werden, mit der viele Kinder überfordert sind. Ein verantwortungsbewusster Umgang mit diesem Dilemma erfordert von allen professionellen Beteiligten ein hohes Maß an Einfühlungsvermögen und Achtsamkeit.

Fazit

Gerichtliche Auseinandersetzungen um die Kinder sind komplexe „Prozesse", die durch verfahrensrechtliche und kindschaftsrechtliche Vorgaben gesteuert werden und an denen verschiedene Experten beteiligt sind, deren Handeln auch unkoordiniert und gegeneinander gerichtet sein kann. Zusätzlich zu den primären Konflikten, die die Eltern vor Gericht gebracht haben, entstehen dann auch sekundäre Probleme und Konflikte, die zu einer Ausweitung der Auseinandersetzungen führen können. Wer sich auf ein derartiges Verfahren einlässt, sollte sich zuvor sachkundig machen, um vernünftig einschätzen zu können, was dann auf ihn zukommt, was er von den beteiligten Professionen erwarten kann und wo deren Grenzen liegen.

Literatur

Alberstötter, U. (2004). Hocheskalierte Elternkonflikte – Professionelles Handeln zwischen Hilfe und Kontrolle. *Kind prax, 3,* 90–99.

Brisch, K. H. (Hrsg.). (2019). *Bindung – Scheidung – Neubeginn.* Klett-Cotta.

Bröning, S. (2011). Charakteristika von Hochkonflikt-Familien. In S. Walper, J. Fichtner, & Normann (Hrsg.), *Hochkonflikthafte Trennungsfamilien: Forschungsergebnisse, Praxiserfahrungen und Hilfen für Scheidungseltern und ihre Kinder* (S. 19–38). Juventa.

BVerfG. (2012). Beschluss vom 28.02.2012 – 1 BvR 3116/12.

BVerfG. (2014). Beschluss vom 07.04.2014 – 1 BvR 3121/13.

Dietrich, P. S., & Paul, S. (2006). Hoch strittige Elternsysteme im Kontext Trennung und Scheidung. In M. Weber & H. Schilling (Hrsg.), *Eskalierte Elternkonflikte. Beratungsarbeit im Interesse des Kindes bei hoch strittigen Trennungen* (S. 13–28). Juventa.

Fabricius-Brand, M. (Hrsg.). (1989). *Wenn aus Ehen Akten werden.* Campus.

Furstenberg, F. F., & Cherlin, A. J. (1993). *Geteilte Familien.* Klett-Cotta.

Klenner, W. (2013). Agenda zur Qualitätskontrolle psychologischer Sachverständigengutachten im Familienrechtsverfahren. (unveröffentlichtes Manuskript).

Korn-Bergmann, M. (2013). Gutachter – „Heimliche Richter" im Kindschaftsverfahren? *Überblick und rechtliche Grundlagen. FamRB-Beratungspraxis, 12*(9), 302–238.

Reich, G., Massing, A., & Cierpka, M. (1996). Die Mehrgenerationenperspektive und das Genogramm. In M. Cierpka (Hrsg.), *Handbuch der Familiendiagnostik* (S. 223–258). Springer.

Schaan, V., Schulz, A., & Vögele, C. (2019). Was Hänschen erlebt – erlebt Hans immer wieder: Auswirkungen elterlicher Scheidungen auf die psychische Gesundheit im jungen Erwachsenenalter. In K.H. Brisch (Hrsg.), *Bindung – Scheidung – Neubeginn* (S.34–48). Klett-Cotta.

Schimke, H.-J. (2013). Sorgerecht und Beteiligung von Kindern. In R. Prenzlow (Hrsg.), *Handbuch elterliche Sorge – Pädagogische, psychologische und rechtliche Aspekte* (S. 235–251). Bundesanzeiger Verlag.

Walper, S., & Fichtner, J. (2011). Zwischen den Fronten – Psychosoziale Auswirkungen von Elternkonflikten auf Kinder. In S. Walper, J. Fichtner, & K. Normann (Hrsg.), *Hochkonflikthafte Trennungsfamilien: Forschungsergebnisse, Praxiserfahrungen und Hilfen für Scheidungseltern und ihre Kinder* (S. 91–109). Juventa.

Walper, S., Fichtner, J., & Normann, K. (Hrsg.). (2011). *Hochkonflikthafte Trennungsfamilien: Forschungsergebnisse, Praxiserfahrungen und Hilfen für Scheidungseltern und ihre Kinder.* Juventa.

2

Das Konfliktfeld und die beteiligten Akteure

Inhaltsverzeichnis

2.1 Verfahrensrechtliche Einordnung – Was ist zu regeln? 27
2.2 Informelle und formelle Regelungen – Den Gang zum Gericht kann man sich möglicherweise auch sparen 30
2.3 Die beteiligten Akteure – Rolle und Aufgabe der Professionen im Verfahren 32
2.4 Formelle und informelle Spielregeln – Recht haben und Recht bekommen 40
Literatur 46

2.1 Verfahrensrechtliche Einordnung – Was ist zu regeln?

Für den juristischen Laien entsteht schnell der Eindruck, dass die gerichtlichen Verfahrensabläufe bei Trennung und Scheidung immer komplizierter werden, weil der Gesetzgeber meint, dass Grauzonen, die früher noch nach dem Ermessen geregelt werden konnten, mehr und mehr durch Rechtsnormen geregelt werden müssen. Dabei werden aber auch mit jeder rechtlichen Vorgabe neue Grauzonen erzeugt, die weiteren Regelungsbedarf hervorrufen. Positiv an dieser Entwicklung ist, dass gleichzeitig das Mitspracherecht von Kindern und Eltern gestärkt wurde. Inzwischen können Eltern in vielen Fragen, die früher von Amts wegen geregelt werden mussten, beispielsweise das Sorgerecht nach Trennung, gemeinsam entscheiden, wobei das Gericht diese Regelungen dann meistens auch bestätigt. In vielen Fragen entscheidet das Gericht heute nur noch auf Antrag und nicht von Amts wegen. Die Abb. 2.1 veranschaulicht die Vielzahl der Bereiche, die familienrechtlich zu regeln sind. Die Familiengerichte sind heute auch für die Regelung vieler Fragen zuständig, die früher von den Zivil- und Vormundschaftsgerichten geklärt wurden.

Wie komplex die Verfahren inzwischen geworden sind, zeigt die zweite Auflage des *Praxiskommentars Familienverfahrensrecht* mit einem Umfang von 1035 Seiten (Meysen, 2014). Dabei ist allerdings nicht in allen Bereichen ein besonderer psychologischer Sachverstand gefordert. Von den in Abb. 2.1 aufgezählten Teilgebieten sind es vor allem die Kindschaftssachen und hier wiederum die elterliche Sorge und das Umgangsrecht (Abb. 2.2), bei denen häufig psychologische Sachverständige hinzugezogen werden. Denn hier muss unter anderem geklärt werden, welcher Elternteil möglicherweise besser für die Erziehung, Betreuung und Versorgung der Kinder geeignet ist und wie die Kontakte der Kinder zu dem Elternteil ausgestattet werden sollen, bei dem sie nicht ihren Lebensmittelpunkt haben.

In diesem sehr komplexen System gibt es für die Gerichte und die Eltern nicht nur umfassende Regelungsvorschriften, sondern auch Ermessensspielräume, die allerdings vielen Beteiligten nicht immer hinreichend bekannt sind. Insbesondere die Gerichte geraten dabei schnell in Zielkonflikte. Einerseits haben sie bei der Ausübung des staatlichen Wächteramts eine vom Grundgesetz vorgegebene Überprüfungs- und Überwachungsfunktion (Art. 6, Abs. 2 Satz 2 GG), anderseits fordert das Familienrecht von ihnen das Hinwirken auf Einvernehmen zwischen den streitenden Parteien. Bei der Ausübung dieser Aufgaben ist es auf die Kooperation mit Jugendämtern und anderen am Verfahren beteiligten Professionen angewiesen. Manche

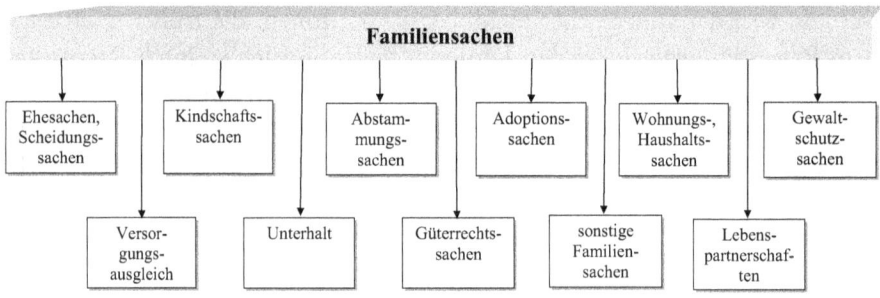

Abb. 2.1 Die verschiedenen Verfahren in Familiensachen

Abb. 2.2 Die verschiedenen Verfahren in Kindschaftssachen

Eltern sind dann besorgt, dass das Gericht sie möglicherweise nicht ganz unvoreingenommen wahrnimmt oder dass es zu einer intransparenten Konsensbildung zwischen dem Gericht und dem Jugendamt gekommen sein könnte. Das führt häufig zu weiteren Nebenkriegsschauplätzen, weil sich betroffene Eltern heftig gegen Bedenken und Vorhaltungen zur Wehr setzen, die vom Jugendamt in das Verfahren eingebracht werden.

> Wie eng darf sich das Gericht mit anderen Institutionen und Professionen im Rahmen seiner Überwachungsfunktion vernetzen, ohne dass dabei die erforderliche Distanz und Unvoreingenommenheit infrage gestellt wird?

Ein weiterer Zielkonflikt ergibt sich für das Gericht aus der gesetzlich vorgegebenen Pflicht, in Kindschaftssachen auf ein Einvernehmen hinzuwirken. Damit ist wesentlich mehr gemeint als der bloße Versuch, über Vergleichsverhandlungen eine gütliche Einigung zu erzielen. Das Gericht kann den Eltern beispielsweise nahelegen, Beratungen oder eine Mediation in Anspruch zu nehmen, um auf diese Weise unter Umständen doch noch zu einem Einvernehmen zu kommen. Der Umgang mit Konflikten und die Bemühungen um konstruktive Lösungen erfordern jedoch eine besondere psychologische Kompetenz, die den Juristen im Rahmen ihrer Ausbildung nicht vermittelt wird. Gelegentlich überträgt das Gericht die Verantwortung dafür an psychologische Sachverständige, die dann mit der Durchführung einer sogenannten lösungsorientierten Begutachtung beauftragt werden.

Der innere Widerspruch dieser Vorgehensweise besteht darin, dass das Gericht einerseits an die Eigenverantwortlichkeit der Eltern appellieren muss und damit andererseits das Recht der Eltern zur Beantragung einer gerichtlichen Entscheidung zu solchen Fragen einschränkt, über die sie sich nicht einigen können. Eigenverantwortliches Handeln zur Pflicht zu machen, ist auch für die Eltern ein Widerspruch in sich selbst. Dettenborn und Walter (2022) bezeichnen diesen Zielkonflikt treffend als „regulierte Selbstregulation" (S. 24), zu der es immer dann kommt, wenn man jemandem Sanktionen dafür androht, falls er nicht von sich aus – also freiwillig – das macht, was man von ihm verlangt. Solche lösungsorientierten Bemühungen sind für die Eltern unter Umständen mit beträchtlichen Risiken und Nebenwirkungen verbunden. Häufig berichten Eltern anschließend, dass sie die angeblich „einvernehmliche" Regelung eigentlich nicht gewollt hätten und ihr nur deswegen zugestimmt hätten, weil sich damit überfordert gefühlt hätten, sich dem kollektiven Druck der verschiedenen Professionen, die an der Lösungsfindung beteiligt waren, zu widersetzen.

2.2 Informelle und formelle Regelungen – Den Gang zum Gericht kann man sich möglicherweise auch sparen

Dass Kinder mit beiden leiblichen Eltern zusammenleben, ist in Deutschland immer noch der Regelfall. Nur etwa ein Viertel aller Kinder lebt bei einem Elternteil, meistens ist das die Mutter (Beisenkamp et al., 2009). Von den Kindern getrennt lebender Eltern hat ein Drittel regen Kontakt zum anderen Elternteil, etwa ein Fünftel hat den Kontakt völlig abgebrochen (Fichtner, 2015). Die Eltern regeln dabei meist selbst, wie sie mit der Situation umgehen. Diesbezüglich hat der Staat weitgehend auf sein Wächteramt verzichtet. Das Gericht hat normalerweise zu respektieren, was die Eltern vorschlagen, sofern sie sich einig sind und es keine konkreten Anhaltspunkte dafür gibt, dass das Kind durch eine Regelung, die die Eltern gemeinsam erreichen wollen, ernsthaft und mit großer Wahrscheinlichkeit körperlich, geistig oder seelisch gefährdet ist. Weder das Jugendamt noch das Kind selbst sind in diesem Fall antragsberechtigt. Eltern, die bis zur Trennung die elterliche Sorge gemeinsam ausgeübt haben, steht dies auch nach der Trennung weiterhin zu.

Die meisten Eltern entscheiden selbst darüber, bei wem das Kind nach der Trennung lebt und ob und wie häufig es Kontakt zum anderen Elternteil behält. Es spricht auch nichts gegen eine Doppelresidenz, bei der das Kind bei beiden Eltern die gleichen Lebensverhältnisse vorfindet, also bei jedem Elternteil im Lebensalltag ein Zuhause hat, und regelmäßig hin und her pendelt (sogenanntes Wechselmodell). Gelegentlich kommt es auch vor, dass ein Kind nach der Trennung mit Einverständnis der Eltern seinen Lebensmittelpunkt bei einem Elternteil hat und den anderen nur besucht und sich dann nach einigen Jahren dafür entscheidet, in den Haushalt des anderen Elternteils zu wechseln.

> **Was muss und was kann gerichtlich geregelt werden?**

Problematisch wird es erst, wenn es den Eltern schwerfällt, sich untereinander zu einigen. Man muss in solchen Fällen jedoch nicht gleich das Gericht anrufen, sondern kann sich auch professionelle Unterstützung bei einer Beratungsstelle oder im Rahmen einer Mediation suchen. Damit spart man in der Regel Geld und Nerven und kann sich anschließend die Vereinbarung gerichtlich bestätigen lassen. Falls die Eltern dann doch die Option wählen, mit ihren Meinungsverschiedenheiten vor Gericht zu gehen, kann das Gericht immer noch auf die Möglichkeit einer Beratung oder Mediation hinweisen. Das Spektrum informeller Regelungsmöglichkeiten zeigt, dass nicht jede Trennung der Eltern als Kindschaftssache vor Gericht enden muss. Fichtner (2015) schätzt, dass etwa zwei Drittel aller Trennungspaare auf diese Weise eine außergerichtliche Regelung finden, was allerdings nicht ausschließt, dass auch nach längerer Zeit noch Anträge auf Änderung des Lebensmittelpunkts der Kinder oder der Umgangsregelung gestellt werden.

Im Regelfall behalten beide Eltern auch nach der Trennung die elterliche Sorge, eine Regelung, die von Laien oft fälschlich als geteiltes Sorgerecht bezeichnet wird. Dies bedeutet, dass sich die Eltern bei allen wesentlichen Belangen, die das Kind betreffen, informieren und einigen müssen. Derjenige, der bei der Trennung ausziehen möchte, kann daher nicht ohne Zustimmung des anderen die Kinder mitnehmen. Hierzu müsste er zunächst das Aufenthaltsbestimmungsrecht für die Kinder auf sich übertragen lassen. Falls er sich diesbezüglich nicht hinreichend absichert, muss er damit rechnen, dass ihm Eigenmächtigkeit und mangelnde Rechtstreue vorgehalten werden und das Gericht eine Herausgabe und Rückführung der Kinder bis zur endgültigen Entscheidung über ihren Lebensmittelpunkt anordnet. Falls beide Eltern nach der Trennung die elterliche Sorge behalten, kann derjenige, bei dem die Kinder ihren Lebensmittelpunkt haben, in den alltäglichen Belangen der Kinder allein entscheiden. Der andere darf ihm dabei keine Vorschriften machen oder irgendwelche Forderungen stellen. Zu den „wesentlichen Belangen", über die sich Eltern einigen müssen, gehören besondere gesundheitliche Maßnahmen, Wohnortänderungen oder die Auswahl der Schulform und die Berufswahl der Kinder.

Falls sich der Streit der Eltern nur an Einzelfragen entzündet und nicht die allgemeine erzieherische Eignung eines Elternteils grundsätzlich infrage gestellt ist, kann das Gericht auf Antrag auch Teile der elterlichen Sorge auf einen übertragen. So kann es beispielsweise sinnvoll sein, einem die alleinige Verantwortung für die gesundheitlichen Belange des Kindes zu übertragen, wenn die Eltern sich nicht darüber einigen können, welche medizinischen Maßnahmen für das Kind ergriffen werden sollen. Gelegentlich wird auch einem Elternteil die alleinige Vermögenssorge zugesprochen. Oder einer erhält das Aufenthaltsbestimmungsrecht, um zu verhindern, dass der andere das Kind beliebig bei sich behält, indem er sich nicht an vereinbarte Umgangszeiten hält oder das Kind nach einem Besuch nicht wieder herausgibt. Der schwerste Grad der rechtlichen Ausgrenzung eines Elternteils besteht darin, dem anderen nach der Trennung die gesamte elterliche Sorge allein zuzusprechen und keine Kontakte zum Kind im Rahmen einer Umgangsregelung zuzulassen. In diesem Fall muss jedoch eine schwere Gefährdung des Kindeswohls durch den betreffenden Elternteil nachgewiesen worden sein.

2.3 Die beteiligten Akteure – Rolle und Aufgabe der Professionen im Verfahren

„Viele Köche verderben den Brei" sagt ein Sprichwort, und manche Eltern, die ihre Trennungsprobleme nicht selbst in den Griff bekommen und sich daher an das Gericht wenden, wundern sich manchmal, wie viele Professionen dann daran beteiligt sind und wie unterschiedlich die Meinungen verschiedener Verfahrensbeteiligter sein können. Im Regelfall bekommen sie es zunächst mit ihren Anwältinnen oder Anwälten zu tun, dann mit dem Gericht und mit dem Jugendamt. Immer häufiger wird für das Kind vom Gericht ein Verfahrensbeistand bestellt und möglicherweise dann auch noch ein psychologisches Gutachten in Auftrag gegeben. Zur Unterstützung können Familienhilfen, Umgangspflegerinnen oder Umgangsbegleiter eingesetzt werden. Die Anzahl der beteiligten Fachpersonen kann sich noch deutlich erhöhen, wenn das Verfahren streitig und kompliziert verläuft und sich länger hinzieht. Währenddessen können Richterinnen wechseln, und wenn das Verfahren in die zweite Instanz geht, sind andere zuständig. Es gibt auch Eltern, die im Verlauf eines Verfahrens häufiger ihre Verfahrensbevollmächtigten wechseln. Die personellen Zuständigkeiten im Jugendamt können sich im Verlauf des Verfahrens ebenfalls ändern. Sachverständige können Mitarbeiter hinzuziehen, die verschiedene Teilaufgaben bei der Begutachtung übernehmen, und gelegentlich kommt es vor, dass in einem Verfahren auch mehrere Gutachten eingeholt werden.

Alle Verfahrensbeteiligten speisen Informationen in das Verfahren ein, meistens in Form schriftlicher Berichte, zu denen dann auch die anderen Stellungnahmen abgeben. Dabei orientieren sich die Professionen häufig an unterschiedlichen Bewertungskriterien und Normvorstellungen, und manchmal kommt es zu einem regelrechten Wettbewerb um die Deutungshoheit im Hinblick auf das, was unter Kindeswohl zu verstehen ist, und wie man diesem im konkreten Fall am besten gerecht werden könnte.

Zu wenig bedacht wird, dass die Beteiligten der verschiedenen Professionen recht unterschiedliche Interessen an solchen Verfahren haben. Gerichte und Jugendämter haben oft kein großes Interesse daran, möglichst viele und komplizierte Fälle zugewiesen zu bekommen. Weder die handelnden Personen noch deren Behörde haben davon irgendwelche Vorteile. Die Verfahrensbeistände erhalten Fallpauschalen. Für sie sind daher Fälle attraktiver, die nicht sehr kompliziert und aufwendig sind. Anwälte sind auf Mandanten angewiesen, wobei Kindschaftssachen meistens nicht zu den besonders lukrativen Aufträgen gehören. Umgangspfleger und Umgangsbegleiter rechnen stundenweise ab. Den größten finanziellen Anreiz gibt es für Sachverständige. Sie werden für ihre Tätigkeit stundenweise bezahlt, wobei für Gutachten in Familiensachen höchste Stundensätze in Rechnung gestellt werden dürfen, und sie können den Aufwand, den sie betreiben, innerhalb gewisser Grenzen selbst festlegen. Ihre Arbeit wird kaum kontrolliert. Richter können nicht aus eigener Sachkunde beurteilen, ob Sachverständige fachlich korrekt arbeiten und inwieweit ihr Aufwand in allen Einzelheiten erforderlich war. Der Bedarf an Gutachten ist derart hoch, dass fast jeder, der sich als Sachverständiger anbietet, auch genommen wird. Mangelhafte Gutachten haben selten zur Folge, dass die betreffenden Sachverständigen keine Aufträge mehr erhalten.

> **Beispiel**
>
> Der Stundensatz für Sachverständige im Familienrecht beträgt derzeit einschließlich Umsatzsteuer 142,80 €. Hammer (2022) schätzt auf der Grundlage von Auswertungen von Gutachten und Internetrecherchen, dass sich die Kosten für ein Gutachtung im Durchschnitt auf 8000,00 € belaufen. Pro Jahr werden von den Familiengerichten etwa 270.000 Gutachten in Auftrag gegeben. Insgesamt verursachen Gutachten Kosten von mehr als zwei Milliarden Euro jährlich. Eine wirksame Qualitätskontrolle ist nicht gewährleistet.

Das Gericht wird in Kindschaftssachen auf Antrag tätig. Es hat dann eine Prüfungs- und Entscheidungsbefugnis (Meysen 2014). Es ist außerdem nach § 156 FamFG verpflichtet, auf eine gütliche Einigung hinzuwirken und sollte sich dabei nicht auf die bloße Moderation der Auseinandersetzung oder Güteverhandlungen beschränken. Ansonsten steht den Gerichten ein großer Ermessensspielraum zu, wie sie ihre Fallbearbeitung ausgestalten und wie sie die Ergebnisse bewerten. Der Leitgedanke ihrer Tätigkeit ist das Kindeswohl. Das Rechtsempfinden der Eltern oder die Sanktion elterlichen Fehlverhaltens gehört nicht zu den Kriterien, von denen das Gericht sich in seinen Entscheidungen leiten lassen darf. Die Erfahrung zeigt, dass verschiedene Richterinnen und Richter sehr unterschiedliche Stile entwickelt haben, wie sie Verhandlungen und Anhörungen leiten, welchen Aufwand sie betreiben und in welcher Form sie die beteiligten Professionen in ihrer Arbeit anleiten und gegebenenfalls auch kontrollieren. Für Außenstehende entsteht manchmal der Eindruck, dass manche Richter weniger entscheidungsfreudig sind als andere, was nicht immer von Nachteil sein muss, da dies möglicherweise die Bereitschaft erhöht, gezielter auf Einvernehmen hinzuwirken.

Das Jugendamt hat bei diesen Verfahren verschiedene Aufgaben. Es wird vom Gericht über den Eingang eines Scheidungsantrags informiert und macht dann den Eltern und Kindern Angebote für eine Beratung oder bietet unter Umständen auch konkrete Unterstützung in Form einer Erziehungshilfe oder einer sozialpädagogischen Familienhilfe an. Es kann aber auch im Verfahren selbst mitwirken und unter Umständen auch die Vormundschaft oder Pflegschaft für Kinder übernehmen. Es kann Kinder in Obhut nehmen, muss dann jedoch einen Gerichtsbeschluss beantragen, der die Notwendigkeit dieser Maßnahme bestätigt. Bei Fremdunterbringungen von Kindern und Jugendlichen erteilt es den Pflegestellen die erforderliche Pflegeerlaubnis. Wenn es nicht um eine Inobhutnahme wegen Gefährdung des Kindeswohls geht, sondern um einen Sorgerechtsstreit zwischen den Eltern oder um das Umgangsrecht, gibt das Jugendamt eine Stellungnahme ab.

Wenn Eltern mit solchen Stellungnahmen unzufrieden sind, reagieren sie gelegentlich empört und verwickeln sich in Auseinandersetzungen mit dem Jugendamt, die im Grunde nicht weiterhelfen, weil es sich bei solchen Stellungnahmen oft nur um Routineberichte handelt. Das Jugendamt gibt von sich aus auch keine Empfehlung für eine gerichtliche Entscheidung zum Sorge- oder Umgangsrecht. Es ist auch nicht seine Aufgabe, Ermittlungen für das Gericht anzustellen. Auf Antrag kann das Jugendamt allerdings an dem Verfahren beteiligt werden. In diesem Fall sollten sich die Eltern sorgfältig mit den Stellungnahmen des Jugendamts auseinandersetzen, weil es dann auch das Recht hat, in diesem Verfahren eigene Anträge zu stellen, die den Ausgang des Verfahrens stark beeinflussen können. Im Gegensatz zu Sachverständigen oder Richtern kann das Jugendamt dann nicht wegen Befangenheit abgelehnt werden.

Eltern sollten sich aber auch darüber im Klaren sein, dass das Jugendamt auch dann, wenn es nur Berichte erstattet und nicht selbst am Verfahren beteiligt ist, einige Sonderrechte hat. So darf es beispielsweise Einsicht in die Akten nehmen oder gegen einen Beschluss des Gerichts Beschwerde beim Oberlandesgericht einlegen. Das Jugendamt darf im normalen Sorgerechts- oder Umgangsrechtsverfahren jedoch keine Informationen von Dritten einholen, also nicht beliebig ermitteln, sondern allenfalls die betroffenen Eltern und Kinder selbst befragen. Diese Einschränkung gilt jedoch nicht, wenn es um eine Inobhutnahme der Kinder wegen Gefährdung des Kindeswohls geht. In diesem Fall bemüht sich das Jugendamt meistens auch um Auskünfte aus dem Umfeld der Kinder und Eltern, bezieht sich auf eventuelle Berichte der Familienhilfe, durch die die Eltern unterstützt wurden, oder fordert von den Eltern die Zustimmung, Berichte von Ärzten, Schulen oder Kindergärten einholen zu dürfen. Für Eltern ist wichtig, dass das Jugendamt zum Schutz des Sozialgeheimnisses verpflichtet ist. Auskünfte und Unterlagen darf es ausschließlich dem Gericht übermitteln. Manche Eltern verstehen nicht, dass für das Gericht und das Jugendamt unterschiedliche Rechtsvorschriften gelten. Das Handeln der Gerichte stützt sich auf zivilrechtliche Vorgaben, das Handeln der Jugendämter auf verwaltungsrechtliche Vorgaben.

Die Verfahrensbevollmächtigten der Eltern handeln ausschließlich als Interessenvertreter ihrer Mandanten, was nicht ausschließt, dass sie das Hinwirken auf Einvernehmen unterstützen. Sie können den Eltern erläutern, ob deren Bedenken gegen bestimmte Regelungen unbegründet sind, oder die Eltern darüber aufklären, dass Forderungen, die sie an die Gegenseite stellen, unrealistisch sind, weil sie sich aus rechtlichen Gründen nicht durchsetzen lassen. Sie müssen jedoch stets darauf achten, dass die Interessen ihrer Mandanten gewahrt bleiben. Selbstverständlich ist es auch ihre Pflicht, ihre Mandanten vor möglichen Fehlentscheidungen zu schützen.

Bei der Wahl ihrer Verfahrensbevollmächtigten sollten sich die Eltern jedoch vorher überlegen, ob ihnen in erster Linie an einer Deeskalation des Konflikts und einer gütlichen Einigung gelegen ist, auch wenn damit Abstriche von ihren Maximalforderungen verbunden sind, oder ob sie eher ihre eigenen Vorstellungen gegebenenfalls auch konfrontativ durchsetzen wollen. Bei den Bemühungen um Einvernehmen kann man sich auch Anwälte für Familienrecht suchen, die über eine Zusatzqualifikation in Mediation verfügen.

Manche Eltern wenden sich auch mit persönlichen Schreiben, die häufig in sehr appellativer Form abgefasst sind, direkt an das Gericht, das Jugendamt oder die Sachverständigen. Solche oft impulsiven Maßnahmen sind eher störend als hilfreich. Wenn Eltern meinen, neue Erkenntnisse in das Verfahren einbringen zu müssen oder auf Gesichtspunkte hinweisen zu müssen, die bisher zu wenig beachtet wurden, ist es in der Regel sinnvoller, dies in Absprache mit den Verfahrensbevollmächtigten zu tun, die in der Regel besser wissen, wie man die damit verbundenen Absichten so ausformuliert, dass sie auch rechtlich gewürdigt werden können. Bei spontanen Mitteilungen, die nicht mit den Anwälten abgesprochen sind, besteht auch die Gefahr, dass man etwas über sich preisgibt, was einem nachträglich zur Last gelegt werden kann.

Kinder dürfen im Streit vor Gericht nicht zum bloßen Verfahrensobjekt degradiert werden, um das gestritten wird. Sie haben ein Recht darauf, dass ihre eigenen Interessen im Verfahren gewahrt bleiben und haben Anspruch auf rechtliches Gehör. Eigentlich haben die Eltern als gesetzliche Vertreter der Kinder die Pflicht, deren Interessen wahrzunehmen. Die Erfahrung zeigt jedoch, dass manche Eltern dann im Verfahren auch andere Ziele verfolgen, denen sie die Interessen der Kinder unterordnen. Wenn sich dafür Anhaltspunkte ergeben, ist das Gericht verpflichtet, dem Kind einen Verfahrensbeistand zur Seite zu stellen, der ausschließlich die Interessen des Kindes im Verfahren zu vertreten hat. Dabei handelt es sich meistens um Fachleute aus psychosozialen Berufen oder Anwälte. Die Kindesinteressen sind hier nicht mit dem Kindeswillen gleichzusetzen, weil Kinder manchmal auch Wünsche oder Vorstellungen haben, die ihren eigenen Belangen schaden beziehungsweise dem Kindeswohl abträglich sein können. Kindliche Willensäußerungen können auch von anderen induziert worden sein. Manche Kinder wollen sich nicht selbst festlegen oder sind noch zu klein, um einen eigenständigen Willen im Hinblick auf ihre persönliche Zukunft und die Ausgestaltung ihrer weiteren Beziehung zu den Eltern zu entwickeln oder die Konsequenzen ihrer persönlichen Entscheidungen realistisch abschätzen zu können. Weitere Gründe für die Bestellung eines Verfahrensbeistands sind Verfahren zur Inobhutnahme, wenn der Entzug des Sorgerechts der Eltern zur Diskussion steht, wenn es um den Ausschluss oder die Einschränkung des Umgangsrechts eines Elternteils geht oder wenn eine Herausgabe- oder Verbleibensanordnung ansteht.

Der Verfahrensbeistand soll das Kind darüber informieren, worum es bei dem Verfahren geht und wie das ganze Verfahren ablaufen wird, und sich bei dem Kind persönlich nach dessen persönlichen Vorstellungen und Erwartungen erkundigen, sofern es dafür alt genug ist. Irgendwelche diagnostischen Untersuchungen führt der Verfahrensbeistand nicht durch. Er bereitet das Kind auf gerichtliche Anhörungen vor und begleitet es dann auch. Er darf auch mit den Bezugspersonen des Kindes sprechen und gegebenenfalls auch Erzieher, Lehrer oder Ärzte befragen, die sich mit dem Kind befasst haben. Gegebenenfalls muss er diese vorher von der Schweigepflicht entbinden lassen. Bei einem Hinwirken auf Einvernehmen kann er unter Umständen eine zentrale Rolle übernehmen.

Wenn das Verfahren Fragen aufwirft, die das Gericht wegen fehlender Sachkunde nicht selbst beantworten kann, wird es ein familienrechtspsychologisches Gutachten in Auftrag geben. Das ist allerdings eher die Ausnahme als die Regel. Zum Gutachter bzw. Sachverständigen werden sachkundige Personen mit psychologischen, ärztlichen, sozialen oder pädagogischen Berufen bestellt, wobei die überwiegende Zahl jedoch einen Hochschulabschluss in Psychologie aufweist. Viele Eltern fühlen sich allein durch die Tatsache, dass bei der Begutachtung möglicherweise ihre erzieherische Eignung auf den Prüfstand kommt, stark verunsichert. Auch Kinder zeigen manchmal starke Vorbehalte gegen eine Begutachtung. Neben unrealistisch überhöhten Erwartungen kommt es zum Teil auch zu massiven Vorbehalten im Hinblick auf den Sinn solcher Maßnahmen oder die fachliche Qualifikation der beauftragten Person. Andererseits fühlen Eltern sich manchmal auch sehr erleichtert, wenn sie bei der Begutachtung zum ersten Mal im Rahmen der gerichtlichen Auseinandersetzung die Erfahrung machen, dass jemand bereit ist, sich ihre Sichtweise der Probleme geduldig und aufmerksam anzuhören.

Ob die Einholung eines Gutachtens erforderlich ist, entscheidet das Gericht, das dann auch den Gutachter bestimmt. Die Eltern können eigene Vorschläge einbringen. Falls sich alle Beteiligten auf eine bestimmte Person einigen, ist das für das Gericht bindend. Wenn das Gericht die Einholung eines Sachverständigengutachtens angeordnet und einen Sachverständigen namentlich bestellt hat, kann dagegen keine Beschwerde eingelegt werden. Ausnahmen sind Fälle, für deren Begutachtung eine stationäre Unterbringung oder eine Herausgabeanordnung erforderlich ist (siehe Meysen, 2014, S. 39) oder wenn das Gericht jemanden zum Sachverständigen bestellt hat, der nicht über die fachliche Qualifikation verfügt, um die gerichtliche Fragestellung zu beantworten. Das wäre beispielsweise dann der Fall, wenn das Gericht einen Diplom-Pädagogen beauftragt, bei einem Elternteil den Verdacht auf das Vorliegen einer seelischen Erkrankung zu überprüfen. Normalerweise werden Sachverständige jedoch bei Zusendung des Auftrags um Mitteilung gebeten, falls sie nach Durchsicht der Akten Zweifel an ihrer fallspezifischen Qualifikation haben.

Gelegentlich lassen Eltern sich selbst oder das Kind auf eigene Kosten und ohne gerichtlichen Auftrag begutachten. Ein solches Privatgutachten wird vom Gericht nicht als gleichwertig angesehen, sondern nur als Schriftsatz bzw. Sachvortrag gewertet. Es kann daher nicht zur alleinigen Grundlage einer gerichtlichen Entscheidung gemacht werden. Sollten sich daraus allerdings Fragen ergeben, die für eine gerichtliche Entscheidung von Bedeutung sein könnten, wird das Gericht wohl in den meisten Fällen zusätzlich einen neutralen Gutachter bestellen, der diesen Fragen dann nachgehen kann. Wenn ein Elternteil sich trotzdem für die Einholung eines Privatgutachtens unter Einbeziehung des Kindes entscheidet, sollte er sich vorher sachkundig machen, ob er dazu ohne Zustimmung des anderen befugt ist. Falls beide sorgeberechtigt sind, muss der andere vorab um Zustimmung gebeten werden, da es sich bei einer solchen Begutachtung um eine Maßnahme handelt, die für das Kind von erheblicher Bedeutung sein kann und daher nur mit Einverständnis beider Eltern durchgeführt werden darf.

Falls ein Elternteil ein Gutachten, das im Auftrag des Gerichts erstellt wurde, einem anderen Experten vorlegt, um dieses Gutachten im Rahmen einer methodenkritischen Stellungnahme auf mögliche Mängel überprüfen zu lassen, sollte er sich darüber im Klaren sein, dass diese Maßnahme zwar weiteren Kosten verursacht, möglicherweise aber nicht viel bringt. Manche Gerichte übergehen solche Expertisen, weil sie diese als Gefälligkeitsbescheinigungen werten, andere würdigen sie allerdings als Beweismittel. Die Eltern haben aber auch die Möglichkeit, sich bei ärztlichen oder psychologischen Fachgesellschaften zu erkundigen, ob sie neutrale Einrichtungen haben, an die man sich mit solchen Problemen wenden kann. Weitere Informationsquellen für die Beurteilung der Qualität von Gutachten sind die „Qualitätsstandards für psychologische Gutachten" des Diagnostik- und Testkuratoriums der Föderation Deutscher Psychologenvereinigungen (2017) und die sogenannten „Mindestanforderungen an die Qualität von Sachverständigengutachten im Kindschaftsrecht" der interdisziplinären Arbeitsgruppe Familienrechtliche Gutachten (2019) oder das umfassende Standardwerk von Salzgeber (2020)

> **Empfehlungen**
> Sachverständige haben einen Ermessensspielraum bei der Durchführung ihrer Untersuchungen und der Auswahl der Methoden, auf den sie sich auch berufen, wenn Eltern Kritik an dem Gutachten erheben. Die Empfehlungen von Fachgesellschaften und Arbeitsgruppen sind rechtlich nicht verbindlich. Verstöße gegen solche Empfehlungen rechtfertigen noch keine gerichtliche Ablehnung eines Gutachtens. Bei einem Abgleich des Gutachtens mit diesen

> Empfehlungen lässt sich jedoch prüfen, ob die Sachverständigen fachlich und wissenschaftlich gewissenhaft gearbeitet haben und die Abweichungen ihres Gutachtens von den fachlichen und wissenschaftlichen Standards nachvollziehbar begründet haben oder ob sie sich eher willkürlich oder gewohnheitsmäßig an ihren eigenen Kriterien orientiert haben. Die Empfehlungen des Diagnostik- und Testkuratoriums wurden gemeinsam vom Berufsverband Deutscher Psychologinnen und Psychologen (BDP) und der Deutschen Gesellschaft für Psychologie (DGPs) entwickelt. Bei den sogenannten Mindestanforderungen handelt es sich um gemeinsame Empfehlungen von Vertretern juristischer, psychologischer und medizinischer Fachverbände, der Bundesrechtsanwaltskammer und der Psychotherapeutenkammer. Die Arbeit der Kommission wurde fachlich begleitet und unterstützt vom Bundesministerium der Justiz und für Verbraucherschutz und den XII. Zivilsenat des BGH. Splitt, Richter am OLG Schleswig, weist darauf hin, dass die Mindestanforderungen inzwischen so häufig in gerichtlichen Würdigungen psychologischer Gutachtachten zitiert wurden, dass sie ähnlich wie die Düsseldorfer Tabellen im Unterhaltsrecht Richtliniencharakter für Bewertung von Begutachtungen im Familienrecht bekämen (Splitt, 2018, S. 55), zumal sie in der Erstfassung von 2016 auch einstimmig bei einer Entschließung des Bundestags angenommen worden seien (siehe Lüblinghoff, 2016). Abrufbare Quellen zu den Qualitätsstandards finden sich im Literaturverzeichnis am Schluss dieses Kapitels.

Manchmal kann es auch sinnvoller sein, keinen Streit darüber anzufachen, ob die Ergebnisse eines Gutachtens anfechtbar sind oder nicht, sondern aus verfahrensrechtlicher Sicht zu prüfen, ob sich der Sachverständige angreifbar gemacht hat, weil er die Grenzen seiner Befugnisse überschritten hat. Sachverständige sollen eine berufsspezifische Sachkunde in das Verfahren einbringen, über die das Gericht nicht selbst verfügt. Sie sollen Fragen, die ihnen das Gericht vorgibt, nach den aktuell geltenden wissenschaftlichen und methodischen Standards bearbeiten und beantworten. Dabei sollten sich nicht als „heimliche Richter" aufspielen, sondern sich darauf beschränken, das Gericht zu unterstützen und ihm eine eventuell erforderliche Entscheidung keinesfalls abnehmen. Im rechtlichen Sinn sind Sachverständige somit Beweismittel und nicht Verfahrensbeteiligte (Korn-Bergmann 2013). Ihre Aufgabe ist die Feststellung von Tatsachen unter Anleitung des Gerichts. Sie haben nicht die Befugnis, irgendwelche Rechtsfragen zu klären. Sie sollen gerichtlich verwertbare Feststellungen treffen und nicht ihre eigenen Sichtweisen und Wahrnehmung wiedergeben. Dabei sind sie strikt an die gerichtliche Fragestellung gebunden. Sie können dem Gericht jedoch eine Erweiterung der Fragestellung vorschlagen, wenn sie diese für erforderlich halten. Auf die besonderen Vorgehensweisen, insbesondere auch auf die Unterscheidung zwischen lösungsorientiertem und entscheidungsorientiertem Vorgehen, wird detaillierter im nächsten Kapitel eingegangen.

Es gibt jedoch einige wichtige allgemeine Vorgaben, die unabhängig von der gewählten Methode sind. Sachverständige sind zur Neutralität, Objektivität und Unabhängigkeit verpflichtet. So dürfen sie sich beispielsweise nicht nach irgendwelchen Weisungen Dritter richten, beispielsweise im Rahmen ihrer Ausbildung, bei der Inanspruchnahme einer Supervision oder seitens dienstlicher Vorgesetzter.

2.4 Formelle und informelle Spielregeln – Recht haben und Recht bekommen

Der formelle Verfahrensablauf und die Aufgaben der beteiligten Professionen sind im Familienverfahrensrecht geregelt. Das Handeln des Gerichts unterliegt den zivilrechtlichen, das Handeln des Jugendamts verwaltungsrechtlichen Vorschriften. Sachverständige orientieren sich in ihrem Handeln nicht nur am Verfahrensrecht, sondern auch an den fachlichen und wissenschaftlichen Standards ihrer Berufs- und Fachverbände, die auch eigene Richtlinien zur Qualitätssicherung entwickelt haben. Die rechtlichen Vorgaben geben einen verbindlichen Orientierungsrahmen vor, auf dessen Einhaltung das Gericht zu achten hat.

> Wer hat denn keine Hintergedanken?

Die gerichtliche Auseinandersetzung hat in den meisten Fällen eine mehr oder minder lange informelle, familieninterne Vorgeschichte, die sich anschließend auch im Streitverhalten der Eltern vor Gericht widerspiegelt. Man wäre leichtgläubig, wenn man davon ausgehen würde, dass es Eltern, die ihren Trennungskonflikt vor Gericht austragen, in den meisten Fällen nur um die Klärung der Streitfrage geht. Es ist eher naheliegend, dass es dabei auch verdeckte Motive gibt. Wenn beispielsweise jemand in erster Linie deswegen um die Kinder kämpft, weil er sich davon finanzielle Vorteile verspricht, wäre es unklug von ihm, dieses Motiv vor Gericht zur Begründung seiner Forderung vorzutragen. Wer den anderen durch Einschränkung seines Umgangsrechts auszugrenzen versucht, will damit möglicherweise nicht die Kinder schützen, sondern den anderen gezielt verletzen. Andererseits gibt es auch Eltern, die eine Ausweitung des Umgangsrechts anstreben, obwohl es ihnen weniger um die Kinder geht. Ihr verdecktes Motiv könnte sein, auf diese Weise wieder in engeren Kontakt zum anderen Elternteil zu kommen, weil sie ihn kontrollieren wollen oder weil sie möglicherweise die Trennung noch nicht überwunden haben.

Solche verdeckten Motive, die sich aus Beziehungsbedürfnissen, Kränkungen, Rachegefühlen oder finanziellen und wirtschaftlichen Interessen ergeben, sind noch relativ gut nachvollziehbar, weil sich wohl niemand ganz von solchen Erwägungen freimachen kann. Aus der Familienberatung und Familientherapie kennt man aber auch Motive, die derart tief in der Persönlichkeit der Streitenden verankert sind, dass sie sich im Rahmen von gerichtlichen Ermittlungen nur schwer greifen lassen. Manche Eltern versuchen, den anderen deswegen auszugrenzen, weil sie selbst bindungsunsicher sind und Angst haben, dass ihre ohnehin labile Beziehung zu den Kindern durch Kontakte zum anderen Elternteil völlig destabilisiert würde. Indirekt zeigen sich solche Ängste manchmal darin, dass sie dem anderen dann unterstellen, er habe im Grunde keine Beziehung zu den Kindern. Es kommt auch vor, dass Eltern verbittert um eine Ausweitung des Umgangsrechts kämpfen, obwohl sie selbst nicht bindungsfähig sind. In solchen Fällen kann der Kampf um die Kinder der Kompensation der eigenen Defizite dienen, weil er ihnen das Gefühl vermittelt, dass andere schuld an ihrer fehlenden Bindung zu den Kindern seien. Besonders schwierig sind auch Fälle, bei denen die Eltern-Kind-Beziehungen sehr eng sind, gleichzeitig jedoch pathologische Züge aufweisen, die mit hoher emotionaler Bedürftigkeit und der ausgeprägten Tendenz zur emotionalen Vereinnahmung der Kinder einhergehen.

> Kann Schweigen als Schuldeingeständnis gewertet werden?

Vor Gericht wird dann häufig mit heftiger emotionaler Beteiligung argumentiert. Die Bandbreite der gegenseitigen Vorhaltungen ist enorm und die betroffenen Eltern beklagen sich häufig darüber, dass sie sich auf Dauer damit überfordert fühlen, Vorhaltungen widerlegen zu müssen, die laufend gegen sie erhoben werden. Für dieses Problem gibt es eine verfahrensrechtliche Regelung. Das Gericht wird solchen Vorhaltungen nur dann nachgehen, wenn sie nachvollziehbar begründet sind. Daher macht es beispielsweise wenig Sinn, dem anderen Elternteil zu unterstellen, dass er zu viel trinkt, wenn nicht genauer belegt werden kann, worauf sich dieser Vorhalt stützt und welche nachteiligen Folgen sich daraus für die Kinder ergeben haben. Sollte jedoch ein Fehlverhalten unter Alkoholeinfluss nachweisbar sein oder belegt werden oder mussten in der Vergangenheit wegen dieser Problematik stationäre oder ambulante ärztliche Hilfen in Anspruch genommen werden, besteht Anlass für das Gericht, den Hintergrund dieser Problematik aufklären zu lassen. Der Beschuldigte gerät jedoch auch bei unbelegten Vorhaltungen in einen Zwiespalt, weil er die Befürchtung hat, dass man ihm unterstellen könnte, er habe etwas zu verbergen, wenn er nicht von sich aus den Gegenbeweis führt.

Noch schwieriger wird das Problem, wenn sich die Vorhaltungen auf sexuelle Übergriffe oder Gewalttätigkeiten beziehen. Wenn es dafür konkrete Anhaltspunkte gibt, bekommt der Konflikt unter Umständen eine strafrechtliche Dimension. Sind die Vorhaltungen nicht konkret belegbar, stehen Gerichte, Jugendämter und Sachverständige vor dem Problem, ob sie die Kinder vorsorglich schützen wollen und dabei in Kauf nehmen, eine bis dahin intakte Beziehung des Kindes zu dem betreffenden Elternteil zu gefährden oder gar zu zerstören. In solchen Fällen muss man davon ausgehen, dass die Gerichte und Helfer umso vorsichtiger und vorsorglicher reagieren, je schwerwiegender die Bedenken sind.

Wenn ein Verfahren streitig geführt wird, sich keine Optionen für einvernehmliche Regelungen ergeben und das Verfahren auf eine gerichtliche Entscheidung hinausläuft, ist damit zu rechnen, dass jede Partei es darauf anlegt, Punkte zu sammeln und die andere Seite möglichst schlecht aussehen zu lassen. Andererseits kann man aber auch bei lösungsorientierten Vorgehensweisen mit dem Ziel der Deeskalation und einer gütlichen Einigung nicht immer davon ausgehen, dass dann offener und ehrlicher argumentiert wird. Eine Kompromissbereitschaft lässt sich leicht vortäuschen, wenn man sich davon Vorteile verspricht, und manche Menschen sind äußerst geschickt darin, solche Bemühungen mit subtilen Tricks zu unterlaufen, ohne dass man sie dafür in die Verantwortung nehmen kann. Nicht selten wird dann eine Randproblematik mit einer Sollbruchstelle versehen, die das Scheitern in diesem Punkt vorprogrammiert. Anschließend wird dann die Einigung insgesamt infrage gestellt, weil man sich ja angeblich „nicht einmal in solchen Fragen einigen" könne. Vordergründig wird also eine Kompromissbereitschaft demonstriert, die im Grunde aber nicht ehrlich gemeint ist. Ein solches vorprogrammiertes Scheitern ist insbesondere dann zu erwarten, wenn der Betreffende sich von der dann erforderlichen gerichtlichen Entscheidung einen größeren Vorteil verspricht.

Der Leitgedanke bei der Arbeit der verschiedenen Professionen in Kindschaftssachen ist das Ziel, unabhängig vom Verhalten der Eltern und gegenseitigen Schuldzuweisungen zu einer Regelung zu finden, die sich primär an den Belangen der Kinder orientiert und die mit den geringsten Beeinträchtigungen für das Kind verbunden ist. Manchen Eltern fällt die Kooperation deswegen schwer, weil sie sich an einem überholten und laienhaften

Rechtsempfinden orientieren, das sehr beratungsresistent ist. Für viele Eltern ist der Rechtsstreit in Kindschaftssachen ein Prozess, den man gewinnen oder verlieren kann. Ein häufiges Argument, das man von Eltern hört, von denen Zugeständnisse abverlangt werden, lautet: „Ich habe mir doch nichts zuschulden kommen lassen, warum soll ich jetzt die Nachteile in Kauf nehmen?" Besonders groß ist die Verbitterung, wenn die andere Seite bisher mangelnde Kooperationsbereitschaft und fehlende Rechtstreue demonstriert hat. In solchen Fällen wird dann doch wieder auf Umwegen die Schuldfrage problematisiert, die bei der Suche nach kindeswohlorientierten Lösungen eigentlich irrelevant sein sollte. Noch weniger Einsicht ist von Eltern aus solchen Kulturkreisen zu erwarten, deren Forderungen und Erwartungen mit tief verinnerlichten Normvorstellungen verbunden sind und deren zentrales Argument dann beispielsweise lautet: „Das ist mein Blut und darum das Kind gehört zu mir."

> **Wie nachhaltig sind denn gerichtliche Regelungen und Entscheidungen?**

Vielen Eltern, die sich gütlichen Einigungen – aus welchen Gründen auch immer – widersetzen, ist nicht klar, dass sie mit einer gerichtlichen Entscheidung, auch wenn sie auf dem Instanzenweg bestätigt wird, nicht viel gewonnen haben. Solche Entscheidungen sind in der Regel nicht auf Dauer angelegt. Sie können oder müssen revidiert werden, falls sich die Voraussetzungen, auf die sich diese Entscheidungen gestützt haben, wesentlich verändern sollten. Eltern können beispielsweise krank werden, neue Beziehungen eingehen, die zum Problem für die Kinder werden, in wirtschaftliche Schwierigkeiten geraten, oder die Entwicklung der Kinder kann aus dem Ruder laufen. Die rechtlichen Rahmenbedingungen sind hinreichend flexibel und erlauben es, dass solchen Änderungen auf Antrag eines Elternteils gegebenenfalls Rechnung getragen werden kann. Schwieriger ist die Ausgangslage, wenn sich im Nachhinein herausstellt, dass gerichtliche Beschlüsse oder einvernehmliche Regelungen, die gerichtlich bestätigt wurden, nicht eingehalten werden. Das kann schon mit dem Problem beginnen, dass ein Kind den vom anderen Elternteil eingeklagten Umgang verweigert. Gelegentlich werden schulische oder gesundheitsfördernde Maßnahmen nicht umgesetzt, auf die sich Eltern bei Gericht geeinigt hatten, oder festgelegte Umgangsregelungen missachtet. Gerichtlich angedrohte Sanktionen, wie beispielsweise Strafgeldverhängungen, erweisen sich in der Praxis häufig als wirkungslos.

Liest man Akten aus familienrechtlichen Auseinandersetzungen, die sich über Jahre hingezogen haben, entsteht der Eindruck, dass die verschiedenen Beschlüsse und Vereinbarungen nur zu einem Scheinfrieden geführt haben, ohne die Probleme nachhaltig zu lösen.

> Viel Sachverstand – viel Hilfe? Oder verderben zu viele Köche den Brei?

Fehleranfällig ist auch die Kommunikation und Kooperation zwischen den beteiligten Professionen. Diese arbeiten häufig mit unterschiedlichen Ambitionen und Zielsetzungen unkoordiniert nebeneinander. Im ungünstigsten Fall verstricken sie sich dabei in einen Wettbewerb um die Deutungshoheit. Es soll keinesfalls in Abrede gestellt werden, dass überwiegend ein Bemühen um Kooperation und konstruktive Zusammenarbeit erkennbar wird, wobei man aber auch mögliche Fehlentwicklungen im Auge behalten sollte. Nicht selten trifft man auf Sachverständige, die sich in Verhandlungen in selbstgefälliger Attitüde den anderen gegenüber belehrend in Szene setzen und zutiefst gekränkt sind, wenn man sich ihrer Sichtweise nicht anschließt. Es gibt Jugendamtsmitarbeiter, die den Prozess eher mürrisch verfolgen und sich widerstrebend äußern, um dann am Rande zu kommentieren, wie unprofessionell sich das ganze Verfahren gestalte und wie weltfremd der Blick von Richtern oder Psychologen auf die eigentliche Problematik ausgerichtet sei. Gelegentlich sieht man Verfahrensbeistände, die sich übermotiviert in bloßes Agieren verstricken, wobei schwer erkennbar wird, wie sie die Belange und Interessen der Kinder wahrnehmen.

Bei den Überlegungen zur Verbesserung der Kooperation zwischen den Professionen muss unterschieden werden zwischen der Kooperation im jeweiligen Einzelfall und dem fallübergreifenden Erfahrungsaustausch. Positiv ist zu vermerken, dass sich in den letzten Jahren vermehrt regionale Arbeitskreise konstituiert haben, in denen sich Vertreter aus den verschiedenen Professionen Gedanken darüber machen, wie man auch fallübergreifend die interdisziplinäre Verständigung und Kooperation fördern kann. Große Hoffnungen wurden auch in neue Versuche zur Verbesserung der Kooperation bei der fallbezogenen Arbeit gesetzt, wie beispielsweise beim Cochemer Modell (siehe Rudolph 2007), bei dem sich die beteiligten Professionen im Vorfeld eines Gerichtsverfahrens um Vermittlung bemühen und die Eltern ermutigen und befähigen, ihre Verantwortung gegenüber den Kindern wieder selbst zu übernehmen, statt sie an fremde Experten zu delegieren. Hier zeichnet sich eine Entwicklung in Richtung auf das einleitend zitierte

Empowerment-Konzept ab. Falls es dann nicht schon im Vorfeld des gerichtlichen Verfahrens zu einer einvernehmlichen Lösung kommt, wird zeitnah eine mündliche Verhandlung angesetzt, in der das Gericht gemeinsam mit den Eltern und den beteiligten Professionen nach einer Lösung sucht. Ähnliche Ziele verfolgt die Hannoversche Familienpraxis, ein Arbeitsbündnis, bei dem die beteiligten Professionen unter Einbeziehung von Beratungsstellen und psychotherapeutischen Praxen ihre Erfahrungen austauschen und Regeln für die Kooperation erarbeiten, mit denen das Verfahren beschleunigt und konfliktverschärfendes Verhalten reduziert und die Eltern für die Wahrnehmung ihrer Verantwortung gezielt gefördert werden können (Prenzlow 2013a, b).

Auch diese Ansätze sind nicht ohne Risiken und Nebenwirkungen. So könnten sich Eltern, die eigentlich ein Anrecht darauf haben, über ihre unterschiedlichen Vorstellungen eine gerichtliche Entscheidung herbeiführen zu lassen, unter Umständen genötigt fühlen, sich dem Druck der Expertenmeinung zu beugen. Hier stellt sich somit erneut das Problem der Paradoxie eines verordneten Einvernehmens. Außerdem wird das Kind dann wieder aus der Subjektrolle in eine Objektrolle im Verfahren gedrängt. Andererseits lässt sich aber auch argumentieren, dass für Kinder, die sich ohnehin mit der Loyalitätsproblematik im Trennungskonflikt schnell überfordert fühlen, die daraus resultierenden Belastungen verringert werden können.

Lässt sich die Qualität gutachterlicher Arbeit überprüfen?

„Mehr Psychologie hat es im Recht wahrscheinlich nie gegeben als derzeit" (Fichtner 2015, S. 1). Das klingt zunächst wie eine Erfolgsmeldung, wirft aber auch Fragen nach weiteren Risiken und Nebenwirkungen auf. Derzeit fehlt noch eine umfassende, systematische wissenschaftliche Evaluation der Erfolge des psychologischen Handelns im Recht, mit Vergleichen des Aufwands und der Nachhaltigkeit der Ergebnisse verschiedener Arbeitsmodelle, wie Statusbegutachtung, lösungsorientierter Begutachtung, Beratung oder Mediation. Offen bleibt auch, ob es genügend qualifizierte personelle Ressourcen gibt, um den Anforderungen und den damit verbundenen Erwartungen im Rahmen von Begutachtungen gerecht zu werden. Somit ist noch ungeklärt, ob die Dominanz psychologischer Expertise im Familienrecht wirklich so begrüßenswert ist oder ob sie nicht auch zu einer Rechtsunsicherheit beiträgt und manchmal auch Schaden anrichten kann.

Die öffentliche Diskussion über Qualitätsmängel der Verfahren und insbesondere der psychologischen Gutachten trägt zur Verunsicherung der professionell Beteiligten und der betroffenen Eltern bei. Die Frage, welche wirksamen Methoden zur Qualitätskontrolle man im Rechtssystem implementieren kann, bleibt vorerst offen. Diskutiert werden Modelle zur Verbesserung und Kontrolle der Aus- und Weiterbildung von Sachverständigen oder ein sogenanntes Peer-Review-Verfahren, bei dem jedes Gutachten durch ein oder zwei Experten kritisch geprüft wird, bevor es dem Gericht vorgelegt wird. Damit würde sich allerdings der ohnehin schon hohe zeitliche und finanzielle Aufwand der Begutachtung noch weiter erhöhen.

> **Fazit**
> Manche Eltern fühlen sich mit einem Verfahren in Kindschaftssachen auch deswegen überfordert, weil die Anzahl der beteiligten Akteure immer mehr zunimmt. Im ungünstigsten Fall müssen sie sich im Rahmen des Gerichtsverfahrens auf dem Instanzenweg mit mehreren Gerichten, verschiedenen Verfahrensbevollmächtigten, mehreren Sachverständigen, dem Jugendamt, dem Verfahrensbeistand für die Kinder, gelegentlich auch mit Umgangspflegern und außergerichtlich unter Umständen auch noch mit Beratern, Mediatoren und in Sonderfällen mit dem Fachpersonal der Sozialpädagogischen Familienhilfe auseinandersetzen. Da das Gericht in Kindschaftssachen auf ein Einvernehmen hinwirken soll, wird auch von den Eltern erwartet, dass sie sich eigenverantwortlich am Bemühen um Befriedung des Konflikts beteiligen, der sie vor Gericht gebracht hat. Andererseits verlieren sie unter diesen Voraussetzungen als Laien schnell den Überblick und sehen sich unter Umständen einer Vielzahl von Experten gegenübergestellt, die selbst nicht immer kooperieren, sondern gelegentlich auch unterschiedliche Vorstellungen bezüglich der Lösungsalternativen entwickeln und schlimmstenfalls auch gegeneinander agieren. Falls sie in diesem Verfahren nicht den Überblick verlieren wollen und sich eigenverantwortlich und auf Augenhöhe mit den Experten aus verschiedenen Professionen an den Bemühungen um einvernehmliche Regelungen beteiligen wollen, sollten sie sich vorher über deren Rolle im Verfahren informieren.

Literatur

Arbeitsgruppe Familienrechtliche Gutachten. (2019). *Mindesanforderungen an die Qualität von Sachverständigengutachten im Kindschaftsrecht* (2. Aufl.). Deutscher Psychologenverlag.

Beisenkamp, A., Klöckner, C. A., Hallmann, S., & Preißner, C. (2009). *LBS-Kinderbarometer Deutschland 2009*. RND Verlags GmbH.

Dettenborn, H., & Walter, E. (2022). *Familienrechtspsychologie* (4. Aufl.). Reinhardt.
Diagnostik- und Testkuratorium der Föderation Deutscher Psychologenvereinigungen. (2017). *Qualitätsstandards für psychologische Gutachten*. https://www.dgps.de/fileadmin/documents/Empfehlungen/GA_Standards_DTK_10_Sep_2017_Final.pdf.
Fichtner, J. (2015). *Trennungsfamilien – Lösungsorientierte Begutachtung und gerichtsnahe Beratung*. Hogrefe.
Hammer, W. (2022). *Familienrecht in Deutschland – Eine Bestandsaufnahme*. https://www.familienrecht-in-deutschland.de/studie/.
Korn-Bergmann, M. (2013). Gutachter – „Heimliche Richter" im Kindschaftsverfahren? *Überblick und rechtliche Grundlagen. FamRB-Beratungspraxis, 12*(9), 302–338.
Lüblinghoff, J. (2016). NJW 3329, 3331. *BT-Drucksache, 18*(0092), 8.
Meysen, Th. (Hrsg.). (2014). *Praxiskommentar Familienverfahrensrecht*. Bundesanzeiger Verlag.
Prenzlow, R. (2013a). Die Hannoversche Familien Praxis. In R. Prenzlow (Hrsg.), *Handbuch elterliche Sorge – Pädagogische, psychologische und rechtliche Aspekte* (S. 365–368). Bundesanzeiger Verlag.
Prenzlow, R. (Hrsg.). (2013b). *Handbuch elterliche Sorge – Pädagogische, psychologische und rechtliche Aspekte*. Bundesanzeiger Verlag.
Rudolph, J. (2007). *Du bist mein Kind: Die „Cochemer Praxis" – Wege zu einem menschlicheren Familienrecht*. Schwarzkopf und Schwarzkopf.
Salzgeber, J. (2020). *Familienpsychologische Gutachten* (7. Aufl.). Beck.
Splitt, A. (2018). Rechtsfragen im Zusammenhang mit familienpsychologischen Sachverständigengutachten. *Forum Familienrecht, 2*, 51–59.

3

Psychologische Hilfen bei Problemen mit elterlicher Sorge und Umgang

Inhaltsverzeichnis

3.1 Psychologische Hilfen bei autonomen Regelungen – Die außergerichtliche Konfliktbehandlung 49
3.2 Psychologische Begutachtungen bei gerichtlichen Regelungen – Auch Sachverständige müssen sich an Regeln halten. 54
3.3 Gutachten als gerichtliche Entscheidungshilfen – Gutachter als „heimliche Richter" oder als „Beweismittel" im Verfahren? 59
3.4 Gutachten als gerichtliche Lösungshilfen – Gutachter als „Friedensbringer"? 62
3.5 Spielräume des gutachterlichen Handelns – Auch für Gutachter gelten Regeln 66
3.6 Handlungsspielräume von Eltern und Kindern – Man sollte seine Rechte kennen und wahrnehmen. 69
Literatur 72

3.1 Psychologische Hilfen bei autonomen Regelungen – Die außergerichtliche Konfliktbehandlung

Im Fall einer Trennung müssen Eltern eine Regelung finden, wo die Kinder ihren Lebensmittelpunkt haben sollen und wie die Kontakte zum anderen Elternteil ausgestaltet werden können. Dafür müssen sie nicht das Gericht in Anspruch nehmen. Bei rund zwei Drittel aller Trennungen einigen sich die Eltern selbst (Fichtner, 2012, 2015). Falls sie sich bei ihren Bemühungen um einvernehmliche Regelungen überfordert fühlen, bieten sich verschiedene außergerichtliche Hilfen an, beispielsweise eine Erziehungsberatung, eine Eheberatung, eine Scheidungsberatung oder auch eine Mediation. Die Anbieter haben in den meisten Fällen eine psychologische, juristische oder pädagogische Qualifikation.

An eine **Beratung** von Eltern, die in eine Trennungsfolgenauseinandersetzung verstrickt sind, sind andere Anforderungen zu stellen als an eine Beratung bei Erziehungs- oder Partnerschaftsproblemen, bei denen Eltern gemeinsam nach Lösungen suchen. Im Trennungskonflikt sind das Denken und das Handeln eher gegeneinander gerichtet. Bei jeder Sachfrage (Wer soll was bekommen? Wo soll das Kind leben? Wie sollen die Besuchskontakte ausgestaltet werden?) werden auch Bedürfnisse, Besorgnisse und Interessen angesprochen, die weniger mit der Frage selbst zu tun haben, sondern sich auf Verletzungen der Gefühle, Egoismen oder das persönliche Gerechtigkeitsempfinden beziehen. Bloße Empfehlungen reichen dann nicht mehr aus, solange den streitenden Parteien nicht vermittelt werden kann, dass Sachfragen unabhängig von Beziehungsfragen geklärt werden müssen und dass es beispielsweise keinen Sinn macht, dem anderen die Kontakte zu den Kindern zu untersagen, weil er Schuld an den ganzen Problemen habe.

Woran scheitern Beratungen?

Beratung sollte auch hinreichend kompetent sein, um gegebenenfalls eine nur scheinbare, also vorgetäuschte Kooperationsbereitschaft zu erkennen oder verdeckte Konfrontationen aufzudecken, bei denen die Bemühungen um die Klärung von Sachfragen nur instrumentalisiert werden, um die Beziehungskonflikte auszutragen. Fragt man streitende Eltern nach gescheiterter Beratung nach Begründungen für den Misserfolg, bekommt man häufig zu hören:

- er/sie „hat doch nur wieder versucht, mich über den Tisch zu ziehen";
- ihm/ihr „ging es doch gar nicht um die Sache, sondern nur darum, wieder in persönlichen Kontakt zu mir zu kommen";
- „ich wurde wieder nur mit Vorhaltungen konfrontiert".

Beratung bei Trennungsfolgenauseinandersetzungen ist eine Form der niedrigschwelligen Intervention, bei der in einer festgefahrenen Konfliktsituation nach Lösungsmöglichkeiten gesucht wird. Chancen auf Erfolg bestehen vor allem dann, wenn die Meinungsverschiedenheiten überwiegend auf Missverständnisse zurückzuführen sind, die in dieser Beratung ausgeräumt werden können. Erfolglos bleiben die Bemühungen meistens, wenn es sich um Fälle mit pathologischem Streitverhalten handelt, wenn es den Parteien nicht um Lösungen, sondern primär um den persönlichen Vorteil geht oder wenn eine Partei in jeder Hinsicht beratungsresistent ist.

> **Beispiel**
> Eine von Sigmund Freud übernommene Metapher zur Beschreibung des Unterschieds von verdeckten und offenen Anteilen des Konflikts ist das Eisberg-Modell (Schulz von Thun, 2008). In der Beratung oder Mediation wird häufig nur ein Teil der Probleme und Konflikte offengelegt. Der größte Teil bleibt unterhalb der „Wasserlinie". Dazu gehören insbesondere verletzte Gefühle, verdeckte Motive, uneingestandene Bedürfnisse und tief verankerte Nöte.

Eine erfolgreiche lösungsorientierte Beratung erfordert besondere psychologische Kompetenzen (Bamberger, 2015). Für die Gesprächsführung und die Fragetechnik wurden in den letzten Jahren spezielle, wissenschaftlich begründete Methoden erprobt und weiterentwickelt, die sich deutlich von der therapeutischen Gesprächsführung unterscheiden (Bannink, 2015). Eine fachlich kompetente psychologische Beratung kann der Konfliktdynamik durchaus entgegenwirken und früh zu einer Beruhigung der Situation führen. Selbst bei Hochkonfliktfamilien gelingt es gelegentlich, die Situation mit geringem Aufwand zu beruhigen. Falls die Beratung jedoch scheitert, kann sich dies aber auch konfliktverschärfend auswirken, da die Beteiligten daraus dann neue Schuldzuweisungen ableiten, die sie später in die gerichtlichen Auseinandersetzungen einbringen.

> Reichen vielleicht auch Vermittlungen?

Eine andere Möglichkeit der professionellen Streitschlichtung durch Herbeiführung eines Einvernehmens bei strittigen Fragen ist die **außergerichtliche Mediation.** Bei erfolgreicher Mediation erübrigt sich häufig eine gerichtliche Entscheidung oder die Vereinbarung wird gerichtlich bestätigt. In der Mediation suchen beide Parteien unter Anleitung eines Mediators oder einer Mediatorin nach gemeinsamen Lösungen für ihre Konflikte, nachdem zunächst festgelegt wurde, welche Fragen strittig sind und welche Optionen zur Verfügung stehen. Als Mediatoren bieten sich Anwälte, Psychologen oder Angehörige anderer Berufsgruppen an, die über eine entsprechende Zusatzqualifikation verfügen.

Die Vorgehensweise bei der Mediation ist formalisiert. Gemeinsam wird festgelegt, worum es dabei gehen soll und welche Positionen die Parteien einnehmen. Es werden Ziele definiert, wobei auch die Akzeptanz der jeweiligen Sichtweisen und Bedürfnisse der anderen Seite gefordert wird. Dann werden Lösungsvorschläge erarbeitet, die im Hinblick auf die von den Parteien vorgetragenen Ansprüche und Interessen bewertet und gegebenenfalls so modifiziert werden, dass sie für alle Beteiligten akzeptabel sind. Im Idealfall kommt es danach zu einer gemeinsamen schriftlichen Vereinbarung. Für die Eltern ist das damit verbundene Risiko überschaubar. Sie erteilen den Mediatoren einen Vermittlungsauftrag, den sie jederzeit zurückziehen können. Die Mediatoren üben auch keinen inhaltlichen Einfluss auf die Lösung des Streits aus (Will, 2015). Sie sind nicht befugt, eine bestimmte Entscheidung zu unterstützen oder gar selbst Entscheidungen zu treffen. Dritte Personen dürfen nur mit Einverständnis beider Parteien hinzugezogen werden. Das gilt auch für die davon betroffenen Kinder.

Vereinbarungen, die im Rahmen einer Mediation getroffen werden, sind kostenmäßig meistens wesentlich günstiger als die Herbeiführung gerichtlicher Entscheidungen in streitigen Familiensachen. Bei der Auswahl eines außergerichtlichen Mediators sollte bedacht werden, dass diese Berufsbezeichnung gesetzlich nicht geschützt ist und dass es für Zertifizierungen auch keine rechtlichen Vorschriften gibt. Man weiß unter Umständen also nicht, an wen man gerät. Gegebenenfalls empfiehlt es sich daher, sich bei den Berufsverbänden nach bewährten Adressen zu erkundigen oder sich auf Empfehlungen von Personen (zum Beispiel Richter oder Anwälte) zu stützen, die sich auf diesem Gebiet auskennen.

Eine weitere Variante ist die **Mediation bei einem Güterichter,** an den der Familienrichter die Parteien gegebenenfalls verweisen kann. Auch hier wird der Freiwilligkeit Priorität eingeräumt, obwohl eine solche Verweisung auch ohne Zustimmung der Parteien möglich ist. Falls dieser Umweg scheitert, kann das Gerichtsverfahren dann fortgesetzt werden. Der zuständige Richter kann und sollte aber auch selbst versuchen, auf ein Einvernehmen der streitenden Parteien hinzuwirken, was dann jedoch nicht mit einer Mediation gleichzusetzen ist.

Vorteile der außergerichtlichen Konfliktbehandlung

- Die Eigenverantwortlichkeit des Handelns und der Entscheidungen wird gewahrt.
- Man spart Zeit und Geld.
- Die Kinder werden weniger belastet. Deren Loyalitätskonflikte können verringert werden, wenn man ihnen erklären kann, dass die Eltern sich einig sind.

Risiken der außergerichtlichen Konfliktbehandlung

- Ein mögliches Scheitern kann konfliktverschärfend wirken.
- Die Kinder werden selten mit einbezogen, Regelungen werden über ihren Kopf hinweg vereinbart.
- Die Kompetenz von Beratern und Mediatoren lässt sich schwer einschätzen. Bei mangelnder Qualifikation richten sie mehr Schaden an als Nutzen.
- Die stundenweise Bezahlung bietet Anreize, den Aufwand möglichst groß zu gestalten.

Empfehlungen
- Man sollte sich im Vorfeld über Angebote informieren.
- Auf Beratungs- und Mediationsversuche sollte man besser verzichten, wenn man keine Möglichkeiten für einvernehmliche Regelungen sieht. Eltern haben einen Anspruch darauf, ihre Meinungsverschiedenheiten gegebenenfalls auch gerichtlich klären zu lassen.
- Vereinbarungen sollte man vor einer Unterschrift durch einen eigenen Fachanwalt daraufhin überprüfen lassen, ob sie eventuell die eigenen Interessen gefährden, und zwar auch dann, wenn der Mediator selbst Jurist ist.
- Man sollte unbedingt darauf achten, dass hinreichend berücksichtigt wird, ob und wie die Nachhaltigkeit bzw. die Verbindlichkeit der Vereinbarungen abgesichert werden kann, möglicherweise auch durch eine Bestätigung in einem Gerichtsbeschluss.

3.2 Psychologische Begutachtungen bei gerichtlichen Regelungen – Auch Sachverständige müssen sich an Regeln halten

Der Schwerpunkt psychologischen Handelns bei Familienrechtsauseinandersetzungen ist die psychologische Begutachtung im Auftrag des Gerichts. Die Rolle der psychologischen Sachverständigen im Verfahren wurde schon in Abschn. 2.3 erläutert. Mit welchen wissenschaftlichen Methoden Sachverständige arbeiten, entscheiden sie selbst. Das Gericht kann ihnen diesbezüglich keine Vorschriften machen. Die Tätigkeit der Sachverständigen muss sich allerdings auf Untersuchungen beschränken, die der Beantwortung der gerichtlich vorgegebenen Fragestellung dienen. Im Hinblick auf die Methoden ihrer Informationsgewinnung, die weitere Verwendung dieser Informationen, die Einhaltung der Schweigepflicht, die Beachtung der Grenzen des Eingriffs in die Persönlichkeitsrechte und andere formale Rahmenbedingungen haben sie sich jedoch an die rechtlichen Vorgaben zu halten.

Bei den Richtlinien und Standards zur fachgerechten Erstellung eines Gutachtens, die von den Fachgesellschaften und in den einschlägigen Fachbüchern erläutert werden, handelt es sich um Empfehlungen. Sie sind nicht völlig einheitlich und auch nicht rechtsverbindlich. Die Mehrzahl der Sachverständigen orientiert sich an der schon im Kap. 2 erwähnten zweiten Auflage der *Mindestanforderungen* der interdisziplinären Arbeitsgruppe Familienrechtliche Gutachten (2019). Für Gutachter mit einem Hochschulabschluss in Psychologie wurden die ebenfalls schon erwähnten Qualitätsstandards des Diagnostik- und Testkuratoriums der Föderation Deutscher Psychologenvereinigungen (2017) herausgegeben. Für ärztliche Gutachter haben die Deutsche Gesellschaft für Kinder- und Jugendpsychiatrie, Psychosomatik und Psychotherapie (DGKJP), die Bundesarbeitsgemeinschaft der Leitenden Klinikärzte für Kinder- und Jugendpsychiatrie, Psychosomatik und Psychotherapie (BAG) und der Berufsverband für Kinder- und Jugendpsychiatrie, Psychosomatik und Psychotherapien in Deutschland (BKJPP) Empfehlungen zur Qualitätssicherung für das Gutachterwesen herausgegeben. Diese liegen als Buch vor (Klosinski, 2004b) und enthalten auch Kapitel mit Empfehlungen zur Erstellung von Sorgerechtsgutachten (von Rhein et al., 2004) oder Gutachten zur Regelung des Umgangs (Klosinski, 2004a). Häufig zitierte Quellen, die regelmäßig aktualisiert wurden, sind die Fachbücher von Salzgeber (7. Auflage von 2020), Dettenborn (6. Auflage von 2021), Castellanos (3. Auflage von 2021) Dettenborn und Walter (4. Auflage von 2022) und Balloff (4. Auflage von 2022). Zu den neueren Werken, die schnell Verbreitung und Anerkennung in Fachkreisen fanden, gehören das Fachbuch *Psychologische Diagnostik in familienrechtlichen Verfahren* von Zumbach et al. (2020) und das Handbuch für die rechtliche und psychologische Praxis für *Psychologische Gutachten im Familienrecht* von Lack und Hammesfahr (2019), das in diesem Jahr in neubearbeiteter Auflage erscheinen soll.

Inzwischen gibt es auch von richterlicher Seite Bemühungen, Standards für Sachverständigengutachten zu entwickeln, die nicht als verbindliche Vorgaben, sondern als Empfehlungen gemeint sind und zu einer Vereinheitlichung der Standards beitragen könnten. Das sind beispielsweise die 2015 herausgegebenen „Celler Empfehlungen zu inhaltlichen Anforderungen an Sachverständigengutachten in Kindschaftssachen" einer Arbeitsgruppe von Richterinnen und Richtern des Oberlandesgerichts Celle, oder die Fachartikel von Richtern einiger Oberlandesgerichte (zum Beispiel Splitt, 2018; OLG Schleswig; Köhler, 2020, OLG Frankfurt). Die meisten der hier zitierten Quellen sind öffentlich zugänglich. Sie richten sich jedoch in erster Linie an die Experten.

Bei einer Begutachtung geht es meistens um psychodiagnostische Fragestellungen, deren Untersuchung eine besondere fachliche Expertise erfordern. Dazu gehören insbesondere Fragen nach

- Einschränkungen und Ressourcen der Erziehungsfähigkeit
- Psychischen Erkrankungen von Kindern und Eltern
- Auffälligkeiten und Beeinträchtigungen in der Entwicklung von Kindern
- Unterstützungsbedarf von Eltern
- Qualität und Ausmaß von Störungen der Interaktionen, Beziehung und Bindungen der Familienangehörigen
- Auswirkungen defizitärer Lebensverhältnisse
- Risikoerfassung bei Vernachlässigungen und Misshandlungen

Die berufliche Mindestqualifikation für Sachverständige in Kindschaftssachen ist seit dem 15.10.2016 durch § 163 FamFG Abs. 1 Satz 1 festgelegt. Als geeignet gelten Personen mit abgeschlossenem Studium in Psychologie, Fachärzte für Psychiatrie und approbierte Psychotherapeuten. Für Pädagogen und Sozialpädagogen ist hingegen der Nachweis einer ausreichenden Zusatzqualifikation in einem anerkannten Ausbildungsgang erforderlich. Eine Ausbildung in Psychologie als Nebenfach im Hauptstudium der (Sozial-)Pädagogik oder die Ausbildung zum systemisch-lösungsorientierten Sachverständigen reicht dafür nicht aus (Köhler, 2020).

Falls die zu begutachtenden Kinder oder Eltern durch eine besondere soziale oder psychologische Problematik belastet sind, deren Untersuchung und psychologische Bewertung eine spezielle Berufserfahrung (sogenannte Feldkompetenz) erfordert, müssen Sachverständige die entsprechende fallspezifische Qualifikation nachweisen. Dies gilt insbesondere dann, wenn der Bedarf für Therapie- oder Interventionsmaßnahmen bestimmt werden muss. Falls beauftragte Sachverständige diese Voraussetzung nicht erfüllen, können sie dem Gericht die Einholung eine Zusatzgutachtens vorschlagen, dessen Ergebnisse dann bei der Erstellung des Hauptgutachtens berücksichtigt werden müssen. Atteste und Auskünfte fachkundiger Dritter können keine gutachterlichen Untersuchungen ersetzen, sondern nur als Hinweise verwertet werden, die bei der Begutachtung untersucht werden müssen.

Unabhängig von der beruflichen oder wissenschaftlichen Orientierung der Sachverständigen kommen bei einer Begutachtung in der Regel folgende Maßnahmen in Betracht:

- Auswertung der vom Gericht vorgelegten Akten im Hinblick auf Tatsachen aus der Vorgeschichte, die für die Beantwortung der gerichtlichen Fragestellung von Bedeutung sind, sogenannte Anknüpfungs- oder Anschlusstatsachen, die jedoch unstreitig sein sollten, denn Sachverständige sind keinesfalls befugt, zu streitigen Tatsachenbehauptungen irgendwelche Ermittlungen anzustellen
- Gezielte Befragungen der Kinder und Eltern (Explorationen) zu ihren Lebensverhältnissen und ihren Vorstellungen für die Zukunft
- Erfassung von Angaben der Bezugspersonen zur Entwicklung der Kinder (Erhebung von Fremdanamnesen)
- Erfassung von Angaben der Eltern zu ihrer Biografie (Erhebung der biografischen Anamnesen)
- Erfassung anamnestischer Angaben zu relevanten gesundheitlichen Beeinträchtigungen
- Beobachtung des Verhaltens und der Interaktionen von Kindern und Eltern (begleitende Beobachtungen in relevanten Situationen, beispielsweise bei der Übergabe der Kinder oder Beobachtungen unter Standardbedingungen)
- Durchführung von testpsychologischen Untersuchungen, insbesondere zur Einschätzung der Eltern-Kind-Beziehung, des Entwicklungsstands der Kinder, der Persönlichkeit der Eltern und gegebenenfalls auch zur Untersuchung von Beeinträchtigungen der geistig-seelischen Gesundheit

- Zusammenstellung der vom Sachverständigen erstellten und wissenschaftlich begründeten Erkenntnisse, sogenannte Befundtatsachen
- Erstellung eines schriftlichen Gutachtens mit Beantwortung der gerichtlichen Beweisfrage
- Eventuell auch eine mündliche Erläuterung des Gutachtens im Rahmen von gerichtlichen Anhörungen

> **Ist die Qualität kontrollierbar?**

Sachverständige haben allerdings keine allgemeine Ausforschungsbefugnis und können daher nicht alle Möglichkeiten der Informationserhebung nach Belieben ausschöpfen. Sie dürfen nur solche Informationen erheben, die für die Beantwortung der gerichtlichen Beweisfragen erforderlich sind und müssen berücksichtigen, dass Begutachtungen stets mit Eingriffen in die Privatsphäre und die Persönlichkeitsrechte der ihnen anvertrauten Personen verbunden sind. Daher ist ein solches Erfordernis für jede Untersuchungsmaßnahme gesondert zu begründen. Außerdem muss erläutert bzw. nachgewiesen werden, inwieweit das eingesetzte Untersuchungsverfahren für den konkreten Einzelfall angemessen und geeignet ist (Schmidt-Atzert und Amelang, 2018). Die fehlende Berücksichtigung dieser Einschränkungen gilt als Verstoß gegen das Verhältnismäßigkeitsgebot (Zumbach et al., 2020).

> **Beispiel**
> Häufige festzustellende Überschreitungen der gutachterlichen Befugnisse zur Informationserhebung sind zum Beispiel:
> - Erhebungen von Angaben zur Vorgeschichte oder zum persönlichen und familiären Hintergrund, die für die Beantwortung der Beweisfragen ohne Belang sind
> - Unzulässige Erhebung und Dokumentation von Angaben über unbeteiligte Dritte (weitere Angehörigen, Personen aus dem Freundes- und Bekanntenkreis, frühere Lebenspartner)
> - Aufwendige und breit angelegte testdiagnostische Untersuchungen, mit denen auch Persönlichkeitsmerkmale erfasst werden, deren Untersuchung nicht erforderlich ist
> - Umfangreiche Einholung von Auskünften von Fachkräften, die keinen Beitrag zur Klärung der Beweisfragen liefern

Mit den klaren Ausformulierungen konkreter Anforderungen an die Begutachtung seitens der gerichtlichen Auftraggeber und der wissenschaftlichen

Fachgesellschaften wurden Standards entwickelt, anhand derer sich die Qualität von Gutachten überprüfen lässt. Dabei wird jedoch leicht übersehen, dass die Sicherung der Qualität des Arbeitsprozesses bei der Begutachtung noch keine Rückschlüsse auf die Ergebnisqualität zulässt. Auf dem Weg zu einem professionellen Qualitätsmanagement, das im Grunde das gesamte Familienrechtsverfahren und auch strukturelle Aspekte wie die Aus- und Weiterbildung der Sachverständigen und anderer Professionen sowie die Schaffung hinreichender personeller Ressourcen und angemessener Arbeitsbedingungen zur Vermeidung von Überforderungen einbeziehen müsste, sind noch viele Hürden zu überwinden. Nur in einem Gesamtmanagement zur Qualitätssicherung lassen sich Mängel der einzelnen Teilbereiche und individuelle Fehler besser nachweisen und schrittweise eliminieren.

Risiken und Nebenwirkungen der Standardisierung gutachterlichen Handelns
Eine Auflistung von Vorgaben und Richtlinien vereinheitlicht zwar den Begutachtungsprozess, suggeriert jedoch unter Umständen eine Qualität, die sich nicht im Ergebnis niederschlägt. Wer sich im Gesundheitswesen auskennt, den überrascht es nicht, dass sich die Richtlinien von Fachverbänden größtenteils in Auflistungen von Leistungen erschöpfen, die in jedem Fall zu erbringen sind. Dabei darf nicht übersehen werden, dass jede dieser Einzelleistungen abgerechnet werden darf. Bei Begutachtungen ist dann allerdings schwer zu überprüfen, ob eine Leistung deswegen erbracht wurde, weil sie zwingend zur Beantwortung der gerichtlichen Fragestellung erforderlich ist, oder eher, weil sie honoriert wird oder weil sich die betreffenden Sachverständigen damit eventuell gegen Kritik absichern wollen.

> **Empfehlungen**
> Für eine erste Überprüfung der Qualität eines Gutachtens bieten sich veröffentlichte Mängellisten an. Ein hilfreiches Beispiel sind folgende Kriterien nach Korn-Bergmann, (2013):
>
> - Fehlende wissenschaftliche Begründung und Tragfähigkeit
> - Fehlende logische Schlüssigkeit
> - Widersprüchlichkeit
> - Unübersichtlichkeit
> - Verwendung falscher tatsächlicher Voraussetzungen
> - Verwendung streitiger Anschlusstatsachen
> - Fehlende Bezeichnung von Gehilfen und vom Umfang der Tätigkeit

Als weitere Hinweise auf formale Mängel könnte man hier folgende Kriterien hinzufügen:

- Unzulässige Verzögerungen bei der Fallbearbeitung (Überschreitung von Fristen)
- Überflüssiger Aufwand (beispielsweise standardmäßige Durchführung zahlreicher Tests oder Befragungen ohne Bezug zur eigentlichen Fragestellung)
- Diagnosestellungen ohne die erforderliche fachliche Qualifikation
- Unzulässige Erweiterungen oder unvollständige Bearbeitung der gerichtlichen Fragestellungen
- Fehlende Belehrungen der Kinder und Eltern über ihre Rechte und über die gutachterliche Vorgehensweise einschließlich entsprechender Begründungen
- Verstöße gegen das Transparenzgebot gutachterlichen Handelns

3.3 Gutachten als gerichtliche Entscheidungshilfen – Gutachter als „heimliche Richter" oder als „Beweismittel" im Verfahren?

Begutachtungen dienen der Unterstützung des Gerichts bei der Entscheidungsfindung. Daher sprechen Experten in diesem Zusammenhang häufig von entscheidungsorientierter Begutachtung (Westhoff et al., 2000) oder etwas neutraler von Statusdiagnostik (Korn-Bergmann, 2013). Der Begriff entscheidungsorientiert ist in diesem Zusammenhang etwas missverständlich, weil mit dem Gutachten keine Entscheidung vorweggenommen oder dem Gericht auch keine Entscheidung nahegelegt werden darf. Das Gutachten dient vielmehr der Vorbereitung einer gerichtlichen Entscheidung auf der Grundlage der aktuellen Verhältnisse und Erkenntnislage, daher auch der Begriff Statusdiagnostik. Mit der Begutachtung werden sachdienliche Informationen erfasst, deren Erhebung eine besondere Fachkunde erfordert, über die das Gericht nicht verfügt. Sachverständige übernehmen dann einen Teil der Ermittlungstätigkeit des Gerichts. Gerichte können beispielsweise nicht die Qualität und Enge der Bindungen zwischen Eltern und Kindern beurteilen, keine geistigen oder seelischen Störungen von Kindern und Eltern erkennen und nicht die Ursachen für schulisches Versagen der Kinder feststellen. Es handelt sich somit um Sachverhalte, die zwar der gerichtlichen

Überprüfungspflicht unterliegen, deren Überprüfung jedoch eine besondere psychologische Sachkenntnis erforderlich macht.

> **Sind gutachterliche Empfehlungen vorweggenommene Entscheidungen?**

Ein zentrales Problem bei der Entwicklung von gutachterlichen Empfehlungen oder Entscheidungsfindungen des Gerichts ergibt sich aus der Komplexität und der unterschiedlichen Gewichtung der Kriterien, die dabei zu berücksichtigen sind. Daher kommen verschiedene psychologische Experten häufig bei gleicher Sachlage zu unterschiedlichen Einschätzungen und Empfehlungen. Umso mehr überrascht es dann, wenn gutachterliche Empfehlungen und gerichtliche Entscheidungsbegründungen gelegentlich bis in die Wortwahl übereinstimmen. Wenn in der Begründung von gerichtlichen Entscheidungen die Empfehlungen der Sachverständigen ohne kritische Würdigung einfach nur übernommen werden, fördert dies den Eindruck, dass dem Sachverständigen mehr als nur die Rolle eines Gehilfen des Gerichts zugewiesen oder zugestanden wurde und dass er in dem Verfahren möglicherweise die Rolle des „heimlichen Richters" (Korn-Bergmann, 2013) übernommen hat.

Aufschlussreich ist in diesem Zusammenhang eine Untersuchung von Kohring (2003), die im Rahmen einer Vollerhebung von Akten aus 172 Verfahren des Amtsgerichts Münster über einen Zehnjahreszeitraum feststellte, dass im Bereich der Sorge- und Umgangsrechtsentscheidungen bei 91 % der Fälle das Ergebnis des Verfahrens der gutachterlichen Empfehlung entsprach, wobei sich das Gericht in fast der Hälfte der Fälle vor allem auf das Gutachten bezog, in einem Drittel der Fälle sogar ausschließlich auf die Begründungen der Sachverständigen. Einschränkend muss darauf hingewiesen werden, dass die Daten, auf die sich diese Untersuchung stützt, überwiegend aus den 1990er-Jahren stammen, sodass sich die Ergebnisse nicht ohne weiteres auf heutige Verhältnisse übertragen lassen. Andererseits gibt es auch keine konkreten Anhaltspunkte dafür, dass sich daran Wesentliches geändert hat. Auch heute erlebt man immer wieder, dass gutachterliche Empfehlungen in einem sehr appellativen Tenor ausformuliert werden und dass Sachverständige bei Anhörungen belehrend auftreten und auf gerichtliche Entscheidungen Einfluss zu nehmen versuchen. Die Einflussmöglichkeiten der Eltern sind dann eher gering. Eine unkritische Übernahme gutachterlicher Empfehlungen für gerichtliche Entscheidungen ist auch deswegen bedenklich, weil – wie Fichtner (2015) mit Recht betont – die Ergebnisse verschiedener Studien der letzten Jahre Anlass zu der Befürchtung geben, dass ein beträchtlicher Anteil der Gutachten mit psychologischer Fehleinschätzung behaftet ist. Selbst die jetzige Bundesregierung sah sich in ihrem Koalitionsvertrag von 2013 veranlasst, rechtliche Initiativen zur Verbesserung der psychologischen Begutachtung in Angriff zu nehmen, und der Bundestag hat 2016 die sogenannten Mindestanforderungen der Arbeitsgruppe Familienrechtliche Gutachten in der ersten Fassung von 2016 (eine ergänzte Neuauflage wurde 2019 herausgegeben) einstimmig bestätigt (Lüblinghoff, 2016).

Risiken der entscheidungsorientierten Begutachtung

- Unzulässige Übertragung der Verantwortung für die gerichtliche Entscheidung auf die Sachverständigen
- Verringerung der Transparenz der gerichtlichen Entscheidungsfindung durch pauschale und unkritische Übernahme der gutachterlichen Empfehlung ohne deren rechtliche Würdigung
- Kompetenzüberschreitungen des Sachverständigen im Hinblick auf seine Rolle als Gehilfe des Gerichts durch Beanspruchung der Deutungshoheit bei der Auswahl und Auslegung der Kindeswohlkriterien
- Unzureichende Berücksichtigung der Wahrscheinlichkeit fachlicher und methodischer bei der Gutachtenerstellung
- Überdeckung von Fehlern und Mängeln bei der Begutachtung durch verdeckte Konsensbildung zwischen professionellen Akteuren
- Unbeabsichtigte Folgewirkungen für spätere Verfahren, in denen unter Umständen auf das Gutachten Bezug genommen wird

> **Empfehlungen**
> - Gerichtliche Beweisbeschlüsse sollten detailliert und präzise abgefasst werden, und es sollte darauf geachtet werden, dass die Sachverständigen sich an diese Beschlüsse halten und die dadurch vorgegebenen Grenzen ihres Auftrags nicht eigenmächtig überschreiten oder den Auftrag unvollständig erfüllen.
> - Die Begutachtung sollte möglichst transparent gestaltet werden, um eine kritische Würdigung des Begutachtungsprozesses und der Ergebnisse der Begutachtung zu ermöglichen und gegebenenfalls auch, wie Kohring, (2003) betont, die Akzeptanz der Parteien für gerichtliche Entscheidungen zu erhöhen, die ihren Erwartungen möglicherweise nicht entsprechen.
> - Die Parteien können nach Vorlage der gerichtlichen Entscheidung prüfen, ob das Gericht im Hinblick auf das Gutachten seiner gerichtlichen Überprüfungspflicht hinreichend nachgekommen ist oder ob es nur unkritisch und eventuell wortgleich die gutachterlichen Empfehlungen übernommen hat.

3.4 Gutachten als gerichtliche Lösungshilfen – Gutachter als „Friedensbringer"?

Als Alternative einer entscheidungsorientierten Begutachtung bietet sich die lösungsorientierte Begutachtung an. Die Sachverständigen übernehmen dabei die Rolle des Lösungshelfers. Der Begriff ist insofern missverständlich, als damit der Eindruck vermittelt wird, dass eine gerichtliche Entscheidung keine Lösung sei. Die Begutachtung hat dann eine Befriedungsfunktion und ist durch eine modifikationsorientierte Strategie gekennzeichnet (Westhoff et al., 2000; Dettenborn & Walter, 2022). Salzgeber (2020) bevorzugt den Begriff entwicklungsorientierte Begutachtung. Fichtner (2015), der zwar den Begriff lösungsorientierte Gutachten übernimmt, spricht in diesem Zusammenhang auch von einer Interventionsdiagnostik; Zumbach et al. (2020) bezeichnen sie als intervenierende Maßnahme.

Bei der lösungsorientierten Vorgehensweise erhalten die Sachverständigen vom Gericht den Auftrag, mit den Parteien neue Handlungsalternativen zu erarbeiten, nach einvernehmlichen Lösungen zu suchen und unter Umständen auch zu einer „Reorganisation eines desorganisierten Familiensystems" (Korn-Bergmann, 2013) beizutragen.

Dazu müssen folgende **Voraussetzungen** erfüllt sein:

- Eine gerichtliche Anordnung (Erweiterungsbeschluss nach § 163 Abs. 2 FamFG), dass der oder die Sachverständige im Rahmen der Begutachtung auf die Herstellung eines Einvernehmens hinwirken soll, da Sachverständige nicht selbst entscheiden dürfen, ob sie einen Auftrag lösungsorientiert oder entscheidungsorientiert bearbeiten
- Zustimmung beider Eltern zu dieser Interventionsmaßnahme nach vorheriger Aufklärung darüber, dass die Inhalte der Gespräche, die im Zusammenhang mit dem Hinwirken auf Einvernehmen geführt werden, in die eventuell erforderliche Erstellung eines schriftlichen Gutachtens aufgenommen werden müssen
- Durchführung und Dokumentation einer vollständigen gutachterlichen Diagnostik mit abschließender gutachterlicher Einschätzung, um sicherzustellen, dass eine gutachterliche Beantwortung der gerichtlichen Beweisfragen unabhängig vom Erfolg oder Scheitern des Hinwirkens auf Einvernehmen möglich ist

Gelegentlich berufen sich Sachverständige darauf, dass bei der lösungsorientierten Vorgehensweise auf eine psychologische Diagnostik verzichtet werden könne. Dem steht jedoch entgegen, dass es sich dabei um einen Erweiterungsbeschluss handelt, der somit nur zusätzlich zu einer diagnostischen Begutachtung umgesetzt werden kann, weil es sonst „an der für eine einvernehmliche Lösung erforderlichen vollständigen Tatsachenkenntnis fehlt und so kaum entschieden werden kann, welche Interventionstechnik sinnvoll angewendet werden kann" (Lack & Hammesfahr, 2019, Rn. 70). Alle Beteiligten müssen vor Beginn der Intervention darüber informiert werden, dass die Untersuchungen abgeschlossen sind und die Intervention beginnt. Außerdem sind bei der lösungsorientierten Begutachtung besondere Anforderungen an die Qualifikation der Sachverständigen zu stellen. Sie sollten nach Möglichkeit über zusätzliche Ausbildung in lösungsorientierter Beratung, Mediation oder systemischer Gesprächsführung verfügen.

Im Fall eines **Scheiterns des Hinwirkens auf Einvernehmen** hat der/die Sachverständige dies dem Gericht und den Beteiligten mitzuteilen und das Gericht um Anweisungen zum weiteren Vorgehen zu bitten (Lack & Hammesfahr, 2019, Rn. 328). Anschließend können die Fragen des gerichtlichen Beweisbeschlusses unter Berücksichtigung der Ergebnisse der diagnostischen Untersuchungen beantwortet werden. Bei einer **Herstellung des Einvernehmens** ist das Gericht über die getroffene Einigung zu informieren. Die Antragssteller können dann ihre Anträge (zum Beispiel nach § 1671 BGB) zurücknehmen und alle Beteiligten geben eine Beendigungserklärung ab oder es erfolgt ein gerichtlicher Beschluss. Eine Einigung zum Umgang kann über einen gerichtlich gebilligten Vergleich (§ 156 Abs. 2 Satz 1 FamFG) bestätigt werden, sofern der Einigungsvorschlag dem Kindeswohl nicht widerspricht. Bei einem einvernehmlichen Vorschlag zur elterlichen Sorge nach § 1671 BGB ist ein gerichtlicher Beschluss erforderlich. Dazu muss zuvor das Kind vom Gericht persönlich angehört werden. Diese Aufgabe kann nicht an den Verfahrensbeistand, das Jugendamt oder an Sachverständige delegiert werden (Lack & Hammesfahr, 2019, Rn. 79).

Vorteile der lösungsorientierten Begutachtung ergeben sich aus der Vermeidung weiterer Eskalationen der Auseinandersetzungen, da im Fall einer einvernehmlichen Regelung keine Beschwerde in der nächsthöheren Instanz mehr möglich ist. Den Kindern kann vermittelt werden, dass das, was mit ihnen geschieht, von beiden Eltern unterstützt wird. Eltern haben ohnehin das Recht, dem Gericht einen gemeinsamen Vorschlag zu unterbreiten, der normalerweise zu akzeptieren ist, sofern sich daraus keine konkrete, schwerwiegende Gefährdung des Kindeswohls ergibt. Dass dabei möglicherweise Nachteile für die Kinder entstehen, kann auch nach Ansicht des Bundesverfassungsgerichts deswegen in Kauf genommen werden, weil den Eltern die primäre Entscheidungszuständigkeit bezüglich der Förderung ihrer Kinder zusteht (siehe Korn-Bergmann, 2014).

Ein wesentlicher **Nachteil der lösungsorientierten Begutachtung** ist der höhere Zeitaufwand, der dann meistens auch zu höheren Kosten führt, die insbesondere dann zu Buche schlagen, wenn die Bemühungen um Einvernehmen scheitern. So kommt beispielsweise Dahm (2015) im Rahmen einer empirischen Untersuchung zur lösungsorientierten Begutachtung zu dem Ergebnis, dass der Zeitaufwand relativ hoch ist, in den meisten Fällen deutlich über drei Monaten liegt und in Einzelfällen sogar schon mal ein Jahr dauern kann. Da Sachverständige in diesem Zusammenhang auch beratend tätig werden, besteht in solchen Fällen außerdem die Gefahr, dass gegen die Gebote der Neutralität und Ergebnisoffenheit der Begutachtung verstoßen wird, wenn Sachverständige sich bei ihren Vorschlägen suggestiv auf ihre beruflichen Erfahrungen oder wissenschaftliche Erkenntnisse berufen, die die Eltern als psychologische Laien nicht kritisch würdigen können oder die sich möglicherweise nicht auf den konkreten Einzelfall übertragen lassen. Manche Sachverständige orientieren sich immer noch an den älteren Empfehlungen (zum Beispiel Jopt & Rexilius, 2002; Behrend, 2011) und beschränken sich im Fall eines Scheiterns des Hinwirkens auf Einvernehmen auf eine kurze zusammenfassende Darstellung der gutachterlichen Fallbearbeitung und überlassen es dann dem Gericht, daraus selbst seine Schlussfolgerungen für die Fragestellung zu ziehen. Damit sind dann allerdings die an ein Gutachten zu stellenden inhaltlichen und methodischen Anforderungen nicht mehr erfüllt, die es dem Gericht ermöglichen, sich bei seinem Beschluss darauf zu beziehen.

> Lösungsorientierte Begutachtung: eine verordnete Kooperation?

Ein anderer Aspekt, der in diesem Zusammenhang häufig unberücksichtigt bleibt, ist das Grundrecht der Eltern auf eine gerichtliche Regelung ihrer Angelegenheiten. Wenn Eltern im Zuge ihres Trennungskonflikts zu der Erkenntnis gelangen, dass ihnen die Suche nach einvernehmlichen Regelungen nicht weiterhilft, nachdem sie dies möglicherweise zuvor schon privat oder mit professioneller Unterstützung versucht haben, haben sie ein Recht darauf, das Gericht mit der Regelung ihrer Angelegenheiten zu beauftragen. Manche Eltern, die sich möglicherweise trotz starker Bedenken dazu entschieden haben, eine gerichtliche Entscheidung zu beantragen, fühlen sich genötigt, wenn sie im Rahmen der Begutachtung dann zur Beteiligung an einem gutachterlichen Hinwirken auf Einvernehmen aufgefordert werden. Wenn dann auch noch zusätzlich von Sachverständigen ein mehr oder minder subtiler Erwartungsdruck auf die Eltern ausgeübt wird, sich kooperativ zu verhalten und Sachverständige ihre eigenen Vorstellungen von wünschenswerten Regelungsmodellen einbringen oder gar Sanktionen für mangelnden Einigungswillen angedroht werden, beschränken sich die Ergebnisse der Einigungsbemühungen häufig auf verbale Zugeständnisse und Kompromisse von geringer Tragfähigkeit und Nachhaltigkeit. Will (2015) weist aus Sicht der Mediatoren ebenfalls darauf hin, dass es im Zusammenhang mit lösungsorientierter Begutachtung noch eine Reihe ungeklärter Fragen gibt. Offen sei beispielsweise die Frage, welche Qualifikation für diese Art der Begutachtung erforderlich ist. Die Gutachter seien in dieser Rolle zugleich Vermittler, Berater, Aufklärer, Therapeuten, Diagnostiker, Koordinatoren und Prozessgestalter, ohne dass hinreichend nachvollziehbar sei, wie sie sich selbst in dieser Rollenvielfalt positionieren und welche Qualifikationen sie in diesen verschiedenen Bereichen aufzuweisen haben. Dabei sei unklar, ob diese Rollenvielfalt durch die gerichtliche Beauftragung abgedeckt sei, und es bleibe auch unklar, ob das gutachterliche Handeln für die betroffenen Eltern noch hinreichend transparent sei. Möglicherweise nehme man ihnen auf diese Weise die Möglichkeit, selbst darüber zu entscheiden, ob sie unter Umständen lieber Hilfe bei einer Beratung, einer Therapie oder einer Meditation in Anspruch genommen hätten.

Risiken der lösungsorientierten Begutachtung

- Das Dilemma der verordneten Kooperation
- Die Gefahr einer Überschreitung des eigentlichen Auftrags durch unzulässige gutachterliche Intervention im Sinn einer verdeckten psychologischen Beratung, einer Mediation oder einer Familientherapie
- Die geringe Transparenz des Ablaufs der Begutachtung
- Fehlende Kriterien für die Qualität des gutachterlichen Handelns
- Vortäuschung einer nicht ernst gemeinten Kooperationsbereitschaft eines Elternteils mit dem Ziel, das Verfahren zu verzögern
- Erhöhung des Aufwands im Vergleich zur entscheidungsorientierten Begutachtung, ohne dass geklärt werden kann, ob der Sachverständige oder die Parteien für den Aufwand verantwortlich sind
- Ausgrenzung der Kinder bei den Einigungsbemühungen

> **Empfehlungen**
> - Mehr Einbeziehung der Eltern bei der Entscheidung, ob lösungsorientiert begutachtet werden soll
> - Klare Regelung vorab, ob und in welcher Form die Kinder einbezogen werden können
> - Sachverständige sollten den Nachweis erbringen, dass sie zusätzlich über berufliche Erfahrungen verfügen, die sie für eine lösungsorientierte Begutachtung qualifizieren (beispielsweise eine psychotherapeutische oder familientherapeutische Ausbildung, eine Ausbildung in lösungsorientierter Beratung, in Konfliktberatung oder Mediation)

3.5 Spielräume des gutachterlichen Handelns – Auch für Gutachter gelten Regeln

Sachverständige haben große Ermessensspielräume, wie sie die Begutachtung ausgestalten, wo sie die Untersuchungen durchführen (in ihrer Praxis oder in den Haushalten der Kindeseltern), nach welchen Methoden sie arbeiten (wie sie ihre Befragungen durchführen, ob und gegebenenfalls welche Tests sie einsetzen) oder welchen Aufwand sie betreiben. Allerdings müssen sie vorher das Gericht informieren, wenn sie den Eindruck haben, dass sich der Aufwand im Vergleich zu ähnlich gelagerten Fällen wesentlich erhöht. Für die Abfassung des schriftlichen Gutachtens gibt es in der einschlägigen Fachliteratur verschiedene Empfehlungen, jedoch keine verbindlichen Standards. Aus dem Gutachten sollte jedoch ersichtlich werden, auf welche Tatsachen Bezug genommen wurde. Die Vorgehensweise, die wissenschaftlichen Grundlagen und die Auswahl der Untersuchungsmethoden sollten hinreichend begründet werden. Die Erkenntnisse sollten wissenschaftlich erklärt werden und die Schlussfolgerungen sollten logisch gut nachvollziehbar und in einer Form dargestellt werden, die auch für den psychologischen Laien nachvollziehbar sind. Bei Vorgehensweisen, die deutlich von den Vorgaben der Expertenkommissionen abweichen, sollten Sachverständige dies nachvollziehbar begründen.

> Wie sollten Sachverständige vorgehen und was dürfen sie nicht?

Aus der aktuellen familienrechtspsychologischen Fachliteratur lassen sich folgende allgemeine Empfehlungen ableiten:

- Sachverständige sollten sich den Eltern im Erstgespräch vorstellen und sie darüber informieren, auf welche wissenschaftlichen Grundlagen sich ihre Arbeit stützt und wie sie ihre Arbeit aus fachlicher Sicht verstehen.
- Die Eltern sollten im Erstgespräch auf ihre Rechte und Pflichten hingewiesen werden.
- Vor einer Einbeziehung der Kinder in die Begutachtung müssen sorgeberechtigte Eltern darüber aufgeklärt werden, dass dies ohne ihre Genehmigung nicht ohne weiteres möglich ist.
- Falls testpsychologische Untersuchungen durchgeführt werden sollen, sollten die betreffenden Personen vorher über den Zweck der einzusetzenden Testverfahren aufgeklärt werden. Ihnen sollte auch erklärt werden, welche Rückschlüsse aus den Ergebnissen gezogen werden können. Dabei ist es nicht unbedingt erforderlich, dass die jeweiligen Tests auch inhaltlich erläutert werden.
- Falls sich Hinweise auf strafbares Verhalten ergeben, müssen die Angehörigen des Beschuldigten, also auch dessen Kinder, darauf hingewiesen werden, dass sie im Hinblick auf die Beschuldigungen ein Recht auf Aussageverweigerung haben.
- Sachverständige haben keinen allgemeinen Ausforschungsauftrag, sondern sind an die gerichtliche Fragestellung gebunden.
- Unterlagen, die Eltern während der Begutachtung vorlegen, sollten direkt an das Gericht weitergegeben werden, damit sie allen Verfahrensbeteiligten zugänglich gemacht werden können.

Was dürfen Sachverständige auf keinen Fall?

- Sachverständige dürfen sich bei der Begutachtung und der Entwicklung ihrer Empfehlungen nicht an persönlichen sozialpolitischen Grundeinstellungen oder Wertvorstellungen orientieren.
- Sie dürfen keine Fragen prüfen, die nicht durch die gerichtlichen Beweisfragen abgedeckt sind.
- Wenn Eltern die Begutachtung oder Teile der Begutachtung ablehnen, ist das zu akzeptieren und darf aus sachverständiger Sicht nicht bewertet werden.
- Sachverständige dürfen keine Untersuchungen durchführen, für die eine spezielle Fachkompetenz erforderlich ist, über den sie selbst nicht verfügen.

- Ein familienpsychologisches Gutachten ist kein Glaubwürdigkeitsgutachten. Die Frage, ob und welche Angaben eines Elternteils glaubhaft sind und welcher Elternteil mit seinen Argumenten und Angaben recht hat, hat ausschließlich das Gericht zu beantworten.
- Sachverständige dürfen keine unangemeldeten Hausbesuche durchführen und keine Drittpersonen ohne besondere Erlaubnis des Gerichts befragen.
- Wenn sich bei der Begutachtung Hinweise auf strafbares Verhalten ergeben, dürfen Sachverständige keine Ermittlungstätigkeiten von sich aus aufnehmen, sondern müssen das Gericht darüber informieren. Dieses hat dann über das weitere Vorgehen zu entscheiden, zumal für die gutachterliche Untersuchung und Befragung von Beschuldigten andere Vorgaben und Methoden zu beachten sind als bei der familienpsychologischen Begutachtung.
- Sachverständige unterliegen der Schweigepflicht und dürfen Unterlagen oder Erkenntnisse nur dem Gericht vermitteln, dem gegenüber sie aber auch eine Mitteilungspflicht haben. Daher dürfen sie dem manchmal verständlichen Wunsch eines Elternteils, bestimmte Angaben vertraulich zu behandeln und nicht an das Gericht weiterzugeben, auf keinen Fall nachgeben. Andererseits dürfen sie dem Gericht keine Erkenntnisse mitteilen, die keinen Bezug zur gerichtlichen Fragestellung haben.
- Sachverständige dürfen keinen Druck ausüben, um an Informationen zu gelangen, die die Eltern oder Kinder eigentlich nicht herausgeben wollen.

Wo haben Sachverständige einen Ermessensspielraum?

- Sachverständige sollten die Beteiligten belehren und über ihre Rechte informieren, obwohl sie dazu nicht ausdrücklich verpflichtet sind, weil sie damit Vorbehalte abbauen und einen Rahmen für eine effektivere Zusammenarbeit schaffen können (siehe Salzgeber, 2020).
- Sachverständige sollten das geplante Vorgehen transparent machen und auf etwaige Fragen hierzu offen antworten, insbesondere zu ihrer Berufserfahrung, ihrem Rollenverständnis, ihrer Vorgehensweise bei Begutachtungen sowie über die wissenschaftlichen Grundlagen ihrer Arbeitsweise.
- Sachverständige sollten sich Fragen nach ihrem Alter, ihres Familienstands oder ihrer beruflichen Situation nicht verschließen.
- Sachverständige dürfen auch nahestehende Angehörige wie beispielsweise die Großeltern befragen. Hierzu sollte jedoch zuvor die Erlaubnis der Eltern eingeholt und das Gericht informiert werden. Neue Partner der Kindeseltern können gegebenenfalls mit einbezogen werden. Hier dürfte in den meisten Fällen von Bedeutung sein, welche persönlichen Erfahrungen

sie mit den Kindern gemacht haben und vor welche Anforderungen die Kinder ihre erwachsenen Bezugspersonen stellen. Falls die Eltern Angehörige oder Personen ihres Vertrauens zu den Untersuchungsgesprächen hinzuziehen wollen, sollten Sachverständige das akzeptieren. Sie müssen dann im Gespräch allerdings darauf achten, dass sie keine Informationen über andere Personen preisgeben, die durch die Schweigepflicht oder den Datenschutz geschützt sind.

- Sachverständige können zwar in Einzelfällen und mit Einverständnis der Eltern Gespräche aufzeichnen, sie sollten jedoch darauf hinweisen, dass die Originalaufzeichnungen ausschließlich an das Gericht herausgeben werden dürfen. Eventuelle Forderungen der Eltern, die Gespräche aufzeichnen zu dürfen, sollten mit der Begründung abgelehnt werden, dass Sachverständige an die Schweigepflicht gebunden sind und dann nicht mehr gewährleisten könnten, dass die Aufzeichnungen nicht an Dritte weitergegeben werden (siehe hierzu Salzgeber, 2020).
- Zu Beginn der Begutachtung kann die Durchführung der Untersuchungen detailliert mit den Eltern gemeinsam oder getrennt besprochen werden.
- Nach Abschluss der Begutachtung kann vor der Erstellung eines schriftlichen Gutachtens eine Nachbesprechung erfolgen, bei der die Eltern auch über die Ergebnisse der Begutachtung informiert werden dürfen, sofern das nicht mit der Gefahr einer Kindeswohlgefährdung verbunden ist.
- Eine endgültige oder teilweise Weigerung Betroffener, an der Begutachtung mitzuwirken, hat der Sachverständige prinzipiell ohne Wertung zu akzeptieren.

3.6 Handlungsspielräume von Eltern und Kindern – Man sollte seine Rechte kennen und wahrnehmen

Bei gutachterlichen Vorgesprächen mit Eltern entsteht häufig der Eindruck, dass die Begutachtung fatalistisch als „schicksalshafte Prüfungssituation" erlebt wird, was gelegentlich auch abfällig von ihnen als „Erziehungs-TÜV" kommentiert wird. Daher muss hier ausdrücklich darauf hingewiesen werden, dass Eltern und Kinder keinesfalls dazu verpflichtet sind, sich begutachten zu lassen. Niemand darf gezwungen werden, sich körperlich oder seelisch untersuchen zu lassen oder an einer Beratung, Mediation oder Therapie teilzunehmen. Daher ergehen Gerichtsbeschlüsse zur Erstellung eines

Gutachtens erst dann, wenn die Zustimmung aller Beteiligten vorliegt. Aber auch dann, wenn ein Beschluss zur Einholung eines Gutachtens ergangen ist, sind die Beteiligten keinesfalls verpflichtet, allen Vorschlägen und Forderungen nachzukommen, mit denen sie sich dann unter Umständen konfrontiert sehen. Korn-Bergmann (2013) weist in diesem Zusammenhang auf den im Grundgesetz verankerten Schutz des Persönlichkeitsrechts hin sowie auf das Recht auf informelle Selbstbestimmung. Explorationen, die ohne Einverständnis der betreffenden Person durchgeführt werden, stellen einen Eingriff in das allgemeine Persönlichkeitsrecht dar. Jeder hat das Recht darauf, selbst zu entscheiden, was er über sich preisgibt. Die Weitergabe von Erkenntnissen über seine körperliche und seelische Verfassung ist ohne seine Zustimmung nicht erlaubt.

Falls Eltern sich mit einer Begutachtung einverstanden erklärt haben, sollten sie sich zuvor informieren, wozu sie dann verpflichtet sind und was sie selbst entscheiden können. Die folgenden Hinweise beziehen sich auf die familienrechtspsychologische Fachliteratur, insbesondere auf Lack und Hammesfahr (2019), Salzgeber (2020), Zumbach et al. (2020), sowie Dettenborn und Walter (2022). Hinsichtlich der Art und Weise, wie sie sich an der Begutachtung beteiligen wollen, haben die Eltern durchaus Ermessensspielräume:

- Sie sind nicht zur aktiven Mitarbeit bei der Begutachtung verpflichtet.
- Sie dürfen sich selbst so darstellen, wie es ihnen am meisten nützt.
- Sie dürfen Informationen verschweigen oder unrichtig darstellen.
- Sie dürfen bei ihrer Selbstdarstellung und in ihren Argumenten Strategien wählen, von denen sie sich den größten Erfolg erhoffen. Nicht verboten sind beispielsweise herabsetzende Äußerungen über den anderen Elternteil oder Vortäuschung von Bindungstoleranz und Kooperationsbereitschaft.
- Sie dürfen bestimmte gutachterliche Maßnahmen wie testdiagnostische Untersuchungen oder Hausbesuche ablehnen.
- Die Eltern dürfen zu den Hausbesuchen und Untersuchungsterminen auch Personen ihres Vertrauens, Angehörige oder ihre Verfahrensbevollmächtigten hinzuziehen.
- Ohne Einwilligung der sorgeberechtigten Eltern dürfen keine Begutachtungen der Kinder vorgenommen werden. Falls beide Eltern sorgeberechtigt sind, reicht die Einwilligung eines Elternteils nicht aus. Diese Einschränkung kann jedoch außer Kraft gesetzt werden, wenn das Gericht den zustimmungspflichtigen Eltern speziell in dieser Frage die elterliche Sorge entzieht und auf einen Ergänzungspfleger überträgt. Dieser darf

dann darüber entscheiden, ob und in welchem Umfang das Kind begutachtet werden kann.
- Sorgeberechtigte Eltern haben das Recht, bei den gutachterlichen Untersuchungen und Explorationen des Kindes anwesend zu sein. Falls Eltern dieses Recht in Anspruch nehmen wollen, können Sachverständige allenfalls darauf hinweisen, dass das Kind durch deren Anwesenheit möglicherweise belastet werden könnte oder dass dadurch die Bereitschaft des Kindes, sich unbefangen zu äußern, eingeschränkt wird.
- Wenn Eltern den Eindruck haben, dass Sachverständige möglicherweise voreingenommen sind und gegen ihre Neutralitätspflicht verstoßen, können sie auch einen Antrag auf Ablehnung des Gutachters wegen Besorgnis der Befangenheit stellen. Darüber hat dann das Gericht zu entscheiden, wobei es allerdings nicht erforderlich ist, dass eine Befangenheit bewiesen wird. Es geht dabei nicht um die Frage, ob der Gutachter in der Tat befangen ist oder nicht, sondern ausschließlich darum, ob die Besorgnis des betreffenden Elternteils nachvollziehbar ist. Konkreter Anlass für solche Besorgnisse entsteht beispielsweise, wenn der Gutachter eigenmächtig die Fragestellung ausweitet oder sich bei seinen Erwägungen, welche Regelungen dem Kindeswohl dienen könnten, von persönlichen Norm- und Wertvorstellungen leiten lässt oder wenn er nicht die professionell gebotene Distanz zu den zu untersuchenden Personen einhält.

Diese Hinweise sind hier nicht als Empfehlungen für Eltern gemeint, da entsprechendes Verhalten durchaus mit Risiken behaftet ist. Abfällige Äußerungen über den anderen Elternteil sind beispielsweise erlaubt, können unter Umständen aber so ausgelegt werden, dass es dem Betreffenden eher um den Konflikt mit dem anderen als um die Belange des Kindes geht. Beschuldigungen, die sich im Nachhinein als falsch herausstellen, können zur Folge haben, dass dem Betreffenden anschließend auch dann nicht mehr geglaubt wird, wenn er Angaben macht, die durchaus einen realen Hintergrund haben.

Eltern sollten aber auch bedenken, dass Kinder ebenfalls Rechte haben, die bei der Begutachtung zu beachten sind:

- Sachverständige sollten die Kinder vorab darauf hinweisen, dass deren Angaben wichtig sind und dass ihnen damit die Möglichkeit geboten wird, sich auch selbst für die eigenen Interessen einzusetzen.
- Kinder müssen aber auch auf ihre eigenen Rechte hingewiesen werden. Sie sind darüber zu informieren, dass ihre Beteiligung freiwillig ist und dass sie Untersuchungen und Gespräche insgesamt oder gegebenenfalls

auch nur die Beantwortung einzelner Fragen ablehnen können. In diesem Fall ist auch kein Überredungsversuch erlaubt, sondern die Haltung des Kindes zu respektieren.
- Falls beabsichtigt ist, die Gespräche und Untersuchungen elektronisch aufzuzeichnen, muss das Kind dazu seine Zustimmung erteilen.
- Wenn das Kind bereit ist, sich auf ein Gespräch einzulassen, ein Sorgerechtsinhaber die Begutachtung aber untersagt, ist eine Befragung nicht erlaubt.
- Wenn bei der Exploration Handlungen und Vorfälle zur Sprache kommen, die für einen Elternteil möglicherweise auch strafrechtliche Folgen haben könnten, muss das Kind darüber aufgeklärt werden, dass es ein Aussageverweigerungsrecht hat.

Fazit

Für Eltern gibt es heute zusätzlich zur anwaltlichen Unterstützung ein breites Spektrum von außergerichtlichen und gerichtsnahen psychologischen Angeboten, wenn sie sich im Rahmen ihrer Trennungsauseinandersetzungen über die Belange der Kinder nicht persönlich einigen können oder wollen. Jede dieser Möglichkeiten hat Vorteile, ist aber auch mit verschiedenen Risiken behaftet. Eltern sollten sich daher gründlich vorab überlegen, welchen Weg sie wählen und auf welche Risiken sie sich dabei einlassen. Wenn sie sich dann für eine bestimmte Vorgehensweise entschieden haben, sollten sie genügend vorbereitet sein, um in diesem komplizierten Netzwerk von Akteuren mit unterschiedlichen Zuständigkeiten, Pflichten und Rechten nicht die Orientierung zu verlieren und keine falschen oder unrealistischen Erwartungen an psychologische Hilfsangebote – einschließlich psychologischer Begutachtungen – zu richten. Enttäuschungen aufgrund falscher Erwartungen haben häufig zur Folge, dass Auseinandersetzungen in Kindschaftssachen eskalieren und aus dem Ruder laufen.

Literatur

Arbeitsgruppe Familienrechtliche Gutachten. (2019). *Mindestanforderungen an die Qualität von Sachverständigengutachten im Kindschaftsrecht* (2. Aufl.). Deutscher Psychologenverlag.
Balloff, R. (2022). *Kinder vor dem Familiengericht* (4. Aufl.). Nomos.
Bamberger, G. G. (2015). *Lösungsorientierte Beratung* (5. Aufl.). Beltz.
Bannink, F. (2015). *Lösungsfokussierte Fragen – Handbuch für die lösungsfokussierte Gesprächsführung*. Hogrefe.
Behrend, K. (2011). Das Gutachten als Lösungshilfe bei Sorge- und Umgangsstreitigkeiten nach Trennung. In K. Menne & M. Weber (Hrsg.), *Professionelle Kooperation zum Wohle des Kindes – Hinwirken auf elterliches Einvernehmen im familiengerichtlichen Verfahren (FamFG)* (S. 191–212). Juventa.

Castellanos, H. A. (2021). *Psychologische Sachverständigengutachten im Familienrecht* (3. Aufl.). Nomos.
Dahm, S. (2015). Voraussetzungen und Grenzen familiengerichtlicher Gebote gem. § 1666 Abs. 3 Nr. 1 BGB anhand ausgewählter obergerichtlicher Rechtsprechung. *Zeitschrift für Kindschaftsrecht und Jugendhilfe ZKL, 10*(6), 222–227.
Dettenborn, H. (2021). *Kindeswohl und Kindeswille – Psychologische und rechtliche Aspekte* (6. Aufl.). Reinhardt.
Dettenborn, H., & Walter, E. (2022). *Familienrechtspsychologie* (4. Aufl.). Reinhardt.
Diagnostik- und Testkuratorium der Föderation Deutscher Psychologenvereinigungen. (2017). Qualitätsstandards für psychologische Gutachten. https://www.dgps.de/fileadmin/documents/Empfehlungen/GA_Standards_DTK_10_Sep_2017_Final.pdf.
Fichtner, J. (2012). Hilfen bei Hochkonflikthaftigkeit? Forschungsergebnisse zu Merkmalen und möglichen Interventionen in belasteten Nachtrennungsfamilien. *Zeitschrift für Kindschaftsrecht und Jugendhilfe, 2*, 46–54.
Fichtner, J. (2015). *Trennungsfamilien – Lösungsorientierte Begutachtung und gerichtsnahe Beratung*. Hogrefe.
Jopt, U., & Rexilius, G. (2002). Systemorientierte Begutachtung am Familiengericht. In E. Bergmann, U. Jopt, & G. Rexilius (Hrsg.), *Lösungsorientierte Arbeit im Familienrecht* (S. 177–201). Bundesanzeiger-Verlag.
Klosinski, G. (2004a). Empfehlung zur Erstellung eines Umgangsrechtsgutachtens. In G. Klosinski (Hrsg.), *Begutachtung in der Kinder- und Jugendpsychiatrie. Empfehlungen der Kommission Qualitätssicherung für das Gutachtenwesen in der Kinder- und Jugendpsychiatrie und Psychotherapie* (2. Aufl., S. 90–94). Deutscher Ärzte-Verlag.
Klosinski, G. (Hrsg.). (2004). *Begutachtung in der Kinder- und Jugendpsychiatrie. Empfehlungen der Kommission Qualitätssicherung für das Gutachtenwesen in der Kinder- und Jugendpsychiatrie und Psychotherapie* (2. Aufl.). Deutscher Ärzte-Verlag.
Köhler, I. (2020). Sachverständigengutachten in Kindschaftssachen – Beweiserhebung und Qualifikation des Sachverständigen. *ZKJ, 15*(11), 421–426.
Kohring, T. (2003). *Die Stellung des psychologischen Gutachters im familiengerichtlichen Verfahren: Untersuchung über formell-rechtliche und materiell-rechtliche Auswirkungen*. Dr. von Göler Verlagsgesellschaft.
Korn-Bergmann, M. (2013). Gutachter – „Heimliche Richter" im Kindschaftsverfahren? *Überblick und rechtliche Grundlagen. FamRB-Beratungspraxis, 12*(9), 302–338.
Korn-Bergmann, M. (2014). Gutachter – „Heimliche Richter" im Kindschaftsverfahren? *Lösungsansätze und anwaltliche Handlungsoptionen. FamRB-Beratungspraxis, 13*(1), 25–29.
Lack, K., & Hammesfahr, A. (2019). *Psychologische Gutachten im Familienrecht*. Reguvis Bundesanzeiger Verlag.

Lüblinghoff, J. (2016). Das Gesetz zur Änderung des Sachverständigenrechts. *NJW, 2016,* 3329–3332.
v Rhein, M., Schepker, R., & du Bois, R. (2004). Empfehlung zur Erstellung eines Sorgerechtsgutachtens. In G. Klosinski (Hrsg.), *Begutachtung in der Kinder- und Jugendpsychiatrie. Empfehlungen der Kommission Qualitätssicherung für das Gutachtenwesen in der Kinder- und Jugendpsychiatrie und Psychotherapie* (2. Aufl., S. 65–69). Deutscher Ärzte-Verlag.
Salzgeber, J. (2020). *Familienpsychologische Gutachten* (7. Aufl.). Beck.
Schmidt-Atzert, L., & Amelang, M. (2018). *Psychologische Diagnostik* (5. Aufl.). Springer.
Schulz von Thun, F. (2008). *Störungen und Klärungen, Allgemeine Psychologie der Kommunikation. Miteinander reden* (Bd. 1). Rowohlt.
Splitt, A. (2018). Rechtsfragen im Zusammenhang mit familienpsychologischen Sachverständigengutachten. *FamRZ, 2,* 51–59.
Westhoff, K., Terlinden-Arzt, P., & Klüber, A. (2000). *Entscheidungsorientierte psychologische Gutachten für das Familiengericht.* Springer.
Will, H.-D. (2015). Lösungsorientierte Gutachten und Mediation. *Zeitschrift für Kindschaftsrecht und Jugendhilfe ZKJ, 10*(7), 289–291.
Zumbach, J., Lübbehüsen, B., Volbert, R., & Wetzels, P. (2020). *Psychologische Diagnostik in familienrechtlichen Verfahren.* Hogrefe.

4

Eigenverantwortliches Handeln und Mitdenken der Eltern bei der Begutachtung

Inhaltsverzeichnis

4.1	Vorbereitung auf die Begutachtung – Vertrauen ist gefährlich, Kontrolle ist besser	76
4.2	Prüfung der gerichtlichen Beweisfrage und der psychologischen Fragen – Worum geht es hier eigentlich?	78
4.3	Kontaktaufnahme zum Gutachter – Abwarten oder handeln?	83
4.4	Das Erstgespräch mit dem Gutachter – Der erste Eindruck kann prägend sein für den weiteren Verlauf	84
4.5	Die Bedeutung der Akten und zusätzlicher Unterlagen – Papier ist geduldig und vergisst wenig	85
4.6	Die Exploration – eine Kommunikation unter ganz besonderen Bedingungen	88
4.7	Verhaltensbeobachtungen und Interaktionsdiagnostik – Wie authentisch verhält man sich?	96
4.8	Psychologische Testdiagnostik – Mythen und Fakten	99
4.9	Befunddarstellung und gutachterliche Empfehlungen – Nachvollziehbarkeit und Nachhaltigkeit	112
4.10	Stellungnahme zum Gutachten – Konflikt- oder Lösungssuche	129
Literatur		132

© Der/die Autor(en), exklusiv lizenziert an Springer-Verlag GmbH, DE, ein Teil von Springer Nature 2024
U. Tewes, *Psychologie im Familienrecht – zum Nutzen oder Schaden des Kindes?*,
https://doi.org/10.1007/978-3-662-68466-5_4

4.1 Vorbereitung auf die Begutachtung – Vertrauen ist gefährlich, Kontrolle ist besser

Familienrechtspsychologische Begutachtungen sollen dem Gericht bei der Prüfung von Sachverhalten und der Klärung schwieriger Fragen helfen, für die eine psychologische Fachkompetenz erforderlich ist, über die Gerichte nicht verfügen. Für viele Eltern verläuft die Begutachtung sehr intransparent. Sie kennen normalerweise die verfahrensrechtlichen Vorschriften nicht, die für Sachverständige und andere professionelle Akteure wie Verfahrensbeistände oder Jugendamtsmitarbeiterinnen verbindlich sind. Die Arbeitsweise der Sachverständigen wird stark von ihrer beruflichen Vorerfahrung beeinflusst. Psychologen sind darin geschult und daher auch darauf eingestellt, sich ein möglichst umfassendes Bild von der Gesamtpersönlichkeit der Personen zu verschaffen, die sich ihnen anvertrauen, und übersehen dabei häufig die rechtlichen Grenzen, die im Gerichtsverfahren zu beachten sind. Außerdem kann es bei der formellen schriftlichen oder mündlichen Abstimmung zwischen den professionellen Akteuren im Verfahren zu informellen, verdeckten Konsensbildungen kommen. Bei unterschiedlichen Zielsetzungen gibt es auch Auseinandersetzungen um die Deutungshoheit. Die Komplexität überfordert manchmal die Beteiligten und macht das Verfahren fehleranfällig, insbesondere dann, wenn die Auseinandersetzungen sehr streitig geführt werden. Unter solchen Voraussetzungen kann den Eltern nur davon abgeraten werden, blind auf die Kompetenzen der beteiligten professionellen Akteure zu vertrauen. Dies darf nicht als Aufforderung zu einem tiefen Misstrauen verstanden werden. Ein chronischer Argwohn erschwert eher die Zusammenarbeit aller Beteiligten und erhöht selten die Chancen der Eltern, ihre Vorstellungen von einer tragfähigen Regelung durchzusetzen. Eltern sollten jedoch bei den verschiedenen Maßnahmen der Begutachtung aufmerksam prüfen, was damit bezweckt werden soll, ob sie für diesen Zweck erforderlich sind, welche Optionen es möglicherweise noch gibt und welche Rückschlüsse daraus unter Umständen gezogen werden können.

Es ist das gute Recht von Eltern, im Vorfeld einer Begutachtung Informationen darüber einzuholen, was in diesen Fall auf sie zukommt, mit wem sie es dann zu tun haben werden und wie die betreffende Person arbeitet. Dies eröffnet ihnen die Möglichkeit, die Begutachtung aus ihrer Perspektive kritisch zu verfolgen, sozusagen auf Augenhöhe zu begleiten und sich entsprechend darauf vorzubereiten. Direkten Zugang zu solchen Informationen bieten Fachbücher, Internetrecherchen und der Erfahrungsaustausch mit anderen

Betroffenen. Fachbücher sind meistens umfangreich und für psychologische Laien schwer lesbar. Internetrecherchen liefern Informationen über die fachliche Ausrichtung der Sachverständigen. Gelegentlich wird die Qualität der Arbeit einzelner Sachverständiger auch kritisch in Internetforen diskutiert, wobei jedoch bedacht werden sollte, dass bei entscheidungsorientierter Begutachtung meistens eine Partei unzufrieden mit dem Ergebnis ist und sich dann eher kritisch äußert. Da Eltern, die mit dem Ergebnis einverstanden sind, in der Regel wenig motiviert sind, sich darüber noch ausführlicher in Internetforen auszulassen, verwundert es nicht, wenn man überwiegend auf „Gutachterschelte" stößt, die jedoch nicht immer repräsentativ sein muss.

Für Eltern ist es hilfreich, wenn Sachverständige sie in den Erstgesprächen über ihre fachliche Orientierung und ihre Arbeitsweise informieren und sie auch auf ihre Rechte hinweisen. Das ist jedoch nicht zwingend vorgeschrieben und erfolgt wohl auch nicht regelmäßig. Von Interesse kann auch sein, ob der Gutachter Psychologe, Arzt oder vielleicht Pädagoge ist, ob er ausschließlich als Gutachter für Gerichte arbeitet oder Gutachtenaufträge nur nebenberuflich übernimmt und ansonsten vielleicht eine ärztliche oder psychotherapeutische Praxis hat oder in einer Klinik oder in einem Institut angestellt ist. Bei psychotherapeutisch qualifizierten Sachverständigen kann auch die therapeutische Richtung von Bedeutung sein. Eine psychoanalytische Psychotherapeutin wird die Gespräche anders führen und sich möglicherweise auch für andere Fragen interessieren als eine Gesprächspsychotherapeutin oder ein Verhaltenstherapeutin.

Eine weitere Möglichkeit, sich auf eine Begutachtung vorzubereiten, besteht darin, dass man sich anhand der Fachliteratur darüber informiert, welche Tests in solchen Fällen eingesetzt werden und wie man sich darauf vorbereiten kann.

Eltern sollten sich auch darüber im Klaren sein, dass das Verfahren durch die Begutachtung unter Umständen wesentlich verteuert und in die Länge gezogen werden kann. Das Gericht muss zunächst einen Beschluss fassen. Anschließend ergeht ein Auftrag an die Sachverständige, wobei von der Beschlussfassung bis zum Eingang des Auftrags bei der Sachverständigen gelegentlich einige Wochen vergehen. Solche Verzögerungen können entstehen, weil zuvor die Akten, die der Sachverständigen zugestellt werden sollen, noch vervollständigt werden müssen oder das Gericht noch Stellungnahmen der Parteien abwarten muss. Sofern sich das Gericht nicht vorab nach freien Kapazitäten erkundigt hat, besteht die Möglichkeit, dass die beauftragte Sachverständige den Fall wegen Arbeitsüberlastung zurückgibt. Das Gericht muss sich dann um Ersatz bemühen, was ebenfalls einige Wochen dauern kann. Die übliche Frist von drei Monaten bis zur Vorlage des Gutachtens kann häufig nicht eingehalten werden, weil nicht absehbar ist, wie viele Termine erforderlich sind, oder weil gegen die Begutachtung oder einzelne Maßnahmen der Begutachtung Widerspruch eingelegt wird. Häufig kommt es auch zu Verzögerungen, weil Termine aus Urlaubsgründen oder wegen Erkrankungen oder dringender Verpflichtungen der Eltern oder des Gutachters verschoben werden müssen. Besonders problematisch kann es werden, wenn ein Elternteil meint, dass Zeitgewinn ein Vorteil für ihn sei, und er daher ein Interesse daran hat, die Begutachtung möglichst lange hinauszuzögern.

Weitere Verzögerungen sind möglich, wenn es sich während der Begutachtung als erforderlich erweist, zusätzliche Berichte einzuholen, beispielsweise über frühere gesundheitliche Probleme der Eltern und Kinder oder Unterlagen aus Strafakten. Gelegentlich ergeben sich bei der Begutachtung Fragen, die der Sachverständige nicht aus eigener Sachkunde beantworten kann. In diesem Fall kann die Einholung eines Zusatzgutachtens erforderlich werden. Über eine solche Maßnahme muss jedoch zuvor das Gericht entscheiden.

Wenn dann endlich ein Gutachten vorliegt, bedeutet dies nicht unbedingt, dass das Gericht sofort eine Entscheidung treffen kann. Es muss zunächst die Stellungnahmen der Parteien zum schriftlichen Gutachten abwarten und dann meistens auch noch einen Termin für eine mündliche Anhörung ansetzen, was insbesondere in der zweiten Instanz gelegentlich zu monatelangen Verzögerungen führt. Völlig unkalkulierbar wird der weitere zeitliche Verlauf, wenn es wegen des Gutachtens zu Folgekonflikten kommt. Dann werden weitere Anträge gestellt, über die zunächst zu entscheiden ist. Unter Umständen wird auch ein weiteres Gutachten in Auftrag gegeben. Falls in der ersten Instanz keine Regelung gefunden wird, der beide Seiten zustimmen, geht das Verfahren häufig in die Beschwerdeinstanz, die manchmal eine erneute Beweiserhebung vornimmt und unter Umständen auch ein weiteres Gutachten einholt. Weitere Faktoren, die das Verfahren verzögern können, sind neue Beweisanträge, Anwaltswechsel der Parteien, Richterwechsel oder Befangenheitsanträge gegen Richter oder Gutachter.

4.2 Prüfung der gerichtlichen Beweisfrage und der psychologischen Fragen – Worum geht es hier eigentlich?

Wenn das Gericht die Einholung eines Gutachtens für erforderlich hält, muss es zunächst einen Beschluss fassen, in dem die Beweisfragen aufgeführt sind, die bei der Begutachtung geprüft und beantwortet werden sollen.

Außerdem muss es die Personen benennen, die in die Begutachtung einbezogen werden sollen, sowie den Sachverständigen, der die Begutachtung durchführen soll. Manche Eltern sehen darin nur eine Formalie, die man nicht hinterfragen muss, obwohl hier schon die Weichen für den weiteren Verlauf gestellt werden und der schriftliche Beweisbeschluss auch für juristische und psychologische Laien aufschlussreich sein kann.

Begutachtungen sind stets mit Eingriffen in die Persönlichkeitsrechte der zu untersuchenden Personen verbunden. Solche Eingriffe unterliegen Einschränkungen. Gerichte sind nicht befugt, solche Maßnahmen nach Gutdünken zu veranlassen. Sie müssen vielmehr nachvollziehbar begründen, weshalb die Begutachtung erforderlich ist und sie ohne ein solches Gutachten keine Entscheidung treffen können. Falls die Beweisfragen inhaltlich nicht konkret und wenig fallbezogen ausformuliert sind, wird nicht hinreichend erkennbar, was das Gericht zu dieser Maßnahme bewogen hat, was es sich von der Begutachtung erwartet und warum es die für die Beantwortung dieser Fragen erforderlichen Informationen nicht selbst erheben kann.

Bei der Ausformulierung der Beweisfragen wird von Gerichten häufig übersehen, dass die Festlegung der Konsequenzen, die aus den Sachverhaltsfeststellungen des Gutachtens zu ziehen sind, ausschließlich ihnen obliegt (Lack & Hammesfahr, 2019; Salzgeber & Bublath, 2019; Salzgeber, 2020; Zumbach et al., 2020). Das Gericht kann weder die Beantwortung rechtsnormativer Fragen auf Sachverständige übertragen noch den Sachverständigen allgemeine Ausforschungsaufträge erteilen, worauf auch die Arbeitsgruppe Familienrechtliche Gutachten (2019) in ihren *Mindestanforderungen* hinweist. Wenn bei Verdacht auf Kindeswohlgefährdung zum Schutz der Kinder Einschränkungen der elterlichen Sorgeberechtigung oder gar eine Inobhutnahme in Erwägung gezogen werden müssen, obliegt das staatliche Wächteramt den Gerichten und Jugendämtern. Sachverständige können dann zwar ebenfalls mit Untersuchungen beauftragt werden, sind jedoch nicht befugt, die Eingriffsschwellen für solche Maßnahmen zu bestimmen (Arbeitsgruppe Familienrechtliche Gutachten, 2019).

In der juristischen und familienrechtspsychologischen Fachliteratur wird zwischen gerichtlichen Fragen und psychologischen Fragen unterschieden. Die Gerichte geben den Sachverständigen vor, welche Fragestellungen untersucht und beantwortet werden sollen. Die Sachverständigen benennen dann die psychologischen Kriterien bzw. Fragen, anhand derer sie die gerichtlichen Fragen beantworten wollen. Wenn es dabei zu Unklarheiten und Missverständnissen kommt, kann das gravierende Folgen für den weiteren Verlauf des Verfahrens und die Entscheidungen haben. Gerichte machen gelegentlich den Fehler, dass sie die Beweisfragen nicht konkret genug ausformulieren.

Sachverständige achten häufig bei der Ableitung ihrer psychologischen Fragen zu wenig auf die rechtlichen Grenzen ihrer Ermessensspielräume. Dann kommt es beispielsweise vor, dass die gerichtlichen Beweisfragen durch die psychologischen Fragen nur unzureichend abgedeckt werden oder manchmal auch unzulässig überschritten werden. Solche gutachterlichen Eigenmächtigkeiten können zur Folge haben, dass die Eltern und Gerichte den Eindruck gewinnen, dass die Begutachtung nicht ergebnisoffen durchgeführt wurde und dass der Sachverständige hier nach eigenem Ermessen entschieden hat, welche Fragen im vorliegenden Fall relevant seien. Insbesondere die Überschreitungen von gerichtlichen Beweisbeschlüssen führen daher häufiger dazu, dass die Gerichte das Gutachten wegen des Eindrucks der Befangenheit des Sachverständigen ablehnen (Splitt, 2018).

Die sorgfältige Auswahl und die Ausformulierung von gerichtlichen und psychologischen Fragen kann eine mühsame Angelegenheit sein. Daher verwundert es nicht, dass man in den Beweisbeschlüssen verschiedener Gerichte häufig und wortgleich dieselben Beweisbeschlüsse findet und dass ein Sachverständiger in mehreren Gutachten stets dieselben psychologischen Fragen auflistet. Dieses Vorgehen verstößt gegen das Verhältnismäßigkeitsgebot, demzufolge bei einer Begutachtung wegen der damit verbundenen Eingriffe in die Privatsphären und die Persönlichkeitsrechte nur solche Informationen erhoben werden dürfen, die für die fallspezifische Beantwortung der Fragen erforderlich sind (Zumbach et al., 2020). Je konkreter und fallbezogener das Gericht seine Fragestellung ausformuliert, umso geringer ist die Gefahr, dass der Sachverständige bei der Begutachtung eigenmächtig vorgeht.

Mittlerweile besteht unter Experten aller beteiligten Fachgesellschaften Einvernehmen, dass Gerichte ihre rechtliche Subsumtionsarbeit nicht an die Sachverständigen delegieren dürfen und dass diese daher auch keine Fragen dazu beantworten dürfen, bei wem die Kinder zukünftig ihren Lebensmittelpunkt haben sollen oder wie die Umgänge mit dem anderen Elternteil geregelt werden sollten. Sachverständige sind bei ihren Untersuchungen an die Anweisungen des Gerichts gebunden. Sie können nicht frei entscheiden, welche Informationen sie erheben und verwerten wollen. Sie haben keine allgemeine Ausforschungsbefugnis. Auf welche Anknüpfungstatsachen sich die Begutachtung stützen soll, wird ausschließlich durch das Gericht vorgegeben. Das Gericht kann die Beantwortung der Fragen, welche Regelung der elterlichen Sorge dem Kindeswohl am besten entspricht oder ob möglicherweise eine Kindeswohlgefährdung vorliegt, nicht an Sachverständige delegieren, sondern muss ihnen vorgeben, welche konkreten Sachverhalte bzw. Kriterien im Einzelfall zu prüfen sind.

> **Beispiele**
>
> Das OLG Schleswig weist hierzu in einem Beschluss vom 07.05.2020 (13 UF 4/20) auf Folgendes hin: „Die Fragen an den Sachverständigen müssen inhaltlich konkret gefasst werden. Die Fragestellung darf keine rechtliche, sondern muss eine solche aus dem Gebiet des Sachverständigen sein. […] Formulierungen wie ‚Ist das Wohl des Kindes gefährdet?' verlagern die richterliche Subsumtionsarbeit auf den Sachverständigen und tragen weder der gerichtlichen Entscheidungsverantwortung noch dem Sinn und Zweck der Einholung eines Sachverständigengutachtens in der gebotenen Weise Rechnung."
>
> Köhler, Richter am OLG Frankfurt, weist darauf hin, dass die Gerichte den Sachverständigen zwar nicht vorschreiben können, mit welchen Untersuchungsmethoden sie ihre Daten erheben und wie sie die Untersuchungsergebnisse fachlich bzw. psychologisch interpretieren. Sie müssen jedoch festlegen, von welcher Tatsachenlage die Sachverständigen ausgehen sollen (Köhler, 2020).

Gelegentlich bitten Sachverständige von sich aus das Gericht, die Beweisfrage zu konkretisieren, da sie einer gerichtlichen Entscheidung nicht mit einer allgemeinen Empfehlung vorgreifen wollen. Falls sich während der Begutachtung neue Gesichtspunkte ergeben, die möglicherweise im Interesse der Kinder beachtenswert sein könnten, darf der Gutachter solchen Fragen nicht eigenmächtig nachgehen, kann jedoch dem Gericht vorschlagen, die ursprüngliche Fragestellung entsprechend zu ergänzen. Häufig ist die gerichtliche Beweisfrage aber auch schon sehr konkret und detailliert vorgegeben und in zahlreiche Unterpunkte untergliedert. Daraus kann geschlossen werden, dass das Gericht keinesfalls gewillt ist, die Verantwortung an den Gutachter zu delegieren, und dass es auch nicht bereit ist, ihn aus der bloßen Rolle eines „Gehilfen des Gerichts" zu entlassen. In diesem Fall sollten Eltern jedoch im Blick behalten, ob der Sachverständige sich bei seiner Arbeit auch wirklich ausschließlich auf das beschränkt, was ihm als Auftrag vom Gericht vorgegeben wurde.

Die sogenannten psychologischen Fragen werden von den Sachverständigen aus den gerichtlichen Beweisfragen abgeleitet und geben Aufschluss darüber, auf welche Kriterien sich die gutachterlichen Rückschlüsse bei den Beantwortungen der Beweisfragen und etwaige gutachterliche Empfehlungen stützen. Dabei wird unterschieden zwischen allgemeinen Kriterien, die möglichst in jedem Fall zu prüfen sind (insbesondere das Förderungsprinzip, das Kontinuitätsprinzip, die Bindungen des Kindes, der Kindeswille und die Bindungstoleranz bzw. die Bindungsfürsorge der Eltern) und fallspezifischen Kriterien, die sich aus der individuellen Problemsituation und der jeweiligen Konfliktdynamik ergeben. Die fallspezifischen Fragen werden in der Regel aus den Ergebnissen der Aktenanalyse abgeleitet. Für psychologische Laien ist die fachliche Qualität solcher Fragen meistens schwer zu beurteilen. Das gilt vor allem dann, wenn die Fragen bzw. Kriterien nur benannt und nicht operationalisiert werden. Es reicht zum Beispiel nicht aus, wenn zum Kindeswillen nur Meinungsäußerungen der Kinder erhoben werden oder zur Bindungstoleranz nur Absichtserklärungen der Eltern.

Zu den häufigsten Mängeln sogenannter psychologischer Fragen, die auch für psychologische Laien erkennbar und somit prüfbar sind, gehören:

- Bloße Aufzählung allgemeiner fallunabhängiger Kindeswohlkriterien ohne Berücksichtigung der spezifischen psychologisch-diagnostischen und einzelfallbezogenen Fragestellungen
- Bloße Wiederholungen oder Umbenennungen der Prüfkriterien, die im gerichtlichen Beweisbeschluss vorgegeben wurden, ohne Ausformulierung genuin psychologischer Fragen
- Unzulässige Ausformulierungen rechtsnormativer Fragen
- Eigenmächtige Überschreitungen des Beweisbeschlusses durch zusätzliche psychologische Fragen, die keinen unmittelbaren Bezug zu den Inhalten der Beweisfragen aufweisen
- Unvollständige Übertragungen einzelner Beweisfragen in psychologische Fragen
- Fehlende Begründungen für das Erfordernis der Prüfung von Fragen, die mit Eingriffen in die Persönlichkeitsrechte von Kindern und Eltern verknüpft sind
- Fehlende Hinweise auf aktenkundige Anknüpfungstatsachen
- Unzulässige Begründungen psychologischer Fragen mit streitigen Anknüpfungstatsachen

Die Umsetzung der gerichtlichen Beweisfragen in einen umfangreichen Katalog psychologischer Fragen kann hilfreich sein, wenn Sachverständige ihren wissenschaftlichen Ansatz, ihre fachlichen Methoden und die Überlegungen, die sie vorab zur Problemlage des jeweiligen Einzelfalls angestellt haben, nachvollziehbar machen wollen. Andererseits lässt sich im Nachhinein kaum prüfen, ob diese Fragen für sie die Leitlinie für die Planung und Durchführung der Untersuchungen waren oder ob die psychologischen Fragen erst nach Abschluss der Begutachtung ausformuliert und dann im schriftlichen Bericht vorangestellt wurden, um das Vorgehen schlüssiger erscheinen zu lassen und möglicher Kritik vorzubeugen. Je konkreter das Gericht seine Beweisfragen ausformuliert, umso überflüssiger ist die gutachterliche Ableitung psychologischer Fragen. Außerdem ist zu bedenken, dass es bei manchen Kriterien schwierig ist, zwischen rechtlichen und psychologischen Aspekten zu unterscheiden. Nicht alle Kriterien lassen sich eindeutig einer der beiden Kategorien zuordnen. Ein typisches Beispiel ist die sogenannte Bindungsintoleranz (siehe auch Salzgeber & Bublath, 2019). Sachverständige sind verpflichtet, ihre Untersuchungen neutral und ergebnisoffen zu planen und durchzuführen. Daher empfiehlt es sich, die psychologischen Fragen kritisch daraufhin zu prüfen, ob damit möglicherweise einseitig auf inhaltliche Schwerpunkte fokussiert wird, die sich mit dem Neutralitätsgebot schwer vereinbaren lassen.

4.3 Kontaktaufnahme zum Gutachter – Abwarten oder handeln?

Meistens wissen die Eltern früher als die Sachverständigen, dass ein Gutachten erstellt werden muss. Üblicherweise melden sich die beauftragten Sachverständigen nach Eingang des Auftrags schriftlich bei den Eltern und bitten um Kontaktaufnahme zwecks Terminvereinbarung. Gelegentlich melden sich Eltern aber auch von sich aus bei den Sachverständigen, was zu Irritationen führt, wenn dort noch kein Auftrag eingegangen ist. Wem die Zeitspanne zwischen gerichtlicher Beschlusserstellung und schriftlicher Kontaktaufnahme seitens des Sachverständigen zu lang erscheint, der sollte seinen Anwalt bitten, beim Sachverständigen nachzufragen, ob der Auftrag dort schon eingegangen ist und wann mit einem Beginn der Begutachtung gerechnet werden kann. Falls sich dann herausstellt, dass der Sachverständige den Auftrag noch nicht erhalten hat, kann der Anwalt das Gericht über die Verzögerung informieren. Abzuraten ist von allem, was den Eindruck erwecken könnte, dass man den Gutachter im Vorfeld einstimmen möchte. Daher sollte man nicht versuchen, Sachverständige vorab schriftlich oder telefonisch oder auch per E-Mail gezielt zu informieren oder mit ihnen über die Familie und Probleme ins Gespräch zu kommen. Einseitige Kontaktaufnahmen sind den Sachverständigen strikt untersagt. Da kein Elternteil verpflichtet ist, sich gutachterlich befragen oder untersuchen zu lassen, muss dieser sich auch nicht beim Sachverständigen melden. In diesem Fall können Sachverständige nicht einfach mit dem anderen Elternteil beginnen, sondern müssen das Gericht informieren und diesem die Entscheidung überlassen, ob und wie dann eine Begutachtung durchgeführt werden kann.

Die Gerichte setzen den Sachverständigen eine Frist, in der das Gutachten vorgelegt werden muss. Wenn ein Elternteil eher an einer Verzögerung des Verfahrens interessiert ist, kann er die anstehende Begutachtung zum Anlass nehmen, gezielt darauf hinzuarbeiten. Konkrete Anhaltspunkte dafür können sein, dass der betreffende Elternteil sich nicht beim Gutachter meldet oder mitteilt, dass er wenig Zeit habe, krank sei oder einen Urlaub eingeplant habe. In diesem Fall kann der andere Elternteil über seinen Anwalt den Antrag stellen, die Hintergründe dieser Verzögerung aufzuklären, indem beispielsweise überprüft wird, ob der Urlaub erst gebucht wurde, nachdem schon der Beschluss zur Begutachtung vorlag, oder um Vorlage einer dienstlichen Bescheinigung der Arbeitsbelastung oder einer ärztlichen Bescheinigung zum Gesundheitszustand bitten.

4.4 Das Erstgespräch mit dem Gutachter – Der erste Eindruck kann prägend sein für den weiteren Verlauf

Das Erstgespräch kann den weiteren Verlauf der Begutachtung prägen. Es sollte vor allem der Kontaktanbahnung und der Planung des Ablaufs der Begutachtung dienen. Gezielte Untersuchungen und Explorationen können dann beginnen, wenn der Sachverständige sich einen persönlichen Eindruck von beiden Eltern verschafft hat. Beim Erstgespräch kann er sich den Eltern vorstellen, Erläuterungen dazu abgeben, wie er sich den Ablauf der Begutachtung vorstellt, dem jeweiligen Elternteil Auskünfte über seinen persönlichen Hintergrund, seine Arbeitsweise und seine wissenschaftliche Orientierung geben und die Eltern auf ihre Rechte hinweisen. Wenn der Sachverständige schon im Erstgespräch gezielte Explorationen oder testpsychologische Untersuchungen durchführt, nimmt er den Eltern die Möglichkeit, sich auf solche Maßnahmen vorzubereiten, obwohl dies ihr gutes Recht ist. Eltern dürfen beispielsweise selbst entscheiden, zu welchen Fragen sie Auskunft geben wollen und ob sie testdiagnostische Untersuchungen akzeptieren. Unter Umständen möchten sie für diese Entscheidung vorab den Rat von Experten einholen oder sich in anderer Form sachkundig machen. Falls derartige Untersuchungen schon beim Erstkontakt durchgeführt werden, wird ihnen diese Möglichkeit genommen.

Manche Sachverständigen planen kooperativ, machen Vorschläge zur Vorgehensweise und versuchen, sich mit den Eltern darüber zu einigen, wie die Begutachtung ablaufen könnte. Andere planen eher dirigistisch und machen sehr konkrete Vorgaben. Eltern, die sich dadurch überfordert fühlen, sollten dann darauf hinweisen, dass sie ein Recht darauf haben, selbst darüber zu entscheiden, wozu sie sich äußern wollen und welche Untersuchungen sie mit sich durchführen lassen wollen und dass es daher besser wäre, wenn weitere Untersuchungen im Einvernehmen durchgeführt werden. Sachverständige können sich nicht darauf berufen, dass irgendwelche Maßnahmen zwingend erforderlich seien, sondern müssen diese Haltung respektieren und können allenfalls das Gericht informieren, wenn sie meinen, auf diese Weise kein ordnungsgemäßes Gutachten erstatten zu können. Sollte ein Gutachter jedoch Druck ausüben oder Andeutungen machen, dass dem betreffenden Elternteil daraus Nachteile entstehen könnten, kann sich dieser bei seinem Anwalt danach erkundigen, wie er sich verhalten soll. Mit solchen Forderungen schränken Sachverständige nicht nur unzulässig das Recht der Eltern auf informationelle Selbstbestimmung ein, sondern geben auch Anlass zu Zweifeln an ihrer Neutralität.

Besonders wichtig ist, dass nicht nur der formale Ablauf der Begutachtung besprochen wird, sondern auch abgeklärt wird, welche Kriterien für die Beantwortung der gerichtlichen Fragestellung relevant sind. In diesem Zusammenhang sollten die Eltern darauf achten, dass nur solche Kriterien in Erwägung gezogen werden, die im Einklang mit der gerichtlichen Fragestellung stehen. Man kann den Sachverständigen auch fragen, ob er üblicherweise aus der gerichtlichen Fragestellung psychologische Fragen ableitet und deren Bearbeitung zur Grundlage seiner Empfehlung macht. In diesem Fall sollte man ihn bitten, diese vorab vorzulegen. Falls er damit nicht einverstanden ist, verstößt er möglicherweise gegen das sogenannte Transparenzgebot (siehe Salzgeber, 2020). Während Eltern nicht verpflichtet sind, sich dem Gutachter gegenüber zu rechtfertigen und ihn darüber aufzuklären, warum sie bestimmte Maßnahmen ablehnen, können sie selbst jedoch vom Gutachter fordern, dass er seine geplanten Maßnahmen erläutert, begründet und ihnen erklärt, welche Rückschlüsse er gegebenenfalls daraus ziehen kann.

4.5 Die Bedeutung der Akten und zusätzlicher Unterlagen – Papier ist geduldig und vergisst wenig

Das Gericht stellt den Sachverständigen Akten zur Vorbereitung zur Verfügung. Je nach Dauer und Vorgeschichte der gerichtlichen Auseinandersetzungen variiert der Umfang zwischen weniger als fünfzig Seiten und mehreren Tausend Blatt. Sachverständige müssen die Akten auswerten, sollten jedoch keinen ausführlichen Überblick über die Vorgeschichte nach Aktenlage in das schriftliche Gutachten aufnehmen. Die Kriterien, nach denen die Akten ausgewertet werden, beziehen sich auf die zeitliche Abfolge der wichtigsten Ereignisse in der Vorgeschichte (sogenannte Anknüpfungstatsachen für den Gutachter), auf gesicherte Vorbefunde und aussagekräftige Dokumente (beispielsweise Arztberichte, Zeugnisse, Berichte von Beratungsstellen, Berichte des Jugendamts, des Verfahrensbeistands, Zeugenaussagen).

Die systematische Aktenauswertung liefert die Grundlage für die Ableitung der psychologischen Fragen und dient der Ausarbeitung des Untersuchungsplans. Dabei werden meistens folgende Kriterien berücksichtigt (siehe hierzu insbesondere Lack & Hammesfahr, 2019; Zumbach et al., 2020; Salzgeber et al., 2022):

- Verlauf der Auseinandersetzungen und Entwicklung der Konfliktdynamik
- Bisherige Unterstützungsmaßnahmen
- Zielvorstellungen der Eltern und der Kinder
- Hinweise auf eventuelle Belastungen und Einschränkungen der Eltern
- Entwicklungsverläufe der Kinder
- Bisherige Erkenntnisse zu den Eltern-Kind-Beziehungen
- Hinweise auf besondere Anforderungen, vor die die Eltern bei der Betreuung, Förderung und Erziehung der Kinder gestellt werden

Die Aktenanalyse dient den Sachverständigen auch dazu, vor Beginn der Untersuchungen zu klären, ob schon Sachverhalte bekannt sind, deren Überprüfung und Würdigung eine besondere Fachkompetenz erfordern. Da Gerichte die Sachverständigen in der Regel darauf hinweisen, dass ausführliche Wiedergaben der Akteninhalte unerwünscht seien, verzichten inzwischen manche Sachverständigen ganz auf die Aufnahme von Akteninhalten im Gutachten. Ein vollständiger Verzicht beeinträchtigt jedoch die Transparenz und die Nachvollziehbarkeit des gutachterlichen Vorgehens. In diesem Fall wäre es wichtig, dass die Eltern und ihre Verfahrensbevollmächtigten prüfen, ob im Gutachten alle relevanten Anknüpfungstatsachen berücksichtigt wurden oder ob bei der Beantwortung der Fragen nur selektiv auf solche Tatsachen Bezug genommen wurde, die eher die gutachterliche Sichtweise bestätigen. Anderseits ist es auch wenig hilfreich, wenn die Bezugnahme auf die aktenkundige Vorgeschichte im Gutachten nur in einer ausführlichen chronologischen Nacherzählung der Akteninhalte besteht, weil daraus nicht ersichtlich wird, welche Anknüpfungstatsachen als relevant angesehen wurden (Lack & Hammesfahr, 2019, S. 112).

Erfahrungsgemäß sind Sachverständige unterschiedlich motiviert, vor ihren Untersuchungen ein gründliches Aktenstudium vorzunehmen. Daher empfiehlt es sich, den Gutachter zu fragen, welche Akten ihm vom Gericht überlassen wurden, und um Auskunft zu bitten, was ihm bisher bekannt ist und was nicht. Die Eltern können dann selbst prüfen oder durch ihren Anwalt prüfen lassen, ob die Aktenlage des Sachverständigen vollständig ist. Falls ihm aus früheren Verfahren keine Akten vorgelegen haben, kann man ihm vorschlagen, Akten nachzufordern, deren Kenntnis für die umfassende Bewertung der jetzigen Konfliktsituation nützlich sein könnte. Die Aktenlage kann sich im Verlauf der Begutachtung ändern. Falls zwischenzeitlich bei Gericht neue Schriftsätze der Anwälte oder Berichte aus dem Helfersystem eingehen, werden diese auch an den Gutachter weitergeleitet. Gelegentlich werden auch Akten aus anderen Verfahren hinzugezogen, die keinen unmittelbaren Bezug zum aktuellen Verfahren haben, beispielsweise Akten aus Strafverfahren. Falls die Kindeseltern zusätzliche Unterlagen in das Verfahren einbringen wollen, sollten sie diese dem Gericht zustellen, das sie dann in den Verteiler und somit auch an den Sachverständigen weitergibt. Auf diese Weise ist gewährleistet, dass alle Beteiligten auf dem gleichen Kenntnisstand sind. Keinesfalls können Eltern dem Sachverständigen mündliche Informationen oder Unterlagen mit der Bitte um Wahrung der Vertraulichkeit zukommen lassen. Sie müssen sich darüber im Klaren sein, dass alle Informationen den Akten hinzugefügt und allen Verfahrensbeteiligten zugänglich gemacht werden.

Die modernen Kommunikationsmedien bringen es mit sich, dass die Eltern auch per E-Mail oder SMS mit den Sachverständigen kommunizieren und ihnen dann auch spontan Mitteilungen und Unterlagen zukommen lassen, die ihrer Meinung nach von Belang sein könnten. Diese Vorgehensweise ist nicht unproblematisch, weil auf diesem Weg die Vertraulichkeit und das Postgeheimnis nicht gewährleistet werden können, was häufig auch seitens der Gerichte, Jugendämter oder Anwälte nicht berücksichtigt wird. Hinzu kommt, dass damit möglicherweise eine Kommunikationsebene zwischen den Eltern und den Sachverständigen etabliert wird, über die die Verfahrensbevollmächtigten nicht informiert sind, was dann gelegentlich zu Missverständnissen und Problemen im Verfahrensablauf führen kann. Nach Möglichkeit sollten Eltern daher ihre Kommunikation mit dem Sachverständigen auf die Untersuchungsgespräche begrenzen und den Informationsaustausch auf postalischem oder telefonischem Weg allenfalls auf die Abklärung von Terminen oder die Planung und Organisation des weiteren Vorgehens beschränken.

Eltern müssen sich darüber im Klaren sein, dass die Auswertung der Akten dem Gutachter auch die Möglichkeit bietet, die Authentizität der Angaben, die die Eltern bei der Begutachtung machen, zu überprüfen. So ergeben sich beispielsweise gelegentlich gravierende Unterschiede zwischen dem, was die Eltern im Untersuchungsgespräch zur Vorgeschichte berichten, und dem, was dazu in den Akten dokumentiert ist. Aus den Schriftsätzen der Parteien und insbesondere aus den Begründungen ihrer Anträge lässt sich auch ablesen, aus welcher Perspektive sie den Konflikt wahrnehmen und ob ihre Argumentation sich vor allem an den Belangen der Kinder orientiert oder eher auf Kritik am vermeintlichen Fehlverhalten der anderen Partei ausgerichtet ist. Aufschlussreich sind für den Gutachter auch Hinweise darauf, wie sich im Verlauf der Zeit die Argumentationsweise der Eltern geändert hat. So erlebt man es beispielsweise häufiger, dass ein bestimmtes Ziel, wie der Ausschluss des Umgangsrechts oder die alleinige elterliche Sorge, zwar konsequent verfolgt wird, wobei sich die Begründungen jedoch im Verlauf der Auseinandersetzung verändern, sodass der Eindruck entsteht, es handele sich dabei eher um Zweckargumente. Aus einer sorgfältigen Auswertung der Akten können Sachverständige daher auch Rückschlüsse auf das Konfliktverhalten der Eltern ziehen.

Sachverständige sind nicht berechtigt, die Authentizität von eingereichten Unterlagen zu überprüfen und dürfen auch keine Aufklärung strittiger Anknüpfungstatsachen vornehmen. Wenn ein Elternteil Bescheinigungen, schriftliche Zeugenaussagen oder Unterlagen aus Korrespondenzen per E-Mail oder SMS vorlegt, deren Authentizität vom anderen Elternteil bezweifelt wird, können Sachverständige nicht von sich aus eine Überprüfung oder eine Bewertung vornehmen. Falls es dabei um Informationen oder Sachverhalte geht, die für die gerichtliche Entscheidung von Bedeutung sein könnten, muss der Sachverständige diese Unterlagen vom Gericht überprüfen lassen. Er darf keinesfalls von sich aus die Richtigkeit dieser Unterlagen infrage stellen oder eine fehlende Authentizität unterstellen. Falls entscheidungsrelevante Unterlagen wie beispielsweise therapeutische Behandlungsberichte oder ärztliche Atteste aktenkundig sind, deren Inhalte von keiner Partei infrage gestellt wurden, dürfen Sachverständige jedoch von deren Authentizität ausgehen.

4.6 Die Exploration – eine Kommunikation unter ganz besonderen Bedingungen

Die gutachterliche Exploration ist meistens eine Gratwanderung, weil sie stets mit einem Eingriff in den im Grundgesetz definierten Schutzbereich des allgemeinen Persönlichkeitsrechts verbunden ist (siehe Korn-Bergmann, 2014). Daher haben Eltern auch das Recht, zu diesen Gesprächen eine Person ihres Vertrauens, einen sogenannten Beistand, oder ihren Anwalt hinzuzuziehen, worauf allerdings in den meisten Fällen verzichtet wird. Sachverständige und die Eltern verbinden mit dem Gespräch unterschiedliche Erwartungen und Ziele. Sachverständigen geht es vor allem darum, auf diesem Weg Informationen zu erheben, die für die Beantwortung der gerichtlichen Fragestellung von Bedeutung sein können. Die Eltern sehen darin auch eine Gelegenheit, die familiäre Problematik und deren Hintergründe umfassend aus ihrer Perspektive darzustellen. Die Eltern sollten sich aber auch stets darüber im Klaren sein, dass die Exploration gleichzeitig auch ein diagnostisches Gespräch (Salzgeber, 2020) ist, bei dem der Gutachter nicht nur die Gesprächsinhalte bewertet, sondern unter Umständen auch Rückschlüsse auf das Konfliktverhalten der Eltern und relevante psychische Auffälligkeiten ziehen kann.

Sachverständige vermitteln den Eltern häufig ein Gefühl von Akzeptanz und Wertschätzung, was jedoch vor allem ihrem professionellen Rollenverständnis zuzuschreiben ist und nicht unbedingt die persönliche Beziehungsebene widerspiegelt. Eltern sollten daraus nicht den Rückschluss ziehen, dass man sie versteht und ihre Haltung unterstützt, sondern stets im Auge behalten, dass der Sachverständige das Untersuchungsgespräch nicht in der Rolle als Familientherapeut führt, sondern eher als „verlängerter Arm des Gerichts". Eltern sollten daher sachlich bleiben, innere Distanz wahren und nicht versuchen, ein Klima des scheinbaren gegenseitigen Vertrauens zu erzeugen. Sie können davon ausgehen, dass Sachverständige die Beziehung für sich selbst ähnlich distanziert definieren.

Worüber gesprochen wird, dürfen die Eltern selbst entscheiden. Den Sachverständigen sind bei ihren Fragen jedoch Grenzen durch die gerichtliche Fragestellung und das Recht der Eltern auf informationelle Selbstbestimmung gesetzt. Zulässig sind Fragen zur Biografie der Eltern einschließlich eventueller Krankenvorgeschichten oder zur Entwicklung und zu Problemen der Kinder. Unzulässig sind hingegen Fragen,

- die keinen Bezug zur gerichtlichen Fragestellung haben,
- die sich auf Glaubensrichtungen oder persönliche Wertesysteme und Weltanschauungen der Eltern beziehen, oder
- Fragen, mit denen Informationen über unbeteiligte Dritte erhoben werden.

> **Beispiel**
> Eine Ausnahme kann bei Fragen nach den persönlichen Wertesystemen oder Glaubensrichtungen gemacht werden, wenn diese im Zusammenhang mit Hinweisen auf eine schwerwiegende Gefährdung des Kindeswohls stehen. Beispiele aus eigener Berufserfahrung sind ein Vater, der eine Insulinbehandlung seines an einem Typ-I-Diabetes erkrankten Kindes mit der Begründung ablehnte, dass man jede körperliche Erkrankung besser mit alternativmedizinischen Methoden behandeln könne, oder eine Mutter, die einer Sekte angehörte, in der die Gewissheit verbreitet wurde, dass im kommenden Jahr das Ende der Welt bevorstehe, und die dies auch ihren Kindern klarzumachen versuchte.

Sachverständige sind verpflichtet, alle Informationen, die sie erheben, zu dokumentieren und an das Gericht weiterzugeben. Daher macht es keinen Sinn, wenn Kinder oder Eltern darum bitten, einzelne Angaben vertraulich zu behandeln.

Gelegentlich sprechen Eltern von sich aus Themen an, die über das hinausgehen, was im Rahmen der Begutachtung von Bedeutung ist bzw. über die Beweisfragen hinausgeht, oder sie möchten über Personen sprechen, die nicht zu begutachten sind. Damit bringen sie den Sachverständigen unter Umständen in Schwierigkeiten, weil er keine Informationen erheben darf, die über die Beweisfragen hinausgehen, und keine Angaben über Dritte erheben und dokumentieren darf, die nicht in die Begutachtung einzubeziehen sind. Eltern sollten es daher akzeptieren, wenn der Sachverständige sie darum bittet, Gespräche zu solchen Themen oder zu anderen Personen nicht zu vertiefen und dies nicht als Zeichen einer persönlichen Ablehnung oder eines inneren Vorbehalts seitens des Gutachters werten.

Ein wesentlicher Bestandteil der Gespräche ist die Diskussion über die Haltung, die Erwartungen, die Argumente und die Vorhaltungen beider Seiten in diesem Konflikt. Den meisten Eltern dürfte inzwischen klar sein, dass es für sie von Nachteil ist, wenn sie den Eindruck erwecken, dass es ihnen in erster Linie um die Abwertung und Verletzung des ehemaligen Partners geht und weniger um die Belange des Kindes. Verzichten sie jedoch auf Vorhaltungen, die sich auf konkretisierbare bzw. belegbare Gewohnheiten, Verhaltensweisen oder Persönlichkeitsmerkmale des anderen beziehen, aus denen sich schwerwiegende Nachteile für die Kinder ergeben können, schaden sie möglicherweise ihrem Kind. Eher ungünstig ist es, wenn ein Elternteil den anderen mit zahlreichen Vorhaltungen überzieht, für die es kaum konkrete Anhaltspunkte gibt. In diesem Fall entsteht schnell der Eindruck, dass er den anderen in Not bringen will, sich für etwas rechtfertigen zu müssen, was er nicht getan hat, oder gar den Gegenbeweis antreten zu müssen, was häufig mit der Erwartung verknüpft wird, dass letztlich dann doch irgendetwas hängen bleibt.

Letztlich steht aber jeder Elternteil in der Beweispflicht für die Vorhaltungen, die er gegen den anderen erhebt. Der Betreffende ist nicht verpflichtet, den Gegenbeweis zuführen, solange es keine konkreten Anhaltspunkte dafür gibt, dass die Vorhaltung begründet sein könnte. In den meisten Fällen sind solche Vorhaltungen allerdings schon aktenkundig und wurden von den Anwälten und oft auch von den Gerichten kommentiert und bewertet. Falls dem Gutachter im Untersuchungsgespräch neue Vorhaltungen bekannt werden, deren Überprüfung er für sinnvoll oder gar erforderlich hält, kann er das Gericht bitten, dieser Frage nachzugehen und zu entscheiden, wie diesbezüglich verfahren werden muss. Auf keinen Fall darf der Gutachter dann Ermittlungen von sich aus aufnehmen.

Nicht jeder Gutachter bedient sich derselben Explorationsmethode. Manche bevorzugen ein strukturiertes oder teilstrukturiertes Interview, andere eher das unstrukturierte Interview. Das strukturierte Interview orientiert sich häufig an einem Leitfaden und beschränkt sich auf Fragen, die der Gutachter vorher festgelegt hat und die allenfalls noch durch Zwischenfragen vertieft werden. Für die Eltern hat das den Vorteil, dass von vornherein klargestellt ist, worüber gesprochen wird und was nicht thematisiert werden soll. Das unstrukturierte Interview eröffnet dem Gutachter mehr Möglichkeiten, sich flexibel und trotzdem zielgerichtet einen Zugang zu verschiedenen Problembereichen zu verschaffen. Sachverständige, die nicht nur Gutachten erstellen, sondern auch klinisch oder beratend arbeiten, sind es gewohnt, im Berufsalltag routinemäßig inhaltlich breit gefächerte standardisierte Interviews zur Erhebung der biografischen und gesundheitlichen Anamnese einzusetzen, bei denen dann auch Informationen erhoben werden, die keinen erkennbaren Bezug zu den Beweisfragen haben. Auf diese Weise werden häufig kritische Informationen über Dritte (zum Beispiel andere Angehörige, frühere Partner und Bezugspersonen) erfasst und dokumentiert, ohne dass die Betreffenden davon in Kenntnis gesetzt wurden. Diese Daten gehen dann ohne Einverständnis dieser Personen in die Gerichtsakten ein oder auch in Unterlagen anderer Behörden wie die Jugendämter. Sachverständige können diesen Risiken nicht vorbeugen, indem sie solche Informationen im Gutachten unerwähnt lassen, da sie alle erhobenen Informationen dokumentieren und auch vollständig herausgeben müssen, sofern dies von einer Partei gefordert wird.

> **Beispiel**
> Sachverständige fragen häufig nach den Erziehungsgewohnheiten in den Herkunftsfamilien, nach belastenden Erfahrungen mit Dritten und nach Erfahrungen in der Schule oder im Kindergarten, bei denen die betreffenden Personen entweder direkt benannt oder indirekt wiedererkannt werden können. Anwälte verlangen inzwischen vermehrt die vollständige Herausgabe der Originale aller Gesprächsaufzeichnungen. Manche Sachverständige lehnen das ab und tragen dafür Begründungen vor, mit denen sie sich möglicherweise unwissentlich selbst in Schwierigkeiten bringen. Dann wird beispielsweise erklärt, dass die Unterlagen nach Verschriftlichung des Gutachtens vernichtet worden seien oder dass sie aus Gründen des Datenschutzes oder der Schweigepflicht nichts herausgeben dürften.

Der Fragestil der Sachverständigen wird bei einer entscheidungsorientierten Begutachtung eher problemfokussiert sein. Für eine lösungsorientierte Begutachtung bieten sich bewährte Methoden an, wie sie auch in der Mediation angewandt werden. Dazu gehört vor allem das lösungsfokussierte Fragen (Bamberger, 2015; Bannink, 2015). Bei strukturierten Interviewleitfäden ist eher gewährleistet, dass keine wichtigen Themen unberücksichtigt bleiben und dass die Angaben beider Eltern vergleichbar sind. Hierbei muss jedoch darauf geachtet werden, dass dann nicht routinemäßig auch solche Themenbereiche erfasst werden, die nicht durch die gerichtliche Fragestellung abgedeckt werden. Manche Gutachter sind diesbezüglich auch recht flexibel und bevorzugen unstrukturierte Interviews im allgemeinen Teil der Exploration, bei dem es um die Vorgeschichte, die Abklärung der Problemlage und die Vorschläge und Vorstellungen der Eltern im Hinblick auf verschiedene Regelungsmodelle geht. Bei den Fragen nach speziellen psychologischen Kriterien, wie beispielsweise Selbstreflexion oder Empathie in der Beziehung zum Kind, greifen sie dann auf strukturierte und standardisierte Interviewleitfäden zurück.

Die Explorationen des Kindes werden meistens in Abwesenheit der Eltern durchgeführt, wobei das Kind auch darauf hinzuweisen ist, dass es sich nicht befragen lassen muss. Sachverständige sollten daher ihren Gesprächswunsch als Angebot und nicht als Forderung an das Kind formulieren, spätestens ab dem Schulalter des Kindes. Dabei sind nach Möglichkeit überflüssige Belastungen des Kindes zu vermeiden.

Kinder sind in der Regel unterschiedlich gesprächsmotiviert. Manche Kinder reden gar nicht oder antworten nur sehr einsilbig. Andere scheinen es als Entlastung zu erleben, wenn sie sich einer neutralen Person gegenüber mal ausführlich zu den familiären Schwierigkeiten und den Problemen, die sie damit haben, äußern können. Bei jüngeren Kindern lassen sich Hemmungen abschwächen, wenn man mit ihnen spielt oder etwas unternimmt und Fragen eher beiläufig einstreut. Bei älteren Kindern kann es hilfreich sein, wenn man sie danach fragt, ob sie in ihrem Freundeskreis Kinder kennen, die ähnliche Probleme haben, und sich dann danach erkundigt, wie diese mit den Problemen umgehen. In den Gesprächen geht es meistens darum, welche Vorstellungen und Erwartungen die Kinder im Hinblick auf die Ausgestaltung ihrer zukünftigen Beziehungen zu den Eltern haben, ob und welche Probleme sie möglicherweise mit den Eltern haben, was sie in Zukunft von ihren Eltern erwarten, sowie um die Analyse der Bindungsqualität zu den Eltern und zu eventuellen Geschwistern. Falls die Kinder durch psychische Störungen oder Verhaltensauffälligkeiten beeinträchtigt sind, werden meistens auch diagnostische Fragen zum kindlichen Erleben und Verhalten gestellt. Die entwicklungsgerechte Befragung von Kindern erfordert stets eine besondere Sachkunde (siehe zum Beispiel Carl et al., 2015; Niehaus et al., 2017; Zumbach et al., 2020).

> **Beispiel**
> Gelegentlich beschränken sich die Protokolle der Gespräche mit den Kindern auf wenige Zeilen, wobei sich die Sachverständigen auf die Widerstände des Kindes berufen oder auf die Besorgnis, dass das Kind durch die Befragung unzumutbar belastet werden könnte. Trotzdem werden anschließend ausführliche, eher theorienbegründete Erläuterungen zum Kindeswillen oder zu den Bindungsqualitäten abgegeben oder die persönlichen Eindrücke Dritter, wie der Verfahrensbeistände, unzulässigerweise als Befunde übernommen. Falls ein Kind die Gespräche ablehnt, ist dieser Wunsch zwar zu respektieren, wobei jedoch die Befundtatsachen nicht durch andere Quellen ersetzt werden dürfen. Sachverständige sollten dann zumindest versuchen, die Gründe für die ablehnende Haltung des Kindes zu erfragen. Der vermeintliche Schutz vor Belastungen kann kein Grund für einen Verzicht auf Befragungen sein. Kinder haben ein Recht auf Gehör und werden in solchen Verfahren inzwischen von einer Vielzahl professioneller Akteure befragt. Umso mehr muss von den psychologischen Sachverständigen gefordert werden, dass sie hinreichend qualifiziert sind, um die Untersuchungsgespräche mit den Kindern einfühlsam und möglichst belastungsarm zu gestalten.

Bei der Bewertung der kindlichen Äußerungen ist auch auf deren Authentizität zu achten. Man kann ohnehin davon ausgehen, dass kein Kind eine völlig unbeeinflusste Haltung entwickelt hat, weil Kinder in familiären Krisensituationen ein feines Gespür dafür haben, was vorgeht und was erwachsene Bezugspersonen von ihnen erwarten. Darüber hinaus sollten

Sachverständige aber auch darauf achten, ob Willensbekundungen der Kinder oder Angaben über ihre Beziehungen zu den Eltern die eigenen Bedürfnisse widerspiegeln oder nur aus Gefälligkeit den Eltern gegenüber erfolgen oder möglicherweise sogar auf gezielte Einflussnahme der Eltern zurückzuführen sind. Falls es um mehrere Kinder geht, ist es häufig hilfreich, wenn man jedes Kind auch nach dem Eindruck befragt, den es von der Haltung der Geschwister hat. Auf diese Weise gewinnt man unter Umständen einen recht zuverlässigen Eindruck von den familiäreren Bindungsstrukturen.

Psychologisch geschulten Personen fällt es leicht, vage Eindrücke und widersprüchliche Informationen in einen scheinbar plausiblen Zusammenhang einzuordnen, der für psychologische Laien sehr überzeugend wirkt. Ein Gutachten ist jedoch ein gerichtliches Beweismittel und sollte sich auf konkrete Sachverhalte stützen. Daher sollten die Gesprächsinhalte im Gutachten nachvollziehbar, neutral und sachlich beschrieben werden und keine Bewertungen oder Interpretationen im Hinblick auf die Beantwortungen der Fragestellungen enthalten.

> **Beispiele**
> Wertende Angaben im schriftlichen Gutachten, aus denen man auf Einschränkungen der gutachterlichen Neutralität schließen könnte, wären:
> - „Der Vater berichtete über die Erziehungsgewohnheiten der Mutter und redete sich zunehmend in Rage."
> - „Die Mutter erkundigte sich argwöhnisch nach dem Zweck der Untersuchungsmaßnahmen."
> - „Der Vater wies die Vorhaltungen der Mutter empört zurück."
> - „Die Mutter machte weitschweifende Erläuterungen zum Konfliktverlauf und setzte sich theatralisch als Opfer in Szene."

Ob die Untersuchungsgespräche in der gutachterlichen Praxis oder im Rahmen von Hausbesuchen stattfinden, können Sachverständige mit den Eltern vereinbaren. Für die Kinder ist es häufig leichter, wenn die Gespräche im vertrauten Umfeld stattfinden. Im Sinn der Gleichbehandlung ist es dann jedoch sinnvoll, wenn mit den Kindern im Umfeld beider Eltern gesprochen werden kann. Gelegentlich kommt es bei der Planung der Gespräche zu Meinungsverschiedenheiten, wenn Eltern darauf bestehen, zu den Gesprächen eine Person ihres Vertrauens hinzuzuziehen, an den Untersuchungen der Kinder teilzunehmen oder wenn Kinder Gespräche in Abwesenheit der Eltern ablehnen. Manche Sachverständige lehnen solche Forderungen bzw. Vorschläge entschieden ab, was allerdings nicht zulässig ist (Salzgeber, 2020). Sachverständige haben solche Forderungen zu akzeptieren, ohne diese zum

Nachteil des betreffenden Elternteils auszulegen. Bei der Auswertung der Ergebnisse müssen Sachverständige jedoch berücksichtigen, ob und in welcher Form dies zu Einschränkungen bei der Bewertung führt. Die Sachverständigen müssen dann außerdem berücksichtigen, dass sie bei der Anwesenheit Dritter keine Informationen weitergeben, die gegen ihre Schweigepflicht oder den Datenschutz verstoßen könnten.

Falls Sachverständige Hausbesuche bei den Eltern durchführen möchten, sollten sie diese Maßnahme unbedingt begründen, weil sie einen Eingriff in die Privatsphäre darstellt. Eine Prüfung der Wohn- und Lebensverhältnisse fällt in der Regel in die Verantwortung des Jugendamts. Ansonsten gilt die Unverletzlichkeit der Wohnung. Sachverständige sind jedenfalls nicht befugt, die örtlichen Verhältnisse oder den Zustand der Wohnung zu kontrollieren und sollten stets begründen, weshalb der Hausbesuch durchgeführt wurde (Salzgeber, 2020, S. 87; Zumbach et al., 2020, S. 101–102). Ohne Zustimmung der Eltern sind Sachverständige nicht befugt, die Wohnung oder auch nur einzelne Räume in Augenschein zu nehmen, geschweige in die Schränke zu schauen.

Die Protokolle der Explorationen im schriftlichen Gutachten führen häufig zu Auseinandersetzungen über die Unvollständigkeit oder fehlende Authentizität. Eltern haben manchmal den Eindruck, dass sie falsch zitiert wurden oder dass wichtige Angaben nicht aufgenommen wurden. Anderseits haben sie die Möglichkeit, in einer nachträglichen schriftlichen Stellungnahme an das Gericht detaillierter zu erläutern, wie ihre Äußerungen gemeint gewesen seien oder ergänzende Angaben nachzureichen. Größere Schwierigkeiten sind jedoch zu erwarten, wenn Eltern den Eindruck haben, dass solche Mängel im Gutachten einseitig zu ihren Lasten festzustellen sind. Eltern können in solchen Fällen die Herausgabe der Originalaufzeichnungen der Gespräche beantragen. Manche Sachverständige schlagen daher den Eltern und Kindern zur eigenen Absicherung vor, die Gespräche durch Ton- oder Videoaufzeichnungen zu dokumentieren, die allerdings nur mit Einverständnis der Befragten – auch bei Kindern – gestattet ist. Die Eltern können jedoch nicht im Gegenzug die Forderung stellen, selbst eine Tonaufzeichnung der Gespräche vorzunehmen, weil Sachverständige nur dem Gericht Auskünfte erteilen dürfen und keine Aufzeichnungen zulassen dürfen, die von der betreffenden Person auch an Dritte weitergegeben werden können. Sie können es den Eltern aber nicht verbieten, den Verlauf der Gespräche zu protokollieren (Salzgeber, 2020, S. 153).

Gelegentlich ziehen Sachverständige auch Hilfskräfte hinzu. In diesem Fall sollten Eltern sich erklären lassen, welche Aufgaben die Hilfskräfte konkret übernehmen sollen. Es kann durchaus vorkommen, dass Gutachten von zwei Personen unterschrieben werden, ohne dass klar ersichtlich wird, wer welche Aufgaben übernommen hat. Die Auswahl der Sachverständigen darf jedoch nur vom Gericht vorgenommen werden, wobei es den Sachverständigen freigestellt ist, untergeordnete Tätigkeiten von Hilfskräften erledigen zu lassen, die dann jedoch nicht verantwortlich zeichnen. Falls gerichtlich beauftragte Sachverständige Teile der Untersuchungen an Mitarbeiter delegieren wollen, müssen sie zuvor das Gericht genau über den Umfang dieser Tätigkeit informieren und die gerichtliche Erlaubnis dafür einholen (Köhler 2020, S. 423).

4.7 Verhaltensbeobachtungen und Interaktionsdiagnostik – Wie authentisch verhält man sich?

Eltern sollten stets berücksichtigen, dass während der Untersuchungen nicht nur Gespräche geführt werden, sondern auch beobachtet wird. Sachverständige protokollieren nicht nur die Gesprächsinhalte, sondern auch das, was ihnen am Verhalten der Beteiligten auffällt, beispielsweise deren emotionale Beteiligung, die Reaktion auf belastende Themen oder das Interaktionsverhalten mit Familienangehörigen. So kann es beispielsweise sehr aufschlussreich sein, wenn Eltern sich im Beisein ihrer Kinder sehr abfällig über den anderen Elternteil äußern. Außerdem werden bei der Begutachtung meistens auch gezielte Interaktionsbeobachtungen durchgeführt. Sie dienen der Untersuchung der Eltern-Kind-Beziehungen, der elterlichen Interaktions- und Erziehungsstile und der Anforderungen, die das Kind an die Eltern stellt. Die Beobachtungen erfolgen in alltäglichen Situationen, bei Übergaben des Kindes von einem zum anderen Elternteil oder in strukturierten Situationen, in denen Kinder häufig gemeinsam mit den Eltern verschiedene Aufgaben bearbeiten, wobei die Interaktionen dann von den Sachverständigen anhand vorgegebener Kriterien psychologisch bewertet werden.

Aufgrund der Mehrdeutigkeit des beobachteten Verhaltens ist bei diesen Untersuchungen eine besonders Sorgfalt und eine umfassende Dokumentation erforderlich. Manche Sachverständige beschreiben das Verhalten akribisch bis in Details, die völlig irrelevant sind. Andere beschränken sich auf pauschale und oberflächliche Wiedergaben ihrer persönlichen Eindrücke. In der familienrechtspsychologischen Fachliteratur wird jedoch regelmäßig darauf hingewiesen, dass bei der Darstellung der Untersuchungsergebnisse eine klare Trennung zwischen Verlaufsbeschreibung und gutachterlicher Bewertung des Verhaltens erfolgen muss, wobei stets die Gefahr besteht, dass die Objektivität der Beschreibungen durch die Wahl falscher Adjektive oder wertender Konnotationen beeinträchtigt wird (siehe zum Beispiel Lack & Hammesfahr, 2019, S. 154). Die klare Trennung ist auch deswegen erforderlich, weil die erhobenen Informationen stets mehrdeutig sind und die Gründe für das Verhalten von Eltern und Kindern in solchen Situationen sehr unterschiedlich und schwer erkennbar sein können.

Bei der Bewertung der Ergebnisse solcher Untersuchungen sind stets die Grenzen ihrer Verallgemeinerbarkeit zu berücksichtigen. Das Verhalten von Kindern und Eltern in Anwesenheit von Sachverständigen muss keinesfalls typisch für den Lebensalltag im häuslichen Umfeld sein. Man sollte stets die Möglichkeit im Auge behalten, dass auffällige Ergebnisse auf die Besonderheiten der Untersuchungssituationen zurückzuführen sein könnten.

Bei den Beobachtungen der Interaktionen zwischen Kindern und Eltern stellt sich auch die Frage, ob das Verhalten unter diesen Bedingungen authentisch oder eher gespielt ist. Eine vorgetäuschte Harmonie oder enge Bindung lässt sich von jüngeren Kindern jedoch schwer durchhalten. So kann man beispielsweise häufiger beobachten, dass Kinder nach einem Besuchskontakt die Verabschiedung dramatisieren, indem sie klammern und weinen und den betreffenden Elternteil nicht gehen lassen wollen, um dann, unmittelbar nachdem sich die Tür hinter ihm geschlossen hat, fröhlich und unbelastet zur „Tagesordnung" überzugehen. Ähnliche Beobachtungen kann man auch bei Kindern machen, die eine ablehnende Haltung vortäuschen und im Untersuchungsgespräch den Kontakt zum anderen Elternteil verweigern und dann bei der Kontaktaufnahme doch erleichtert sind und das Zusammensein mit dem betreffenden Elternteil ganz offensichtlich genießen und anschließend auch erklären, dass sie solche Treffen gerne wiederholen würden. Fragt man dann nach den Gründen für die ursprüngliche Ablehnung, wird meistens auch schnell ersichtlich, worauf diese zurückzuführen war.

Bei Übergabesituationen kann das Verhalten von Kindern und Eltern Aufschluss über die Probleme geben, die sie miteinander haben und wie sie damit umgehen. Man kann dann darauf achten, ob und wie die Eltern in dieser Situation miteinander kommunizieren, ob sie in der Lage sind, spannungsfrei aufeinander zuzugehen und sich unter Umständen auch kurz über die Belange des Kindes zu verständigen, und ob das Kind den Kontakt zwischen den Eltern als belastend erlebt oder ob es damit unbefangen umgehen kann. Bei Kleinkindern kann man auf Standardsituationen zurückgreifen, indem man beispielsweise den anwesenden Elternteil auffordert, für zehn Minuten den Raum zu verlassen und dann wieder hereinzukommen, wobei dann die Reaktionen des Kindes auf die Trennung und die Wiederaufnahme des Kontakts beobachtet und nach wissenschaftlich vorgegebenen Kriterien analysiert wird.

Bei freien, unsystematischen Verhaltensbeobachtungen im Zusammenhang mit Hausbesuchen oder begleiteten Besuchskontakten ergeben sich eher zufällige Hinweise auf eventuelle Auffälligkeiten. Zur Beobachtung des Interaktionsverhaltens in strukturierten Situationen werden die Rahmenbedingungen vom Sachverständigen vorgegeben. Dabei kann es sich je nach Alter des Kindes um Spielsituationen oder auch um leistungsbezogene Situationen handeln, wie beispielsweise die gemeinsame Bearbeitung komplexer Aufgaben. Daraus lassen sich dann unter anderem Rückschlüsse auf emotionale Nähe, Empathie oder Leistungsorientierung ziehen. Die Untersuchungsmethoden wurden in den vergangenen Jahren zunehmend verfeinert und formalisiert. Falls Eltern sich sachkundig machen wollen, haben sie problemlos Zugriff auf einschlägige Fachliteratur, in der ausführlich beschrieben wird, welche Kriterien und Merkmale dabei im Vordergrund stehen, wie die Untersuchungen ausgestaltet werden können und mit welchen Instrumenten der Selbst- und Fremdbeurteilung die relevanten Merkmale erfasst werden können (siehe beispielsweise Jacob, 2022).

Bei der Interpretation von Ergebnissen aus Verhaltens- und Interaktionsbeobachtungen muss stets der Frage nachgegangen werden, ob die Eindrücke eher spezifisch für die Untersuchungssituation gewesen sein könnten oder ob sie sich auch auf den Lebensalltag übertragen lassen. Solche Zweifel begründen sich vor allem darauf, dass

- das Verhalten bei freier, begleiteter Beobachtung nicht unbedingt dem sonst üblichen Verhalten entspricht;
- standardisierte Situationen im normalen Lebensalltag so nicht vorkommen;
- Eltern und Kinder sich in Anwesenheit Fremder in der Regel anders verhalten als sonst.

Daher sollten die Ergebnisse solcher Untersuchungen nach Möglichkeit mit Angaben abgeglichen werden, die Eltern und Kinder bei der Exploration zu diesen Kriterien gemacht haben, oder mit fremdanamnestischen Angaben von Lehrern, Erziehern oder Personen aus dem Helfersystem. Falls es in den Untersuchungssituationen zu kritischen Ereignissen kommt, ist es besonders wichtig, mit den Eltern und Kindern getrennte ausführliche Nachgespräche zu führen. Besonders aufschlussreich können dann die Begründungen sein, mit denen diese ihr Verhalten erklären. Auf solche Aufklärungen kritischer Ereignisse und mehrdeutiger Ergebnisse durch nachträgliche Untersuchungsgespräche wird allerdings von vielen Sachverständigen verzichtet, was dann die Verallgemeinerbarkeit der Beobachtungsergebnisse deutlich einschränkt.

4.8 Psychologische Testdiagnostik – Mythen und Fakten

Psychologische Testverfahren werden von manchen Gutachtern regelmäßig eingesetzt, von anderen nur gelegentlich und manche lehnen dies vollständig ab. Eltern haben häufig Vorbehalte gegen solche Untersuchungen, weil sie befürchten, dass sie damit etwas von sich preisgeben, was eigentlich nicht beabsichtigt war. Andererseits kommt es auch vor, dass ein Elternteil vorschlägt, man müsse den anderen „mal gründlich testen", weil er psychisch schwer gestört sei, dies aber nach außen hin gut verbergen könne. Eine testdiagnostische Untersuchung ist bei einer Begutachtung in Familienrechtssachen in der Tat nicht unproblematisch. Daher muss in jedem Einzelfall sorgfältig bedacht werden, ob sie sinnvoll oder sogar erforderlich sein könnte.

Tests sind standardisierte Verfahren, bei denen die untersuchten Personen Fragen zu ihrer Persönlichkeit, ihren Eigenschaften, Bedürfnissen, Stimmungen, Gefühlen oder zu ihrem Verhalten im Kontakt zu anderen beantworten müssen oder Aufgaben lösen sollen, die bestimmte Fähigkeiten erfordern. Sie dienen der Beschreibung von Entwicklungsverläufen von Kindern, der Analyse der Eltern-Kind-Beziehungen oder der persönlichkeitsdiagnostischen Untersuchung der Kinder und der Eltern. Mit Tests lassen sich die individuellen Stärken und Schwächen oder auffällige Abweichungen von der Norm erfassen.

Bei der Interpretation der Testergebnisse muss stets berücksichtigt werden, mit welcher Motivation die Tests bearbeitet wurden. Wenn sich jemand aufgrund seines Leidensdrucks um psychotherapeutische Hilfe bemüht, hat er vermutlich selbst ein Interesse daran, seine Symptome und Defizite möglichst detailliert zu beschreiben, weil er sich von der Behandlung eine Abhilfe erhofft. Bei einer Begutachtung von Eltern, die im Auftrag des Familiengerichts erfolgt, ist jedoch von völlig anderen Voraussetzungen auszugehen. Die Eltern haben ein legitimes Interesse daran, sich im Test so darzustellen, dass ihnen im Verfahren daraus kein Nachteil entsteht. Hinzu kommt, dass es nur wenige Testverfahren gibt, die speziell für die Untersuchung der Erziehungsfähigkeit und der Eltern-Kind-Beziehungen entwickelt wurden. Bei allen anderen Testverfahren werden hingegen

Persönlichkeitseigenschaften oder Verhaltensstile erfasst, aus denen man nur indirekt auf die Erziehungsfähigkeit schließen kann. Die Frage, ob testdiagnostische Untersuchungen bei Gutachten für das Familiengericht sinnvoll sind oder nicht, muss stets im Einzelfall entschieden werden. Im Allgemeinen sind Tests mit Kindern sinnvoller als Tests mit Eltern, weil sich beispielsweise im Rahmen von entwicklungsdiagnostischen Untersuchungen der Kinder überprüfen lässt, ob Kinder die Eltern vor besondere erzieherische Anforderungen stellen.

Psychologische Tests sind Messinstrumente, die auf wissenschaftlicher Grundlage entwickelt wurden und an deren messtechnische Güte hohe Anforderungen gestellt werden, die nicht von allen Tests, die derzeit bei Begutachtungen eingesetzt werden, erfüllt sind. Da die testdiagnostischen Untersuchungen stets mit Eingriffen in die Persönlichkeitsrechte und in das Recht auf informationelle Selbstbestimmung verbunden sind, muss ihre Durchführung konkret und nachvollziehbar begründet werden. Häufig werden im Gutachten allerdings nur allgemeine Angaben dazu gemacht, welche Tests eingesetzt wurden und welche Merkmale damit erfasst werden sollten. Als kritisch ist zu werten, wenn Sachverständige in jedem Einzelfall routinemäßig dieselben Tests einsetzen oder auf eine nachvollziehbare Begründung für das Erfordernis der Testung verzichten. In den sogenannten Celler Empfehlungen (2015) von Richterinnen und Richtern des OLG Celle oder der familienrechtspsychologischen Fachliteratur, zum Beispiel bei Zumbach et al. (2020), wird darauf hingewiesen, dass wegen der damit stets verbundenen Eingriffe in das Persönlichkeitsrecht nur solche Tests eingesetzt werden dürfen, die für die Beantwortung der konkreten fallbezogenen Fragestellungen „erforderlich" (S. 4) sind. Eine solche Notwendigkeit liegt jedoch nur in Ausnahmefällen vor. Man spricht in diesem Zusammenhang auch von einem Verhältnismäßigkeitsgebot, demzufolge keine überflüssigen Daten erhoben werden dürfen (Salzgeber, 2020; Zumbach et al., 2020; Balloff 2021). Bei sehr umfangreichen Testsystemen, mit denen eine Vielzahl unterschiedlicher Persönlichkeitseigenschaften oder Störungsformen erfasst werden, geben die Probanden viel über sich preis, was für die Beantwortung der Beweisfragen eher belanglos ist. „Es muss stets bestimmt werden, inwieweit diese Information tatsächlich für die konkrete Fragestellung und Empfehlung relevant ist" (Zumbach et al., 2020, S. 32). Eher selten findet man Gutachten, in denen im Untersuchungsplan begründet wird, welche Persönlichkeitsmerkmale für die Beantwortung der Beweisfragen von Bedeutung sind und welche Tests besonders gut zur Messung dieser Merkmale geeignet sind.

Die Qualitätsstandards, Mindestanforderungen und rechtlichen Vorgaben sind eindeutig. Sachverständige können solche Untersuchungen nicht anordnen, sondern allenfalls Vorschläge machen und sich dann mit den Eltern und Kindern darüber einigen, ob und welche testpsychologischen Untersuchungen infrage kommen. Dabei darf kein Druck ausgeübt werden und nicht versucht werden, die Eltern oder Kinder zu überreden. Es dürfen nur solche Testverfahren vorgeschlagen werden, deren messtechnische Qualität wissenschaftlich überprüft und nachgewiesen ist. Außerdem müssen die Eltern darüber informiert werden, welche Merkmale der jeweilige Test erfasst und welche Rückschlüsse sich daraus für die Beantwortung der gerichtlichen Fragestellungen ziehen lassen. Eine umfassende Testdiagnostik im Sinn eines allgemeinen Screenings ist nicht begründbar und im Grunde auch nicht zulässig, weil der Gutachter keinen allgemeinen Ausforschungsauftrag hat und nur solche Informationen erheben darf, die für die Beantwortung der gerichtlichen Fragestellung von Bedeutung sind. Falls Eltern es ablehnen, sich testdiagnostisch untersuchen zu lassen, dürfen daraus keine Rückschlüsse zu ihrem Nachteil gezogen werden.

Ein Sonderfall, bei dem kritische Vorsicht angeraten ist, sind sogenannte Projektive Tests, die von manchen Sachverständigen immer noch für bindungsdiagnostische Untersuchungen eingesetzt werden. Bei solchen Untersuchungen werden mehrdeutige Abbildungen oder Situationen vorgegeben, zu denen assoziative Einfälle geäußert werden müssen, die dann angeblich Rückschlüsse auf Bedürfnisse oder Persönlichkeitsmerkmale ermöglichen. Die Ergebnisse werden qualitativ (in Worten) beschrieben und können nicht quantitativ (zahlenmäßig) bestimmt werden. Je nach Erfahrung und fachlich-theoretischer Orientierung kommen verschiedene Sachverständige dabei zu recht unterschiedlichen Ergebnissen. Die messtechnische Güte solcher Tests ist jedoch unzulänglich. Auf kritische Nachfrage begründen manche Sachverständigen ihr Vorgehen damit, dass sie das Material nicht zum Testen, sondern nur als Explorationshilfe eingesetzt hätten. Letztlich ändert das jedoch nichts daran, dass die auf diese Weise gewonnenen Eindrücke wissenschaftlich nicht haltbar sind. Eltern sollten dann auch darauf achten, ob diese Einschränkung tatsächlich beachtet wurde oder nur irgendwelche unsubstantiierten diagnostischen Rückschlüsse aus ihren Äußerungen gezogen wurden. Außerdem widerspricht dieses Vorgehen dem Transparenzgebot, weil Eltern und Kindern meistens nicht nachvollziehen können, was sie dabei über sich preisgeben haben und wie die Sachverständigen zu ihren Rückschlüssen kommen. Diese methodischen Einschränkungen gelten für die meisten projektiven Tests (zum Beispiel Rohrschachtest, Familie in Tieren, Sceno-Test, Fabeltest). In der einschlägigen Fachliteratur wird meist vom Einsatz solcher Verfahren abgeraten. So weisen zum Beispiel Westhoff, Terlinden-Arzt und

Klüber (2000) darauf hin, dass bei Gutachten für das Familiengericht „die Interpretation der Äußerungen eines Probanden im diagnostischen Einzelfall so unsicher [ist], dass wir von der Verwendung projektiver Verfahren zu diagnostischen Zwecken abraten" (S. 107). Proyer und Ortner (2010) bestätigen, dass „aus dem gegenwärtigen Stand der Fachliteratur […] sich die deutliche Empfehlung ableiten [lasse], projektive Verfahren ausschließlich zur Hypothesengenerierung einzusetzen. […] Die auf Grundlage projektiver Verfahren abgeleiteten Hypothesen sind in einem zweiten Schritt durch psychometrisch abgesicherte Verfahren zu prüfen" (S. 117). Damit soll keinesfalls behauptet werden, dass eine zuverlässige quantitative Messung von Projektionen im Sinn von Vorstellungen oder Erwartungen auf Bezugspersonen, beispielsweise auf eine Mutterfigur oder eine Vaterfigur, prinzipiell unmöglich ist. Ein Test, mit dem auch projektive psychische Prozesse erfasst und trotzdem zuverlässige numerische Ergebnisse erzielt werden können, ist beispielsweise die sorge- und umgangsrechtliche Testbatterie (SURT) von Hommers (2022), deren Testaufgaben teilweise projektiv oder semiprojektiv sind. Die Antworten werden jedoch quantitativ ausgewertet und in Form von Testwerten wiedergegeben. Außerdem ist bei diesem Test für die Kinder hinreichend transparent, was mit den Aufgaben erfasst werden soll. Die Bemühungen zur Entwicklung standardisierter projektiver Testverfahren von hinreichender messtechnischer Qualität für die Bindungsdiagnostik steckt jedoch noch in den Anfängen, wobei insbesondere noch Daten zu Vergleichen von Kindern mit unterschiedlichen Biografien und Bindungsbelastungen fehlen.

Falls bei der Begutachtung der Einsatz von Testverfahren für Erwachsene zur Diskussion steht, sollten die Eltern sich zuvor erklären lassen, welche Tests eingesetzt werden sollen und was sich der Gutachter davon verspricht. Für Eltern ist es heute völlig unproblematisch, sich im Internet darüber zu informieren, welche Erfahrungen andere Eltern in solchen Situationen mit diesen Tests gemacht haben oder wie diese Tests aufgebaut sind und welche Rückschlüsse man aus den Ergebnissen ziehen kann. Jeder Test ist zudem für einen bestimmten Anwendungsbereich konzipiert und kann daher nicht beliebig zur Untersuchung jeder erdenklichen Fragestellung eingesetzt werden. Bei mangelhafter gutachterlicher Begründung des Erfordernisses von testdiagnostischen Untersuchungen und fehlender Bereitschaft zur Aufklärung darüber, warum die Tests, die eingesetzt werden sollen, für die zu untersuchenden Personen und die Beantwortung der gerichtlichen Beweisfragen geeignet sind, muss zur Vorsicht geraten werden. Für die gutachterliche Testdiagnostik gibt es strenge Qualitätsanforderungen der psychologischen Fachgesellschaften und der interdisziplinären Arbeitsgruppen.

> **Beispiel**
> Zumbach et al. (2020) geben einen sehr fundierten Überblick über die rechtlichen, wissenschaftlichen und fachlichen Voraussetzungen für die psychologische Diagnostik im familienrechtlichen Verfahren.
> Die Qualitätsstandards der psychologischen Fachgesellschaften für psychologische Gutachten sind abrufbar: www.dgps.de/fileadmin/documents/Empfehlungen/GA_Standards_DTK_10_Sep_2017_Final.pdf.
> Qualifizierte Testrezensionen findet man unter www.psyndex.de im Verzeichnis TBS-TK (Testbeurteilungssystem des Diagnostik- und Testkuratoriums der Föderation Deutscher Psychologenvereinigungen BDP und DGPs).

Sachkundig durchgeführte testpsychologische Untersuchungen können im Interesse von Kindern und Eltern sein. Gelegentlich trifft man bei der Begutachtung auf Kinder, die auffällig sind und bei denen sich schon vorher Hinweise auf Beeinträchtigungen in der sozioemotionalen Entwicklung ergeben haben, die schulisch versagt haben oder die sich schon im Kindergarten schwer integrieren ließen. In solchen Fällen kann eine gründliche testpsychologische Untersuchung Aufschluss über den Schweregrad und die möglichen Ursachen der Störungen geben. Außerdem ergeben sich daraus Anhaltspunkte dafür, vor welche erzieherischen Anforderungen das betreffende Kind seine erwachsenen Bezugspersonen stellt, sodass man unter Umständen auch prüfen kann, welcher Elternteil diesen Anforderungen eher gerecht werden kann. Man sollte auch bedenken, dass den Kindern die Gespräche über ihre Eltern und ihre Beziehungen zu ihnen vor dem Hintergrund der familiären Spannungen häufig schwerfallen, zumal sie dann auch in einem Loyalitätskonflikt geraten können. Tests in Fragebogenform sind für sie dann weniger belastend, weil die Fragen neutraler formuliert sind und das Kind nur Antwortalternativen ankreuzt, statt sich im persönlichen Gespräch mit dem Sachverständigen mit den Problemen auseinanderzusetzen. Manchmal nehmen Sachverständige anschließend die Möglichkeit wahr, mit den Kindern über die Ergebnisse zu sprechen und auf diese Weise doch noch im Dialog mit ihnen einen Zugang zu ihren familiären Problemen zu finden. Man kann dann beispielsweise vorsichtig nachfragen, weshalb das Kind eine bestimmte Frage so und nicht anders angekreuzt hat.

Wenn Eltern sich testpsychologisch untersuchen lassen, geht es dabei nicht nur um die Ausforschung möglicher erzieherischer Defizite. Die Diagnostik kann auch ressourcenorientiert sein und den Eltern die Gelegenheit bieten, damit deutlich zu machen, über welche Potenziale sie verfügen, um den erzieherischen Anforderungen gerecht zu werden. Gelegentlich sehen sie sich auch mit Vorhaltungen der Gegenseite konfrontiert, durch die der

Eindruck erweckt wird, dass sie an Beeinträchtigungen leiden, die sich nachteilig auf ihre erzieherische Eignung auswirken könnten. Dann kann unter Umständen ein Testergebnis zur Verminderung solcher Bedenken beitragen. Besonders wichtig kann eine testpsychologische Untersuchung dann sein, wenn vor der Begutachtung schon die Diagnose einer Persönlichkeitsstörung vorlag, weil in diesem Fall auch deren Art und Intensität berücksichtigt werden muss, auf die in den fachärztlichen Attesten meistens nicht eingegangen wird. Ein typischer Fall ist der häufig geäußerte Verdacht auf eine Borderline-Persönlichkeitsstörung, bei der es verschiedene Schweregrade gibt und die sich je nach Einzelfall auch sehr unterschiedlich darstellen kann. Vorhaltungen, die sich auf Verdachtsdiagnosen stützen, lassen sich häufig mithilfe gründlicher testdiagnostischer Untersuchungen, die meistens durch gezielte Anamnesen und Explorationen ergänzt werden, ausräumen. Es würde hier zu weit führen, die Möglichkeiten und Grenzen der Testanwendung bei der psychologischen Begutachtung im Detail zu erläutern. Daher soll vor allem auf Fallen und Fehler hingewiesen werden, vor die sich Eltern, die sich testen lassen, möglichst schützen sollten.

Testdiagnostik als unzulässiges Screening
Manche Sachverständige setzen bei ihren Untersuchungen Testverfahren ein, mit denen sie unabhängig von der jeweiligen Fragestellung zu arbeiten gewohnt sind. Andere orientieren sich bei der Auswahl der Tests an den umfangreichen Listen mit Testempfehlungen, die sich in jedem Fachbuch zur psychologischen Begutachtung finden. Dabei wird häufig von ihnen übersehen, dass sie keinen Auftrag und keine Befugnis für eine generelle Ausforschung der zu begutachtenden Personen haben. Unzulässig ist daher die Durchführung eines allgemeinen diagnostischen Screenings zur Prüfung der Frage, ob sich dabei Hinweise auf „irgendwelche" Auffälligkeiten ergeben könnten. Salzgeber (2020, Rn.1329) weist darauf hin, dass „die pauschale Erfassung der Gesamtpersönlichkeit oder eines umfänglichen Charakterbildes" auch dann unzulässig ist, wenn dafür die Zustimmung der zu untersuchenden Person vorliegt, da damit in der Regel die gerichtliche Fragestellung überschritten werde und solche Untersuchungen „am schwerwiegendsten in das allgemeine Persönlichkeitsrecht eingreifen" würden. Zumbach et al. (2020) konkretisieren diese Bedenken dahingehend, dass für jedes eingesetzte Testverfahren vorab erläutert werden muss, welche vorher aufgestellte psychologisch-diagnostische Frage sich damit beantworten lässt (S. 32). Außerdem muss begründet werden, warum das Verfahren zur Beantwortung der Fragestellung geeignet und für die zu untersuchende Person angemessen ist (S. 33). Die Untersuchungen müssen sich daher auf solche Merkmale beschränken,

die entweder einen direkten Bezug zu solchen Kriterien haben, die bei Entscheidungen über Sorgerechtsfragen zu berücksichtigen sind oder sich direkt aus der gerichtlichen Fragestellung ergeben. Falls sich aus den Anknüpfungstatsachen oder Explorationen neue Erkenntnisse ergeben, die für die gerichtliche Entscheidung von Bedeutung sein könnten, können ebenfalls vertiefende testdiagnostische Untersuchungen in Erwägung gezogen werden, die die Sachverständigen dann allerdings nicht eigenmächtig durchführen dürfen. Sie können jedoch das Gericht auf diese Erkenntnisse hinweisen und um Prüfung bitten, ob möglicherweise eine Erweiterung des Beweisbeschlusses sinnvoll sein könnte. Falls mehr Untersuchungen durchgeführt werden, als es für die Beantwortung der Fragestellung erforderlich ist, machen Sachverständige sich in doppelter Hinsicht angreifbar. Sie müssen sich dann unter Umständen nachträglich dafür rechtfertigen, weshalb sie einen überflüssigen Aufwand betrieben und in Rechnung gestellt haben. Außerdem müssen sie mit dem Vorwurf rechnen, dass sie sich eines unzulässigen Eingriffs in die Persönlichkeitsrechte und Privatsphären der Eltern schuldig gemacht haben. Besonders groß ist die Gefahr, dass unzulässigerweise Informationen erhoben werden, die für die Beantwortung der Beweisfragen nicht erforderlich sind, wenn sehr viele Tests durchgeführt oder Testverfahren eingesetzt werden, die ein breites Spektrum an Informationen über die Persönlichkeit der untersuchten Personen erfassen. Manche Sachverständige setzen beispielsweise Testverfahren ein, mit denen 10 bis 20 verschiedene Persönlichkeitsmerkmale erfasst werden, die den Leitlinien der Fachgesellschaften und Expertenkommissionen zufolge stets vollständig im Gutachten anzugeben sind, und zwar auch dann, wenn nur einige davon für die Beantwortung der Beweisfragen erforderlich sind. Manche Sachverständige verzichten dann auf die vollständige Wiedergabe der Ergebnisse und berichten nur über solche Teilergebnisse, die ihrer Meinung nach bedeutsam sind. Diese Vorgehensweise ist nicht nur unzulässig, sondern schützt sie auch nicht vor dem Vorhalt, dass sie unzulässige Erhebungen und Speicherungen von Daten durchgeführt haben, die in keinem Zusammenhang mit den Beweisfragen stehen. Außerdem vermitteln sie damit den Eindruck, dass sie sich möglicherweise befangen gemacht haben könnten, weil sie Zugang zu zusätzlichen Informationen gewonnen haben, die möglicherweise ihren Gesamteindruck von den begutachteten Personen und deren Problemen beeinflusst haben.

Fehlerhafte Auswahl der Tests
Manche Sachverständige verzichten ohne Begründung auf den Einsatz von Testverfahren, mit denen sich gezielt die Anforderungen untersuchen lassen, vor die Eltern sich im familiären Lebensalltag bei der Versorgung, Betreuung

und Erziehung ihrer Kinder gestellt sehen und die auch deren Ressourcen erfassen, die damit möglicherweise verbundenen Belastungen zu bewältigen, und setzen regelmäßig Tests ein, für deren Ergebnisse sich kein Bezug zur Problematik des jeweiligen Falls oder zur gerichtlichen Fragestellung herstellen lässt. Dann werden beispielsweise allgemeine Persönlichkeitstests, gelegentlich auch Intelligenztests, durchgeführt, für deren Einsatz sich kein fallspezifisches Erfordernis nachweisen lässt und für die es auch keine wissenschaftlichen Studien gibt, die darauf hinweisen, dass die Ergebnisse in irgendeinem Zusammenhang mit der elterlichen Erziehungs- oder Förderfähigkeit oder dem Wohlergehen der Kinder steht. Fehlerhaft handeln Sachverständige auch, wenn sie nicht die aktuelle Version des jeweiligen Tests einsetzen, sondern auf eine veraltete Version zurückgreifen. Die meisten gängigen Testverfahren werden in regelmäßigen Abständen neu normiert und den veränderten soziodemografischen Verhältnissen angepasst. Häufig kommt es dabei auch zu inhaltlichen Veränderungen der Testskalen. Solche Aktualisierungen sind aufwendig und kostspielig und würden nicht erfolgen, wenn kein Erfordernis bestünde. Somit ist es nicht zulässig, die Ergebnisse, die mit älteren Testversionen erzielt wurden, auf die heutigen Verhältnisse zu übertragen und als numerisch gleichwertig zu interpretieren. Bei der Auswahl der Tests muss auch berücksichtigt werden, ob sie für die Beantwortung der zu untersuchenden Frage geeignet sind. Manche Sachverständige übersehen, dass die meisten Persönlichkeitstests nur Unterschiede im Normalbereich erfassen und dass es daher auch bei starken Normabweichungen nicht zulässig ist, daraus ohne weitere Untersuchungen auf eine Störung zu schließen. Andere Testverfahren differenzieren besser im klinischen Bereich. Trotzdem kommt es vor, dass Sachverständige die falschen Tests auswählen, wenn sie beispielsweise prüfen wollen, ob jemand an einer Persönlichkeitsstörung, einer Angststörung oder einer Depression leidet.

> **Beispiel**
> Das Persönlichkeitsstil und -störungsinventar (PSSI) ist ein Verfahren, mit dem 14 Persönlichkeitsstile erfasst werden sollen, bei denen es sich laut Testmanual um *nichtpathologische* Ausprägungsgrade von Merkmalen handelt, die in extremerer Ausprägung als Hinweise auf Persönlichkeitsstörungen gelten können. Der Test differenziert somit im Normalbereich. Trotzdem wird der Test von manchen Sachverständigen zum vermeintlichen Nachweis von Störungen eingesetzt.

Der Gutachter interpretiert die Ergebnisse fehlerhaft
Falls sich aus den Anknüpfungstatsachen oder den gutachterlichen Anamnesen und Explorationen Hinweise auf eine mögliche psychische Störung ergeben, spricht nichts dagegen, wenn versucht wird, die Verdachtsdiagnose mit testdiagnostischen Untersuchungen abzusichern. Methodisch fragwürdig und unzulässig ist es jedoch, wenn aus einem auffälligen Testergebnis auf das Vorliegen einer Störung geschlossen wird, für die es keine weiteren konkreten Anhaltspunkte gibt. Ein auffälliges Testergebnis ist noch kein Beweis für das Vorliegen einer Störung, sondern kann auch andere Ursachen haben. Weitere Erklärungsmöglichkeiten wären beispielsweise die Motivation der untersuchten Person, deren jeweilige Tagesform oder die Messungenauigkeit des Testverfahrens, die nur ungefähre Schätzungen der individuellen Merkmalsausprägungen erlauben. Seit Corona wissen auch medizinische Laien, dass ein auffälliges, d. h. positives medizinisches Testergebnis kein absolut sicherer Nachweis einer Erkrankung ist, weil der Test nicht fehlerfrei ist. Psychologische Testergebnisse sind jedoch stärker fehlerbehaftet als medizinische Testergebnisse, sodass bei ihnen das Risiko falsch-positiver Ergebnisse höher liegt. Je mehr Tests mit einer Person durchgeführt werden, umso höher ist die Wahrscheinlichkeit für zufallsbedingte falsch-positive Diagnosen. Daher wird in den Richtlinien und Qualitätsstandards für psychologische Gutachten des Diagnostik- und Testkuratoriums der Föderation Deutscher Psychologenvereinigungen (2017) auch gefordert, dass im Gutachten für jeden eingesetzten Test auch die Bandbreite für fehlerbedingte Streuungen der Messwerte angegeben werden muss, worauf viele Sachverständige jedoch verzichten.

Häufig wird auch übersehen, dass eine Fehldiagnose für verschiedene Personengruppen unterschiedliche Folgen haben kann. Falls beispielsweise jemand aus der Gruppe der gestörten Personen aufgrund seines Testergebnisses fälschlich als gesund eingestuft wird, also eine falsch-negative Diagnose erhält, wird ihm die Möglichkeit einer Hilfe verweigert, die er möglicherweise dringend benötigt. Für solche Personen muss also das Risiko einer falsch-negativen Prognose möglichst gering gehalten werden, auch wenn man dafür in Kauf nimmt, dass dafür mehr Personen zunächst eine falsch-positive Diagnose erhalten. Bei Eltern, deren Erziehungsfähigkeit geprüft werden soll, stellt sich das Risiko umgekehrt dar. Für sie könnte eine falsch-positive Diagnose fatale Folgen haben. Daher muss in diesem Fall das Risiko für diese Diagnose minimiert werden, wobei man dann in Kauf nimmt, dass die Wahrscheinlichkeit für falsch-negative Diagnosen zunimmt.

Es kann auch vorkommen, dass aus den Testergebnissen fehlerhafte Rückschlüsse gezogen werden. In den Testhandbüchern werden stets Vorschläge zur psychologischen Interpretation der numerischen Ergebnisse gemacht. Sachverständige übernehmen dann diese inhaltlichen Erläuterungen als vermeintlich gesicherte Befunde und übersehen dabei, dass solche qualitativen psychologischen Kriterien nur gruppenspezifische Merkmalskonfigurationen beschreiben, die keinesfalls auf den Einzelfall zutreffen müssen. Der gutachterliche Hinweis auf allgemeine wissenschaftliche Erkenntnisse hilft hier nicht weiter.

> **Beispiel**
> Völlig überflüssig und auch fachlich und logisch nicht nachvollziehbar sind die von manchen Sachverständigen routinemäßig durchgeführten intelligenzdiagnostischen Untersuchungen zur Überprüfung der Erziehungsfähigkeit der Eltern. Die Erforderlichkeit eines solchen Eingriffs in die Persönlichkeitsrechte lässt sich kaum begründen, da es keine belastbaren wissenschaftlichen Erkenntnisse gibt, die einen Zusammenhang zwischen IQ und Erziehungsfähigkeit belegen. Sachverständige, die solche IQ-Vergleiche vornehmen, dürften die folgenden Fragen kaum beantworten können:
> - Ab wann ist man zu dumm, um sein Kind zu erziehen?
> - Welche konkreten Vor- und Nachteile hat ein hoher IQ der Eltern bei der Erziehung ihrer Kinder?
> - Wie groß müsste der Intelligenzunterschied der Eltern sein, um zu belegen, dass der eine Elternteil qualifizierter als der andere ist?

Auffällige Testergebnisse sind stets durch weitere Untersuchungen zu überprüfen, bevor sie als hinreichend gesichert eingestuft werden. Falls sie auf mögliche Beeinträchtigungen oder Störungsbilder hinweisen, mit denen der Gutachter keine beruflichen Erfahrungen gemacht hat, kann er dem Gericht die Einholung eines fachspezifischen Zusatzgutachtens vorzuschlagen.

Diagnostisch bedeutsam sind nicht nur auffällige Einzelergebnisse, sondern auch die Ergebnisprofile bzw. Merkmalskombinationen. Viele Sachverständige richten ihr Augenmerk vor allem auf Ergebnisse, die auf Beeinträchtigungen von Kindern und Eltern hinweisen, obwohl es für eine objektive und ergebnisoffene Untersuchung sinnvoll ist, auch auf Hinweise für mögliche Ressourcen zu achten. Eine sachkundig durchgeführte Profilinterpretation, bei der sich die diagnostische Relevanz des Einzelergebnisses aus dem Zusammenhang mit anderen Ergebnissen ergibt, kann hilfreich sein und tiefere Erkenntnisse vermitteln, ist häufig jedoch eher intransparent. Psychologische Laien können schwer unterscheiden, ob die

Ergebnisinterpretationen methodisch korrekt durchgeführt wurden oder ob Sachverständige ihre persönlichen Erwartungen hineininterpretiert haben. Besonders problematisch ist eine Profilinterpretation, wenn dabei aus bestimmten Kombinationen von Eigenschaften indirekt auf Merkmale geschlossen wird, die der Test nicht unmittelbar erfasst. Das ist beispielsweise dann der Fall, wenn Sachverständige behaupten, dass eine bestimmte Eigenschaftskombination im Test indirekt Rückschlüsse auf die Erziehungsfähigkeit zulasse. Dies mag dann vielleicht für den Vergleich von größeren Personengruppen zutreffen, lässt sich jedoch nicht auf den Einzelfall übertragen. Wenn sich beispielsweise nachweisen lässt, dass ein bestimmtes Eigenschaftsprofil in einer größeren Gruppe von Personen, deren Erziehungsfähigkeit eingeschränkt ist, häufiger zu beobachten ist als bei Personen ohne derartige Einschränkungen, kann daraus nicht der Umkehrschluss gezogen werden, dass eine Einzelperson, die dieses Eigenschaftsprofil aufweist, mit großer Wahrscheinlichkeit in ihrer Erziehungsfähigkeit beeinträchtigt ist. In den meisten Fällen wäre das Risiko für eine falsch-positive Diagnose viel zu hoch, um solche Überlegungen zu rechtfertigen.

Einerseits sind Sachverständige verpflichtet, die Eltern darüber aufzuklären, welche Rückschlüsse aus den Testergebnissen gezogen werden können. Andererseits ermöglichen sie es damit den Eltern, sich in einem möglichst günstigen Licht darzustellen. Wenn Sachverständige oder Gerichte aus psychologischen Testergebnissen Rückschlüsse ziehen wollen, müssen sie jedoch die Gewähr haben, dass die Testfragen möglichst wahrheitsgemäß beantwortet wurden. Im Regelfall muss man aber wohl eher davon ausgehen, dass sich Personen, die unter solchen Voraussetzungen getestet werden, sehr genau überlegen, was sie von sich preisgeben wollen. Manche Tests enthalten Kontrollskalen, aus denen Sachverständige Rückschlüsse ziehen können, ob die Selbsteinschätzungen des Probanden durch systematische Antworttendenzen zur Selbstbeschönigung oder zur Dissimulation von Beschwerden überlagert wurden. Das schützt bei der Begutachtung jedoch nicht vor Fehlinterpretationen, da die Probanden darauf hinzuweisen sind und somit meistens sehr schnell erfassen, welche Fragen nur der Kontrolle dienen. Dem Gutachter bleibt somit nur die Möglichkeit, die Plausibilität der Testergebnisse unter Berücksichtigung aller weiteren Informationen einzuschätzen, die ihm aus anderen Quellen über die betreffende Person vorliegen.

Wann macht das Testen unter diesen Voraussetzungen überhaupt einen Sinn?

Testdiagnostische Untersuchungen der Kinder können deswegen hilfreich sein, weil sich daraus Erkenntnisse darüber gewinnen lassen, vor welche erzieherischen Anforderungen diese Kinder die Eltern stellen. Persönlichkeitsdiagnostische Untersuchungen der Eltern dürften jedoch nur in Einzelfällen aufschlussreich sein. Unter Umständen könnte man beispielsweise testdiagnostische Nachuntersuchungen in Erwägung ziehen, wenn eine relevante Krankenvorgeschichte vorliegt. Falls sich in den Untersuchungsgesprächen Anhaltspunkte für Beeinträchtigungen eines Elternteils finden, kann der Sachverständige anbieten, diesen Eindruck ergänzend durch testdiagnostische Untersuchungen objektivieren zu lassen. Auf keinen Fall ist ein allgemeines diagnostisches Screening zu empfehlen, weil dieses Vorgehen sowohl methodisch als auch rechtlich und ethisch fragwürdig ist.

In den letzten Jahren wurden auch Testverfahren speziell für die Begutachtung in Familienrechtsverfahren entwickelt. Diese Tests dienen nicht der Persönlichkeitsdiagnostik, sondern erlauben eine Einschätzung der Belastungen, die sich aus problematischen Verhaltensweisen der Kinder für die Eltern ergeben, sowie der Ressourcen, über die die Eltern verfügen, um diesen Anforderungen gerecht zu werden. Die Inhalte solcher Fragebögen entsprechen weitgehend dem, was Sachverständige normalerweise auch im Untersuchungsgespräch erfragen. Die Bearbeitung solcher Themen in Fragebogenform hat jedoch den Vorteil, dass keine Teilbereiche übersehen werden und dass die Ergebnisse beider Eltern besser vergleichbar sind. Außerdem lässt sich damit überprüfen, ob die Belastungsfaktoren, die die Eltern bei ihren Kindern wahrnehmen, im Einklang mit den Befunden aus der gutachterlichen Untersuchung der Kinder stehen. Daraus lässt sich dann unter Umständen auch ablesen, wie realistisch die Eltern die Probleme einschätzen, vor die sie durch die Versorgung, Erziehung und Betreuung der Kinder gestellt werden.

Empfehlungen
- Vor testdiagnostischen Untersuchungen der Kinder können Eltern um Erläuterung bitten, welche Testverfahren eingesetzt werden sollen. Falls sogenannte projektive Testverfahren benannt werden, kann man das mit der Begründung ablehnen, dass dieses Vorgehen nicht hinreichend transparent sei und dass der Einsatz solcher Verfahren inzwischen auch in der Öffentlichkeit und in den Medien kritisch gesehen werde. Man sollte auch dann bei seiner Ablehnung bleiben, wenn Sachverständige erläutern, dass sie das Testmaterial ausschließlich als Explorationshilfe verwenden wollen.
- Auf jeden Fall sollten Eltern es ablehnen, sich selbst mit projektiven Tests untersuchen zu lassen, was man damit begründen kann, dass nicht hinreichend nachvollziehbar ist, welche Rückschlüsse aus den Antworten gezogen

werden können. Man sollte auch bei seiner Ablehnung bleiben, wenn der Sachverständige näher erläutert, was mit solchen Tests untersucht werden kann, weil auch dann nicht hinreichend nachvollziehbar ist, wie der Sachverständige zu seiner diagnostischen Einschätzung kommt und ob damit Informationen erhoben werden, die nicht für die Beantwortung der Beweisfragen erforderlich sind.

- Da der Einsatz von Persönlichkeitstests zur Untersuchung der Gesamtpersönlichkeit am schwerwiegendsten in das allgemeine Persönlichkeitsrecht eingreift, sollte zuvor das Erfordernis eines solchen Vorgehens erwogen und gegebenenfalls auch mit dem Sachverständigen diskutiert werden. Beim Einsatz solcher Tests ist stets eine Abwägung zwischen dem Informationsinteresse des Sachverständigen und der Wahrung der Persönlichkeitsrechte der untersuchten Person erforderlich. Die Untersuchung sollte stets auf den Einzelfall zugeschnitten sein.
- Falls es sich aufgrund der Vorgeschichte als sinnvoll erweisen sollte, mit einem Elternteil eine psychologische Diagnostik durchzuführen, ist es nicht zwingend erforderlich, diese Untersuchung auch mit dem anderen Elternteil durchzuführen. Die testpsychologische Erfassung von Merkmalen und Eigenschaften, die keinen erkennbaren Bezug zur gerichtlichen Fragestellung oder zur Erziehungsfähigkeit haben, sollte man ablehnen. Dazu gehören normalerweise auch Intelligenztests.
- Der Einsatz von Entwicklungstests und Persönlichkeitstests bei der gutachterlichen Untersuchung von Kindern kann hilfreich sein, wenn es darum geht, die Anforderungen zu überprüfen, vor die sich die Eltern im Lebensalltag bei der Erziehung, Betreuung und Versorgung der Kinder gestellt sehen. Hierbei ist auch zu berücksichtigen, ob ein Kind die Eltern vor erzieherische Anforderungen stellt, die eine spezielle erzieherische Qualifikation erfordern. Sachverständige sind jedoch keine Allround-Experten für alle klinischen und pädagogischen Fragestellungen. Falls sich Hinweise auf das Vorliegen schwerer oder sehr spezieller Störungen und Beeinträchtigungen bei Kindern ergeben, mit denen die betreffende Sachverständige keine beruflichen Erfahrungen gemacht hat, können Eltern beantragen, diese Untersuchungen im Rahmen einer Zusatzbegutachtung durch einen Spezialisten vornehmen zu lassen. Eine andere Möglichkeit wäre, die Untersuchungen außergerichtlich von Kinder- und Jugendlichenpsychotherapeuten oder Fachärzten für Kinder- und Jugendpsychiatrie durchführen zu lassen und die Ergebnisse dieser Untersuchungen dann in das Verfahren einzubringen.
- Man kann Sachverständige darauf hinweisen, dass man nur mit solchen testdiagnostischen Untersuchungen einverstanden ist, die einen nachvollziehbaren Bezug zur gerichtlichen Fragestellung aufweisen. Wenn Sachverständige ihr Vorgehen damit begründen, dass die gerichtliche Fragestellung allgemein gehalten sei und es daher in ihrem Ermessen liege, ob sie testdiagnostische Untersuchungen durchführen, sollte man um Aufklärung bitten, anhand welcher Kriterien eine Einschätzung der Erziehungseignung erfolgen soll und ob die testdiagnostische Untersuchung sich ausschließlich auf die Überprüfung dieser Merkmale beschränkt.
- Man sollte den Sachverständigen fragen, ob er eine testdiagnostische Untersuchung für zwingend erforderlich hält und womit er dieses Erfordernis

begründet, und dann selbst entscheiden, ob die Erklärung überzeugt. Im Zweifelsfall sollte man die Untersuchung ablehnen.
- Es ist nicht verboten, sich vor der Untersuchung sachkundig zu machen. Wie solche Testverfahren durchgeführt werden und welche Rückschlüsse unter Umständen aus den Ergebnissen gezogen werden können, kann man im Internet recherchieren.
- Falls der Sachverständige vorschlägt, dass die Eltern die Persönlichkeitsfragebögen in Ruhe zu Hause ausfüllen, sollte man die Untersuchung ablehnen. In diesem Fall ist davon auszugehen, dass er mit solchen Tests nicht verantwortlich umgeht. Er verzichtet damit auf die Kontrolle und kann daher nicht ausschließen, dass ein Elternteil sich mit Dritten, eventuell auch fachkundigen Personen abstimmt, wie er die Testfragen beantworten sollte.

4.9 Befunddarstellung und gutachterliche Empfehlungen – Nachvollziehbarkeit und Nachhaltigkeit

Mit den gutachterlichen Befunden und Empfehlungen werden die Eltern in der Regel erst nach Abschluss der Begutachtung konfrontiert, wenn ihnen das schriftliche Gutachten zugestellt wird. Da dieser Teil des Gutachtens maßgeblich für die gerichtliche Entscheidung ist, sollten die Eltern sich damit besonders gründlich auseinandersetzen und auch die Unterstützung ihrer Anwälte in Anspruch nehmen, zumal sie dazu anschließend eine Stellungnahme abgeben können. Eltern können als psychologische Laien kaum beurteilen, ob ein Befund fachlich und inhaltlich korrekt erstellt und ist. Daher soll hier etwas ausführlicher erläutert werden, worum es dabei geht und worauf Eltern und ihre Verfahrensbevollmächtigten achten sollten.

Die logische Schlüssigkeit bzw. Nachvollziehbarkeit der gutachterlichen Befunde, Bewertungen und Empfehlungen lässt sich nur beurteilen, wenn diese im Gutachten klar von den Ergebnissen getrennt werden. Daher werden im Ergebnisteil nur Informationen oder Sachverhalte dokumentiert, die aus den Akten und Unterlagen entnommen oder durch gutachterliche Untersuchungen erhoben wurden. Diese müssen objektiv und sachlich beschrieben werden. Bewertende Attribuierungen sind bei der Darstellung von Sachverhalten zu vermeiden, da diese den Eindruck vermitteln, dass nicht ergebnisoffen geprüft wurde. Die anschließende Befunderstellung darf sich nur auf konkrete Sachverhalte stützen, die unstrittig und nach dem Prinzip der Mehrfachbelege abgesichert sind, demzufolge ein Sachverhalt nur dann als hinreichend belegt bewertet werden darf, wenn er sich auf Belege aus mindestens zwei voneinander unabhängigen Quellen stützen kann (Arbeitsgruppe Familienrechtliche Gutachten, 2019; Lack & Hammesfahr, 2019, Rn. 344).

In vielen Gutachten wird auf diese klare Trennung verzichtet, was dann zur Folge hat, dass die Ergebnisbeschreibungen mit wertenden Beurteilungen und Wiedergaben persönlicher Einschätzungen durchsetzt sind, die mit subjektiven Kriterien, wie einer sogenannten Gesamtschau oder der gutachterlichen Sicht, bekräftigt wird. Bei solchen Begründungen handelt es sich meistens um inhaltsleere Floskeln, mit denen Sachverständige ihrer persönlichen Sichtweise oder Meinung Nachdruck verleihen wollen und die den Eindruck vermitteln, dass die Begutachtung nicht neutral und ergebnisoffen erfolgte. Gutachterliche Rückschlüsse und Empfehlungen sollten stets tatsachenbasiert, transparent und nachvollziehbar begründet werden. Sie dürfen sich nicht auf pauschale subjektive Würdigungen bzw. intransparente summarische Begründungen stützen.

> **Beispiel**
>
> Das OLG Düsseldorf begründet in einem Beschluss vom 14.02.2023 (II-2 WF 143/22) die Ablehnung eines Gutachtens wegen Zweifeln an der Unvoreingenommenheit der Sachverständigen mit der unterschiedlichen kritischen Betrachtung des Verhaltens der Eltern. Die Kritik habe sich auf „subjektive Eindrücke und Vermutungen" gestützt, statt auf belegte Tatsachen. Dass sich für das im Gutachten beschriebene Verhalten auch andere Erklärungen hätten finden lassen, sei mangels gezielter Untersuchungen unberücksichtigt geblieben.

Allgemein versteht man unter einem gutachterlichen Befund die Bewertung der Untersuchungsergebnisse. Dazu gehören Beantwortungen der psychologischen Fragen, methodenkritische Prüfungen der Hypothesen oder Kriterien, Risikoabwägungen bei prognostischen Bewertungen, gegebenenfalls mit Hinweisen auf widersprüchliche Teilergebnisse und Bewertungsalternativen, sowie tatsachenbasierte Empfehlungen mit vergleichender Diskussion der Vor- und Nachteile verschiedener Alternativen. Eine Beantwortung der gerichtlichen Beweisfragen erfolgt hier noch nicht. Man sollte die Befunde jedoch kritisch daraufhin prüfen, ob sie eine hinreichende Grundlage für die Beantwortungen der Beweisfragen bieten. Außerdem sollte man darauf achten, dass bei der Befunderstellung der Beweisauftrag nicht überschritten wurde. Eigenmächtige Überschreitungen des Beweisauftrags begründen die Besorgnis der Befangenheit der Sachverständigen (Splitt, 2018; Lack & Hammesfahr, 2019).

Die Befunde müssen überprüfbar und nachvollziehbar sein. Außerdem muss verdeutlicht werden, „welche Bedingungen gegeben sein müssen, damit die Schlussfolgerungen gültig sind" (Diagnostik- und Testkuratoriums der Föderation Deutscher Psychologenvereinigungen, 2017, S. 6). Eine psychologische Frage, die nur pauschal mit persönlichen Eindrücken beantwortet werden kann, ist offensichtlich falsch gestellt. Erkenntnisse aus der Fachliteratur bzw. Forschungsergebnisse stellen keine Befunde dar. Sie können allenfalls zitiert werden, um die gutachterlichen Befunde zu stützen oder zu relativieren. Wenn Sachverständige sich beispielsweise darauf berufen, dass die Erziehungsfähigkeit von Eltern infolge einer seelischen Erkrankung, einer Suchtproblematik oder bestimmter Erziehungsstile beeinträchtigt sei, entbindet sie das nicht von der Pflicht, selbst zu prüfen, wie sich dieses Problem im konkreten Fall bei dem betroffenen Kind ausgewirkt hat. Eine gutachterliche Empfehlung darf nicht ausschließlich mit Besonderheiten oder Verhaltensweisen eines Elternteils begründet werden, die als negativ eingeschätzt werden, ohne dass die konkreten Auswirkungen auf das Kind untersucht wurden. Die bloße Aufzählung von Risikofaktoren reicht in solchen Fällen nicht aus, zumal sich allgemeine wissenschaftliche Erkenntnisse nicht auf jeden Einzelfall übertragen lassen. Ein weiterer Anlass, sich kritisch mit den gutachterlichen Befunden auseinanderzusetzen, ergibt sich, wenn der Eindruck entsteht, dass die Befunderstellung ausschließlich auf eine defizitorientierte Ergebnisinterpretation ohne Berücksichtigung von Hinweisen auf mögliche Ressourcen ausgerichtet ist. Dies könnte ein deutlicher Hinweis auf Einschränkungen der Neutralität und Ergebnisoffenheit der Begutachtung sein.

Manche Sachverständige nehmen schwer nachvollziehbare Einschätzungen der Sicherheit ihrer Befunde vor, indem sie diese pauschal als zweifelsfrei einstufen oder sich auf eine an Sicherheit grenzenden Wahrscheinlichkeit berufen, die sie dann häufig pauschal mit ihrer Sachkunde begründen. Psychologische Laien können die Validität solcher Einschätzungen nicht widerlegen und Gerichte übernehmen diese gelegentlich ungeprüft mit der Begründung, dass sie keinen begründeten Anlass hätten, an der erforderlichen Fachkunde der Sachverständigen zu zweifeln.

Für eine objektive Einstufung der Validität und Folgerichtigkeit von Befunden bieten sich folgende Kriterien an, die auch psychologische Laien prüfen können:

- Befunde, die sich auf tatsachenbasierte Mehrfachbelege stützen, werden in der Regel als *gesichert* eingestuft und vom Gericht nicht in Zweifel gezogen.

- Bei Befunden mit fachlich plausiblen Begründungen kann man von einer *hohen Wahrscheinlichkeit* ausgehen, dass sie bedeutsam sind. In diesem Fall wären vertiefende Nachuntersuchungen zu empfehlen.
- Bei Befunden, die ausschließlich hypothetisch begründet werden, ist von einer *geringen Wahrscheinlichkeit* auszugehen. Solche Befunde sind nicht verwertbar.
- Annahmen oder spekulative Erwägungen sind *keine* Befunde.

Überprüft werden sollten nach Vorlage des Gutachtens folgende Fragen:

- Wurden die Beweisfragen vollständig untersucht und erschöpfend beantwortet?
- Wurden Befunde erstellt, mit denen der gerichtliche Beweisauftrag eigenmächtig überschritten wurde?
- Wurde hinreichend zwischen Anknüpfungstatsachen und gutachterlichen Befunden unterschieden oder wurden Anknüpfungstatsachen fälschlich als Befunde ausgewiesen?
- Falls im Gutachten klinisch-psychologische Diagnosen gestellt wurden: Verfügte der Sachverständige über die erforderliche fachliche Qualifikation (insbesondere über eigene berufliche Erfahrung mit Personen, die an diesen Störungen leiden)?
- Wurden Befunde erstellt, die sich auf Belege mit geringer Aussagekraft oder fehlerhafte Prämissen stützen?

Gutachten sind Beweismittel für das Gericht und dienen der Klärung von Fragen, die das Gericht nicht aus eigener Sachkunde beantworten kann. Die Beweisfragen werden den Sachverständigen vom Gericht vorgegeben. Damit wird auch der Ermessensspielraum der Sachverständigen begrenzt, welche Befunde zu erheben sind. Trotz dieser Einschränkungen erheben manche Sachverständige immer noch den Anspruch, nach eigenem Ermessen prüfen zu dürfen, welche Regelungen das Beste für das Kind sind und sich den anderen professionellen Akteuren gegenüber mit den eigenen Vorstellungen durchzusetzen. In solchen Fällen besteht die Gefahr, dass die Befunderstellung intransparent und selektiv erfolgt und dass die Befunde in ein Narrativ überführt werden, das zwar für Laien sehr überzeugend wirkt, im Grunde aber eher ein Mythos als ein objektiver und wissenschaftlich haltbarer Befund ist. Solche Narrative stützen sich häufig auf die willkürliche Auswahl und unzulässige Verallgemeinerung einzelner Forschungsergebnisse. Sie werden instrumentalisiert und liefern Gruppierungen von Sachverständigen Argumentationshilfen und Begründungsvorlagen für gutachterliche

Empfehlungen. Gelegentlich entstehen dadurch Geschäftsmodelle mit Weiterbildungsangeboten und Publikationen für größere Zielgruppen. Im Folgenden solle einige gängige Mythen und Narrative hinterfragt werden, die sich derzeit häufig in der Befunderstellung wiederfinden lassen.

Ein eher eng umschriebener und besonders häufig festzustellender Mythos ist die Behauptung, dass es eine besondere **psychologische oder gutachterliche Sicht** gebe, die zur Begründung von Befunden geeignet sei. Diese Sicht kann jedoch kein tragfähiges Kriterium sein, da es sich dabei um eine Meinung handelt, die weder Beweiskraft hat noch wissenschaftlich definiert ist. Die psychologische Sicht ist kein belastbarer Sachverhalt. Manche Sachverständige begründen diese Wortwahl damit, dass sie auf diese Weise nur darauf hinweisen wollten, dass sie die Beweisfragen nicht nach rechtlichen Kriterien, sondern ausschließlich nach psychologisch-fachlichen Kriterien beantwortet hätten (Salzgeber & Bublath, 2019). Letztlich bestätigt die Berufung auf die psychologische Sicht aber nur den Eindruck, dass die Befunderstellung nicht ausschließlich tatsachenbegründet durchgeführt wurde, sondern dass sie sich auch auf die Meinung der Sachverständigen stützte und dass sie daher nicht neutral und ergebnisoffen erfolgte. Was aus psychologischer Sicht scheinbar plausibel erklärt wird, muss sachlogisch oder kausal nicht richtig sein. Andere Sachverständige begründen manche Befunde mit einer sogenannten Datenlage oder Gesamtschau, was sprachlich etwas neutraler wirkt, in der Sache aber nicht weiterhilft. Weder wird ersichtlich, nach welchen Regeln die Datenlage zu einer summativen Bewertung zusammengefasst wurde, noch wird erläutert, was die Gesamtschau von einer persönlichen Meinung unterscheidet. Mit solchen pauschalen und intransparenten Begründungen wird im Grunde nur das Prinzip der Mehrfachbelege ausgehebelt, mit dem die Fehleranfälligkeit von Einzelergebnissen oder der verschiedenen Informationsquellen kontrolliert werden soll, und durch eine summative Bewertung ersetzt, die anfällig für eine gezielte Auswahl „passender" Teilinformationen ist und bei der jeder Experte zu einem anderen Gesamtergebnis kommen kann.

Ein weiterer Mythos ist die Annahme, dass sich allgemeine **wissenschaftliche Erkenntnisse** auf den konkreten Einzelfall übertragen lassen, die häufig zu Fehlprognosen bei der Einschätzung von Entwicklungsrisiken führt. In der Fachliteratur über die Belastungen, die für Kinder durch psychische Erkrankungen der Eltern entstehen, werden ungünstige Entwicklungsverläufe für solche Risikogruppen beschrieben (Plass & Wiegand-Grefe, 2012; Lenz, 2014; Lenz & Wiegand-Grefe, 2017). Zu den beschriebenen Risikogruppen gehören vor allem Eltern mit Persönlichkeitsstörungen oder anderen psychiatrischen Erkrankungen und Eltern mit Suchtproblemen. Manche

Sachverständige gehen von der falschen Annahme aus, dass die bloße Zugehörigkeit der Eltern zu einer Risikogruppe eine Fehlentwicklung des Kindes mit hoher Wahrscheinlichkeit zur Folge hat. Daraus ergeben sich sowohl rechtliche als auch psychodiagnostische Probleme. Wenn beispielsweise nachgewiesen wäre, dass 20 % der Kinder von Eltern aus einer bestimmten Risikogruppe eine Störung aufweisen, die nur bei fünf Prozent aller Kinder zu erwarten ist, besagt das zwar einerseits, dass für Kinder aus dieser Gruppe ein viermal höheres Störungsrisiko besteht, andererseits würde man mit 80%iger Wahrscheinlichkeit eine Fehlentscheidung treffen, wenn man ein Kind nur aufgrund der Risikogruppenzugehörigkeit von den Eltern trennen würde. Eine wissenschaftliche Erkenntnis kann nur als Hinweis auf eine potenzielle Gefährdung bewertet werden, der weitere vertiefende Untersuchungen der Eltern und des Kindes erforderlich macht. Ein Sonderfall ist die Risikogruppe von Müttern, die vermeintlich an einem Münchhausen-by-Proxy-Syndrom leiden. Gemeint ist damit, dass diese Mütter bei ihren Kindern manipulativ körperliche Erkrankungen oder auch Symptome von Misshandlungen oder Missbrauch erzeugen oder vortäuschen, um das Kind in ärztliche Behandlung zu geben und häufig auch medizinische Eingriffe vornehmen zu lassen. Häufige körperliche Symptome bei induzierten Erkrankungen sind Blutungen, Krämpfe, Durchfälle, Erbrechen oder Fieber (Noeker & Keller, 2002; Lenz, 2014). Als Handlungsmotive vermutet man das Bedürfnis nach Aufmerksamkeit und Zuwendung von professionellen Helfern oder den Wunsch nach Macht und Kontrolle über das Kind. Bei Kindern dieser Mütter müsste man der Krankheitsbeschreibung zufolge von einer 100%igen Störungswahrscheinlichkeit ausgehen, da der Nachweis der gesundheitlichen Störungen des Kindes die Voraussetzung für die Erstellung der Diagnose ist. Manchen Müttern wird unterstellt, dass sie bei den Kindern körperliche Symptome induzieren, um dann die Väter dafür verantwortlich machen zu können. Anderseits wird gelegentlich auch Vätern unterstellt, dass sie bei ihren Kindern Krankheitssymptome induzieren, um den Müttern eine Kindesmisshandlung vorwerfen zu können. Das Münchhausen-by-proxy-Syndrom ist eine äußerst seltene Störung mit einer geschätzten Häufigkeit von etwa einem bis drei Fällen pro 100.000 Kindern. Umso verwunderlicher ist es, dass einzelne Sachverständige regelmäßig über solche Fälle berichten, wobei manche allerdings auch eigenmächtig das Symptomspektrum erweitern und auch Symptome für seelische Störungen mit einbeziehen. Bei der Begutachtung wird dann jedoch kaum berücksichtigt, dass bei der Seltenheit der Störung und der Schwierigkeiten bei der diagnostischen Untersuchung mit einem sehr hohen Anteil falsch-positiver Diagnosen gerechnet werden muss.

Besonders anfällig für eine Mythenbildung sind psychologische Konstrukte, die sich nicht klar definieren lassen. Dazu gehört auch die Bindungstheorie. Bei den meisten Begutachtungen zu Fragen des Lebensmittelpunkts der Kinder oder der Ausgestaltung der Besuchskontakte ist eine Untersuchung der **Bindungsqualität** erforderlich. Bindungen werden frühkindlich geprägt. Sichere Bindungen sind wichtig und schützenswert; Bindungsabbrüche sind prognostisch ungünstig. Die Prüfung der Bindungsqualität gehört jedoch zu den schwierigsten Aufgaben der Sachverständigen. Je nach Fachrichtung orientieren sie sich dabei an unterschiedlichen Erklärungsansätzen. Psychoanalytisch ausgebildete Sachverständige verstehen darunter etwas anderes als Verhaltenstherapeuten. Die Unterschiedlichkeit der theoretischen Modelle erzeugt einen hohen Erklärungsbedarf. Oft gewinnt man dann den Eindruck, dass ihre Befunderstellungen eher theorielastig als tatsachenbezogen begründet sind. Meistens bleibt auch unberücksichtigt, dass sich die klassische Bindungstheorie auf die Idealvorstellung einer intakten Familie aus der Mitte des letzten Jahrhunderts stützt. Unberücksichtigt bleibt meistens, dass sich die familiären Strukturen und Lebensbedingungen sowie das Rollenverständnis stark verändert haben. Zwischen den beteiligten Juristen und den Sachverständigen kommt es häufig auch zu Missverständnissen, weil sie die Begriffe unterschiedlich verstehen. Dettenborn und Walter (2022) weisen darauf hin, dass Psychologen unter Bindung ein emotionales Grundbedürfnis verstehen, während Juristen den Begriff eher als Synonym für Beziehungen verwenden. Je nach Alter des Kindes bieten sich verschiedene Methoden zur Bindungsdiagnostik an, die jedoch in jedem Fall schwierig und zeitaufwendig sind und eine umfassende Erfahrung mit einfühlsamen und altersgerechten Untersuchungen von Kleinkindern, Kindern und Jugendlichen voraussetzen. Ob ein Sachverständiger dabei überfordert ist, erkennt man meistens an der Art und Weise, wie er seine Informationen erhebt. Manche Sachverständige setzen vorwiegend projektive Testverfahren ein, mit denen sie sich der Pflicht entziehen, sich einfühlsam und sachkundig mit den Kindern über deren Bedürfnisse und Belange zu verständigen. Andere berufen sich bevorzugt auf Befragungen professioneller Dritter, die die Kinder besser kennen, wie beispielsweise Lehrer, Erzieher, Familienhelfer oder auch Kindertherapeuten, und übersehen dabei, dass solche Informationen nur hypothesengenerierend verwertet interpretiert werden dürfen und keine gutachterlichen Untersuchungen ersetzen können. Sie begründen ihre Zurückhaltung häufig damit, dass sie die Kinder nicht mit persönlichen Fragen belasten wollten und übersehen, dass sie vor allem deswegen beauftragt wurden, weil man von ihnen am ehesten erwartet, dass sie die erforderlichen Gespräche mit den Kindern einfühlsam und schonend gestalten können.

Da Bindung eine Wechselbeziehung zwischen Eltern, Kindern und Geschwister beschreibt, die sich nur qualitativ und nicht quantitativ bewerten lässt, greifen Sachverständige vermehrt auf Subkriterien zurück wie die Bindungstoleranz und die Bindungsfürsorge, ohne konkret zu erläutern, was sie darunter verstehen. Die Bindungstoleranz ist eher ein rechtsnormatives Kriterium, das von Sachverständigen nicht geprüft werden sollte. Gemeint ist damit vor allem eine fehlende Bereitschaft der betreffenden Eltern, die Bedürfnisse der Kinder nach Kontakten zum anderen Elternteil zu akzeptieren und den Kindeswillen zu tolerieren. Dieses Verhalten ist nicht in jedem Fall zu verurteilen, weil es auch Fälle gibt, in denen es dem Kindeswohl widersprechen würde, solche Kontakte zuzulassen. Falls Eltern Besuchsregelungen boykottieren, muss das Gericht prüfen, ob es dafür einen wesentlichen und nachvollziehbaren Grund gibt oder ob dieses restriktive Verhalten nur auf mangelnde Kooperationsbereitschaft zurückzuführen ist oder auf eine Absicht, dem anderen zu schaden oder ihn zu kränken. Wenn das Kind eine positive und schützenswerten Bindung an den anderen Elternteil hat, kann die mangelnde Akzeptanz von Kontakten dem Kind durchaus schaden und zu Störungen in der Bindungsentwicklung führen oder langfristig auch die Bindungsfähigkeit des Kindes beeinträchtigen. Gelegentlich bedienen Sachverständigen sich jedoch ohne nachvollziehbare Begründung eines erweiterten Konzepts der Bindungsintoleranz, indem sie das Kriterium auch auf Fälle übertragen, in denen keine Bindung vorliegt, die man fördern oder tolerieren könnte oder sollte. Manche Autoren plädieren dafür, das Augenmerk stärker auf die Bereitschaft und Fähigkeit zur Bindungsfürsorge zu richten (siehe beispielsweise Temizyürek, 2014). Die Gerichte formulieren in ihren Beweisbeschlüssen eher Fragen zur Bindungstoleranz als zur Bindungsfürsorge. Während ein Umgangsboykott gerichtlich sanktioniert werden kann, bleibt unklar, ob die Bindungsfürsorge im Ermessen der Eltern liegt. Das Konstrukt von Bindung und Bindungsintoleranz ist eher unscharf definiert und lässt sich schwer operationalisieren. Der Mangel an verbindlichen Prüf- und Bewertungskriterien hat zur Folge, dass verschieden „Gutachterschulen" unterschiedliche Maßstäbe anlegen. Wenn beispielsweise dem Wechselmodell eine hohe Priorität eingeräumt wird, kann dies zur Folge haben, dass einem Elternteil mangelnde Bindungstoleranz vorgehalten wird, obwohl sich bei Umgängen im Rahmen eines bis dato praktizierten Residenzmodells keine Probleme für das Kind ergeben haben. Gelegentlich kommt es auch vor, dass einem Elternteil, der sich berechtigte und gut begründete Sorgen um die Entwicklung des Kindes macht und deswegen einen Wechsel des ständigen Aufenthalts des Kindes ablehnt, fehlende Bindungstoleranz attestiert wird. Bindungen und Bindungstoleranz sind

Kriterien, die sich leicht instrumentalisieren lassen. Eltern und ihre Verfahrensbeiständen sollten daher bei der kritischen Prüfung darauf achten, ob der Gutachter diese Kriterien gründlich und ergebnisneutral untersucht und bewertet hat.

Sachverständige, die nicht ergebnisoffen prüfen, sondern schon von Beginn an auf eine bestimmte Regelung hinarbeiten, neigen eher dazu, ein möglichst überzeugendes Narrativ zum Konfliktverlauf zu entwickeln. Dies erkennt man an der eindeutigen Rollen- und Verantwortungszuweisung. Beispiele sind die Typisierungen des „uneinsichtigen Vaters", dem die Fähigkeit zu Selbstreflexion abgesprochen wird, oder die „Helikoptermutter" mit überhöhtem Kontrollbedürfnis, die nicht loslassen kann, wobei dem unerwünschten Verhalten dann auch vorschnell eine klinische Relevanz zugewiesen wird. Auf diese Weise wird dann die vermeintliche Uneinsichtigkeit zur passiv-aggressiven Persönlichkeitsstörung umgedeutet oder das Kontrollbedürfnis zur Parentifizierung. Diesen eher subjektiven Eindrücken wird dann mit einer selektiven Auswahl von Anknüpfungstatsachen, isolierten Äußerungen der Beteiligten, Konsensbildungen mit professionellen Dritten und überzeugend klingenden Floskeln und Leerformeln Nachdruck verliehen. Eine seriöse Bindungsdiagnostik, die zu belastbaren Ergebnissen führen kann, erkennt man daran, dass vorher im Gutachten eine klare Begriffsbestimmung vorgenommen wurde, die Prüfkriterien benannt wurden, die Sachverhalte bewertungsneutral erläutert wurden und dass alle Fragen, die dabei offenblieben, klar benannt wurden. Vorsicht ist angeraten, wenn kein nachvollziehbares Bindungskonzept ersichtlich wird, die Datenerhebungen intransparent sind, wie es zum Beispiel bei der Bindungsdiagnostik mit projektiven Tests der Fall ist, und wenn der Befund pauschal mit der psychologischen oder sachverständigen Sicht begründet wird.

Ein weiteres psychologisches Konstrukt, das ähnlich unpräzise ist und daher leicht zur Projektionsfläche für subjektive gutachterliche Eindrücke wird, ist die sogenannte **Eltern-Kind-Entfremdung,** dem ein vereinfachendes pseudowissenschaftliches Narrativ zur Erklärung von Kontaktproblemen bis hin zum Umgangsboykott zugrunde liegt. Weltweit bekannt wurde es als PAS (Parental Alienation Syndrom) durch die Publikation von Gardner (1987). Von Eltern, die sich ausgegrenzt fühlten, wurde es zur Kampfparole erhoben, die in vielen Fällen wesentlich zur Konflikteskalation beigetragen hat. Wer sich genauer über die Pro- und Kontraargumente zum PAS informieren möchte, sollte die Publikationen von Baumann et al. (2022a, b) lesen, die eine professionelle Intervention bei Eltern-Kind-Entfremdung für „notwendig" halten, und von Zimmermann et al. (2023a, b), die darin einen „irreführenden Gebrauch oder Missbrauch von Wissenschaft" sehen.

Der Entfremdungstheorie mangelt es an wissenschaftlicher Begründung und Anerkennung. Wenn sie im Gutachten aufgegriffen wird, polarisiert sie. Im Wesentlichen geht es dabei um die vermeintlich von einem Elternteil induzierte Ablehnung des anderen Elternteils durch das Kind, wobei diese Beeinflussung sowohl bewusst und gezielt als auch unbewusst erzeugt werden kann. Wenn Sachverständige sich bei der Begutachtung auf die Entfremdungstheorie beziehen, prüfen sie im Wesentlichen Kriterien, die auch bei anderen Fragestellungen zu berücksichtigen sind. Als kindbezogene Kriterien werden meistens der Kindeswille, die Bindungsentwicklung, das Kontaktverhalten vor dem Hintergrund von Loyalitätskonflikten, die Trennungs- und Belastungsverarbeitung sowie die Nähe-Distanz-Regulation in der Eltern-Kind-Beziehung geprüft. Außerdem wird häufig ein Screening im Hinblick auf Störungen der Emotionsregulation, des Sozialverhaltens und der Identitätsentwicklung durchgeführt, bei denen ein Zusammenhang mit der Entfremdung vermutet wird. Da die Entfremdungstheorie das Fehlverhaltens eines Elternteils als Ursache für die Probleme der Kinder annimmt und damit im Grunde eine Schuldzuweisung vornimmt, werden als elternbezogene Kriterien vor allem die Bindungsintoleranz, die emotionale Vereinnahmung der Kinder und eventuelle Einschränkungen der Erziehungsfähigkeit und der Förderbereitschaft und Förderfähigkeit geprüft. Das übergeordnete Kriterium der Entfremdung bleibt daher unscharf. Die Sachverständigen haben in diesem Fall einen sehr großen Ermessensspielraum, dessen Erweiterung von Befürwortern der Entfremdungstheorie laufend zur Diskussion gestellt wird. Baumann et al. (2022a) ordnen beispielsweise auch die verhinderte Bindungsentwicklung als eine Unterform der Eltern-Kind-Entfremdung ein, obwohl die Entfremdung eigentlich eine bereits bestehende Bindung voraussetzt. Sie sehen auch schon bei drohender Entfremdung eine Notwendigkeit für professionelle Hilfen. Eltern sollten sich darüber im Klaren sein, dass bei einer Begutachtung zum Verdacht auf Eltern-Kind-Entfremdung eine erhöhte die Gefahr besteht, dass die Untersuchungen nicht ergebnisoffen erfolgen. Sachverständige, die sich als Anhänger der Entfremdungstheorie ausweisen, tendieren im Sinn des Schuldprinzips eher zu der Forderung, das Verhalten desjenigen, der ihrer Meinung nach die Entfremdung verursacht, zu sanktionieren, was schnell zu einer Überbewertung von passenden Teilergebnissen aus den Untersuchungen führen kann, mit denen sich diese Forderung rechtfertigen lassen. In solchen Gutachten finden sich dann auch vermehrt alternativlose Empfehlungen oder Prognosen, denen eine „mit an Sicherheit grenzender Wahrscheinlichkeit" zugewiesen wird. Zimmermann et al. (2023a, b) empfehlen hingegen, dass Sachverständige auf vereinfachende und wertende Kategorisierungen von Befunden verzichten sollten und solche Fälle begrifflich wertneutral unter Kontaktproblemen und Kontaktverweigerungen des Kindes einordnen können, für deren Entstehung es vielfältige Ursachen gebe. Die Anhänger der Entfremdungstheorie befürworten wesentlich rigidere Maßnahmen. Sie fordern professionelle Interventionen, die auch mit Zwangsmaßnahmen gegen den Willen des Kindes durchzusetzen seien, und plädieren grundsätzlich für einen Wechsel des Kindes zum ausgrenzenden Elternteil als wirksamste Maßnahme, weil diese für das Kind mit weniger Belastungen verbunden sei als der Verbleib beim entfremdenden Elternteil (Zimmermann et al., 2023a). Dabei wird allerdings das Risiko einer sekundären Kindeswohlgefährdung vernachlässigt, deren Berücksichtigung auch das Bundesverfassungsgericht für erforderlich hält, da nicht mehr einzelfallbezogen geprüft wird, ob die damit verbundenen Belastungen für das Kind schwerwiegender sind als die Vorteile, die man sich von der Durchsetzung der Maßnahme verspricht (BVerfG, Beschl. vom 28.02.2012–1 BvR 3116/11). Das PAS ist kein Befund, sondern ein pseudowissenschaftliches Narrativ, mit dem unerwünschte Verhaltensweisen, die mit offenen oder verdeckten und subtilen Beeinflussungen des Kindeswillens einhergehen, terminologisch in Form von Übertreibungen (Syndrom, Hochrisikogruppe) dramatisiert werden, um rechtliche Eingriffe zu rechtfertigen.

> **Beispiel**
>
> Staub (2023, S. 136) beruft sich auf ihre „erschütternden Erfahrungsberichte" bei der Therapie von „vaterentfremdeten Männern, die unter mangelhaft ausgeprägter Männlichkeit leiden" oder „entfremdeten Müttern, welche in der Kindheit ebenfalls dem Vater entfremdet wurden." Dabei vernachlässigt sie die Möglichkeit, dass die vermeintliche Entfremdung möglicherweise nicht die Ursache für diese Symptomatik war, sondern eventuell nur die Folge einer Bindungsstörung des Kindesalters.

Vor einem völlig anderen Problem steht man, wenn Sachverständige **psychische Störungen** feststellen und klinische Diagnosen stellen. Gerichten und Eltern fehlt die Sachkunde, um beurteilen zu können, ob die Diagnose möglicherweise falsch war. Sie können jedoch prüfen, ob die Anforderungen, die an eine forensische Begutachtung gestellt werden, hinreichend berücksichtigt wurden. Psychodiagnostische Untersuchungen sind stets mit Eingriffen in die Privatsphäre und die Persönlichkeitsrechte der untersuchten Personen verbunden. Sachverständige dürfen solche Informationen nicht erheben, wenn sie nicht vorab begründet haben, aus welchen Gründen die Erhebung dieser sensiblen Daten für die Beantwortung der Beweisfragen erforderlich ist. Sachverständige sollten auch vorab erläutern, inwieweit sie über die erforderliche Fach- und Feldkompetenz bzw. Berufserfahrung verfügen, um solche Diagnosen stellen zu können. Ein Studium der Psychologie, auf das sich manche Sachverständigen dann berufen, reicht dafür nicht aus. Eingeholte oder aktenkundige Krankenberichte können eine gutachterliche Befunderhebung nicht ersetzen. Manche Sachverständige berufen sich darauf, dass man die Diagnosen Dritter als hinreichend gesichert übernehmen könne und beschränken sich auf den Hinweis, dass der Befund auch aus sachverständiger Sicht begründet erscheine. Dabei bleibt unberücksichtigt, dass Patienten mit ein- und derselben Diagnose sehr unterschiedliche Krankheitsverläufe aufweisen können und dass Prognosen, die sich nicht auf individuell erhobene Untersuchungsergebnisse stützen, wenig aussagekräftig sind. Außerdem ist nicht auszuschließen, dass durch die Übernahme von Diagnosen Dritter eine gutachterliche Erwartungshaltung erzeugt wird, die eine neutrale und ergebnisoffene Begutachtung erschwert. Ob die gutachterliche Diagnostik richtlinienkonform durchgeführt wurde, erkennt man daran, ob vorab festgelegt wurde, welche diagnostischen Hypothesen geprüft werden sollten, die zu prüfenden Kriterien definiert wurden und die Einzelergebnisse methodenkritisch unter Berücksichtigung verschiedener Erklärungsmöglichkeiten zu einem Befund zusammengefasst wurden. Grob fehlerhaft ist die Vorgehensweise mancher Sachverständigen, die pauschal eine Verdachtsdiagnose stellen, dann ausführlich anhand der Fachliteratur die Symptome und Kriterien beschreiben, die bei dieser Störung generell zu erwarten sind und anschließend in den aktenkundigen oder erhobenen Informationen nach Hinweisen suchen, die diese Diagnose eventuell bestätigen könnten. Besonders hoch ist dabei die Irrtumswahrscheinlichkeit bei Verdacht auf Vorliegen einer Persönlichkeitsstörung, weil damit Extremvarianten von Merkmalen und Persönlichkeitseigenschaften gemeint sind, die in mehr oder minder starker Ausprägung bei jedem Menschen vorhanden sind. Häufig wird dann aus dem Streitverhalten auf Borderline- oder narzisstische Persönlichkeitsstörungen geschlossen. Falls zum Ausprägungsgrad keine genaueren Angaben gemacht werden können, wird dann auch argumentiert, dass es sich dabei zumindest um eine Persönlichkeitsakzentuierung handeln könne. Übersehen wird dann, dass mit solchen relativierenden Begriffen auch Vorurteile erzeugt werden können. Eine weitere Variante der missbräuchlichen Verwendung diagnostischer Kategorien besteht darin, ein dazu passendes Narrativ zu konstruieren, indem die beschriebenen Verhaltensweisen mit scheinbar plausiblen Begründungen zu einer „überzeugenden" Geschichte zusammengefügt werden, die so allgemein begründet wird, dass sie sich kaum widerlegen lässt. Probleme, die die meisten Menschen in Trennungssituationen haben, wie konfliktbedingte Stimmungsschwankungen, verbunden mit Selbstzweifeln, Gefühlen der Wut und der Enttäuschung und der verzweifelte Kampf um die Aufrechterhaltung der Beziehung zum Partner oder zu den Kindern, werden dann zu typischen Symptomen einer Borderline-Persönlichkeitsstörung umgedeutet. Wenn man sich durch Vorhaltungen anderer gekränkt fühlt und sich dann auch noch bemüht, bei der Begutachtung nachdrücklich auf die eigenen Vorzüge und Ressourcen hinzuweisen, läuft man in Gefahr, sich als Narzisst zu outen. Solchen diagnostischen Kategorisierungen lässt sich dann leicht durch persönliche Eindrücke der Sachverständigen, Angaben Dritter oder selektive Auswahl von Hinweisen aus Akten oder anderen Quellen Nachdruck verleihen. Narrative, die dem Anschein nach plausibel sind, beeindrucken psychologische Laien auf fast suggestive Art und Weise, wobei diese meistens nicht erkennen können, welche methodischen Fehler diesen Erzählungen zugrunde liegen und inwieweit sie durch gezielte Informationsauswahl passend, d. h. logisch konsistent gemacht wurde. Verschiedene Interessensgruppen im Familienrecht entwickeln spezielle prototypische Narrative, die zwar geeignet sind, die Konsensbildung in der Gruppe zu unterstützen, sich jedoch kaum auf den Einzelfall übertragen lassen.

Bei der abschließenden **Beantwortung der gerichtlichen Beweisfragen** werden die Ergebnisse der Befunderhebungen bzw. der Beantwortung der psychologischen Fragen nicht mehr einzeln erläutert, sondern zusammenfassend mit unterschiedlicher Gewichtung gewürdigt (Salzgeber & Bublath, 2019), um die familiäre Situation und die Problemlage erklärend zu verdeutlichen. Dabei darf ausschließlich auf die gerichtlichen Beweisfragen Bezug genommen werden. Wenn das Gutachten darüberhinausgehende Empfehlungen enthält, rechtfertigt dies unter Umständen die Besorgnis einer Befangenheit (Splitt 2018; Lack & Hammesfahr, 2019, S. 158). Gutachterliche Überlegungen zu den Vor- und Nachteilen verschiedener Maßnahmen dürfen sich nicht auf den normativen Bereich erstrecken. Normativ-rechtlich wären zum Beispiel Fragen, ob rechtliche Eingriffsschwellen überschritten sind und Eingriffe in die Rechte von Kindern und Eltern erforderlich sind, wie der ständige Aufenthalt des Kindes zu regeln ist oder welche konkrete Umgangsregelung dem Kindeswohl am besten entspricht (Zumbach et al., 2020). Die gutachterlichen Empfehlungen müssen stets einzelfallbezogen und nicht mit pauschalen fallunabhängigen Argumenten begründet werden. Wenn es dabei um mehrere Kinder geht, sind die Fragen für jedes einzelne Kind unter Berücksichtigung seiner individuellen Lebenssituation, seines Entwicklungsstands und seiner Bedürfnisse zu beantworten (Lack & Hammesfahr, 2019, S. 158). Sachverständige haben bei ihren Empfehlungen stets das Risiko einer sekundären Kindeswohlgefährdung zu berücksichtigen. Falls die Umsetzung einer gutachterlichen Empfehlung mit Belastungen für die Kinder verbunden sein könnte, muss stets abgewogen werden, ob diese möglicherweise schwerwiegender sind als der Schaden, der durch den Verzicht auf die Umsetzung der Maßnahme entstehen könnte. Sachverständige sind auch nicht befugt, unabdingbare Forderungen zu stellen. Der konstruktive Beitrag eines Gutachtens besteht in einer fachlichen Interpretation der Kriterien und deren Abwägung und Gewichtung im Hinblick auf die anstehenden Entscheidungen und einem objektiven Vergleich der Vor- und Nachteile verschiedener Regelungsmöglichkeiten, eventuell mit unterschiedlichen Befugnissen und Verantwortlichkeiten für die Eltern. Die Empfehlungen müssen faktenbasiert und nicht nur meinungsbasiert begründet werden. Sachverständige sind strikt zur Neutralität verpflichtet. Wenn das gutachterliche Verhalten „bei vernünftiger Betrachtung die Befürchtung erwecken kann, der Sachverständige stehe der Begutachtung nicht unvoreingenommen und damit nicht unparteiisch gegenüber", genügt dies bereits zur Ablehnung, ohne dass dafür der Beweis erbracht werden muss, dass tatsächlich eine Befangenheit vorliegt (Salzgeber, 2020, Rn 238).

> **Beispiel**
>
> Das OLG Düsseldorf lehnte mit Beschluss vom 14.02.2023 (45 F 208/21) ein Gutachten mit folgender Begründung ab (Hervorhebung durch Kursivdruck vom Autor): „Die Sachverständige *überschreitet bei der Beantwortung der Beweisfragen eigenmächtig ihren gerichtlichen Beweisauftrag*, indem sie Empfehlungen zum künftigen Hauptaufenthaltsort des Kindes und zur künftigen Umgangsregelung ausspricht, obwohl der Beweisauftrag weder Fragen zum Lebensmittelpunkt des Kindes noch zur Ausgestaltung von Umgängen enthält. Hierdurch hat die Sachverständige den von ihr für richtig gehaltenen Weg einer gerichtlichen Entscheidung aufgezeigt und dabei unberücksichtigt gelassen, dass die abschließende Entscheidung aufgrund der festgestellten Tatsachen ureigenste Aufgabe des Gerichts ist. [...] Bei der Beantwortung der Beweisfragen benennt die Sachverständige als einziges Kriterium, dem aus fachlicher Sicht ein besonderes Gewicht zukommen soll, den Aspekt der Bindungs- bzw. Beziehungstoleranz, die sie beim Vater höher als bei der Mutter einschätzt, *ohne dies jedoch tatsachenbezogen* zu begründen. Vielmehr wird dies *indirekt aus einer vermuteten elterlichen Motivation erschlossen*, obwohl die angenommene gleichermaßen positive Beziehung des Kindes zu beiden Elternteilen zumindest nicht ausschließt, dass das Kind nicht durch eine restriktive Haltung der Mutter beeinflusst wurde. *Die fehlende tatsachenbezogene Begründung verstärkt [...] den Verdacht einer nicht ergebnisoffenen Begutachtung.*"

Man kann den Verlauf einer Begutachtung anhand der folgenden Checkliste dokumentieren und prüfen, wie kooperativ, transparent und verlässlich sich die Begutachtung gestaltete. Falls der Gutachter Erklärungen verlangt, warum man von ihm wissen möchte, wie er arbeitet und wie er sich die Begutachtung vorstellt, kann man sich darauf berufen, dass man sich vorher sachkundig gemacht habe, worauf in solchen Fällen zu achten sei. Man sollte dann aber auch darauf achten, ob der Sachverständige diese Bemühungen im Gutachten erwähnt hat und daraus nachteilige Rückschlüsse auf die Persönlichkeit zu ziehen versucht, indem er beispielsweise Andeutungen macht, dass man möglicherweise unkooperativ oder sehr unsicher sei und an einem Kontrollzwang leide. In diesem Fall besteht die Möglichkeit, einen Antrag auf Ablehnung wegen des Eindrucks einer Befangenheit zu stellen.

Checkliste für Eltern
- Hat das Gericht im Beweisbeschluss nachvollziehbar begründet, weshalb die Begutachtung erforderlich ist?
- Hat das Gericht die Beweisfragen inhaltlich konkret und fallbezogen ausformuliert oder nur allgemeine, eher rechtsnormative Fragen dazu benannt, wo das Kind zukünftig seinen Lebensmittelpunkt haben soll, wie die Umgänge geregelt werden sollen oder ob Eingriffsschwellen wegen Kindeswohlgefährdung überschritten wurden?
- Hat sich der Gutachter zeitnah gemeldet, nachdem der Beschluss zur Erstellung eines Gutachtens ergangen ist, oder gab es auffällige Verzögerungen?
- Ergeben sich Anhaltspunkte für gezielte Verzögerungen durch die Gegenseite?
- Gibt es Hinweise auf einseitige Kontaktaufnahmen des Sachverständigen, insbesondere in Form von fallbezogenen Gesprächen mit einem Elternteil, bevor er Kontakt zum anderen aufgenommen hatte?
- Hat der Sachverständige die Eltern im Erstgespräch über seine rechtlichen Pflichten, seine fachliche Orientierung, seine Arbeitsweise und ihre Rechte aufgeklärt?
- Beschränkt sich die Planung der Begutachtung auf die Untersuchung der vom Gericht vorgegebenen Fragestellungen oder ergeben sich aus den vom Sachverständigen dokumentierten Prüfkriterien bzw. psychologischen Fragen Hinweise, dass er die Absicht hatte, den gerichtlichen Auftrag nur teilweise zu bearbeiten oder eigenmächtig zu erweitern?
- Sind die psychologischen Fragen hinreichend fallbezogen ausformuliert?
- Werden die psychologischen Fragen ausschließlich mit unstreitigen Anknüpfungstatsachen begründet?
- Haben dem Gutachter alle Akten vorgelegen, die in dieser Angelegenheit von Bedeutung sein könnten?
- Ergeben sich aus dem Gespräch mit dem Gutachter Hinweise, dass er sich über die Inhalte der Akten nicht gründlich informiert hat, weil er beispielsweise keine Kenntnis von wichtigen Unterlagen oder besonderen Ereignissen aus der aktenkundigen Vorgeschichte hat?

- Ergeben sich Hinweise darauf, dass ein Elternteil dem Gutachter Unterlagen zukommen ließ, die dem anderen nicht zugänglich gemacht wurden?
- Wurden die Eltern vor den Untersuchungsgesprächen darüber aufgeklärt, dass sie gegebenenfalls auch Personen ihres Vertrauens hinzuziehen können und dass sie das Recht auf Anwesenheit bei den Untersuchungen der Kinder haben?
- Plant der Gutachter dirigistisch, indem er verbindliche Vorgaben macht, oder versucht er, das Vorgehen kooperativ und im Einvernehmen mit den Beteiligten zu besprechen?
- Arbeitet der Gutachter transparent, indem er den Eltern während der Untersuchungsgespräche Rückmeldungen über seinen Erkenntnisstand und seine Eindrücke vermittelt und sie an der Planung weiterer Untersuchungen beteiligt?
- Spricht der Gutachter von sich aus Themen an, die keinen Bezug zur gerichtlichen Fragestellung haben?
- Stellt der Gutachter ohne nähere Begründung Fragen zu persönlichen Wertvorstellungen, zu Glaubensangelegenheiten oder zur persönlichen Intimsphäre?
- Werden bei der Begutachtung auch Informationen über unbeteiligte Dritte erhoben und dokumentiert, ohne dass deren Erlaubnis dazu eingeholt wurde?
- Gibt der Gutachter wertende Kommentare zu gegenseitigen Vorhaltungen der Eltern ab?
- Gelingt es dem Gutachter, eine vertrauensvolle Beziehung zum Kind aufzubauen und es ohne unzumutbare Belastungen zu befragen und in die Begutachtung einzubinden?
- Ist der Gutachter in den Untersuchungsgesprächen stärker auf die Perspektive der Eltern fokussiert als auf die Perspektive der Kinder?
- Verweigert der Gutachter den Eltern die Hinzuziehung einer Person ihres Vertrauens?
- Nimmt der Gutachter neue Vorhaltung, die ein Elternteil gegen den anderen erhebt, zum Anlass, dazu eigene Ermittlungen durchzuführen, statt das Gericht um Anweisung zu bitten?
- Werden im Untersuchungsprotokoll Gesprächsinhalte und Verhaltensbeobachtungen sachlich und neutral wiedergegeben oder werden sie im Bericht zum Teil wertend kommentiert?
- Nimmt der Gutachter unbefugte Kontrollen der örtlichen Verhältnisse oder des Zustands der Wohnung vor?
- Delegiert der Gutachter wichtige Teile der Untersuchungen an Mitarbeiter, ohne das Gericht zuvor über den Umfang ihrer Tätigkeit zu informieren und die gerichtliche Erlaubnis dafür einzuholen?
- Erfolgte bei der Darstellung der Untersuchungsergebnisse zu den Interaktionsbeobachtungen eine klare Trennung zwischen Verlaufsbeschreibung und gutachterlicher Bewertung des Verhaltens oder wird die Objektivität der Beschreibungen durch die Wahl falscher Adjektive oder wertender Konnotationen beeinträchtigt?
- Wurden bei den Bewertungen der Ergebnisse der Verhaltensbeobachtungen stets die Grenzen ihrer Verallgemeinerbarkeit berücksichtigt oder wurden daraus unzulässige Rückschlüsse auf den familiären Lebensalltag gezogen?

- Wurde bei testdiagnostischen Untersuchungen im Gutachten begründet, weshalb diese erforderlich waren und weshalb die eingesetzten Testverfahren für die zu untersuchenden Personen und die Beantwortung der gerichtlichen Beweisfragen geeignet sind?
- Hat der Gutachter die Eltern auf ihr Recht hingewiesen, testdiagnostische Untersuchungen abzulehnen oder hat er Druck ausgeübt, um die Zustimmung zu einer testdiagnostischen Untersuchung zu erhalten, indem er beispielsweise angedeutet hat, dass ihnen aus der Ablehnung Nachteile entstehen könnten?
- Wurden mehr testdiagnostische Untersuchungen durchgeführt, als es für die Beantwortung der Fragestellung erforderlich ist?
- Enthält das Gutachten Hinweise auf die Wahrscheinlichkeit für falsch-positive Diagnosen?
- Wurden auffällige Testergebnisse durch weitere Untersuchungen überprüft, bevor sie als hinreichend gesichert eingestuft wurden?
- Wurde im Gutachten auch nach Hinweisen für mögliche Ressourcen der Eltern und Kinder gesucht oder waren die Untersuchungen einseitig defizitfokussiert?
- Hat der Gutachter die Bearbeitung der Fragebögen kontrolliert und Einflüsse Dritter ausgeschlossen, oder hat er das Material den Eltern zur Bearbeitung mit nach Hause gegeben?
- Werden im Ergebnisteil ausschließlich Informationen oder Sachverhalte dokumentiert, die aus den Akten und Unterlagen entnommen oder durch gutachterliche Untersuchungen erhoben wurden und werden diese objektiv, sachlich und ohne bewertende Attribuierungen beschrieben?
- Wird im Gutachten nachvollziehbar erläutert, wie der Gutachter zu seinen Erkenntnissen gelangt ist und nach welchen Gesichtspunkten er diese zu einem Befund zusammengefasst hat?
- Besteht im Gutachten eine klare Trennung der Befunde von den Untersuchungsergebnissen?
- Stützen sich die Befunde auf konkrete Sachverhalte, die unstrittig und nach dem Prinzip der Mehrfachbelege abgesichert sind?
- Ist die gutachterliche Einschätzung der Sicherheit der Befunde nachvollziehbar begründet oder beruft sich der Gutachter auf subjektive Einschätzungen, indem er diese pauschal als zweifelsfrei einstuft oder eine an Sicherheit grenzende Wahrscheinlichkeit erkannt haben will?
- Sind die gutachterlichen Rückschlüsse und Empfehlungen tatsachenbasiert, transparent und nachvollziehbar begründet oder stützen sie sich eher auf persönliche Meinungen, pauschale Würdigungen und intransparente Begründungen?
- Weisen die gutachterlichen Empfehlungen einen hinreichenden Bezug zur gerichtlichen Fragestellung auf? Grenzen sie wichtige Aspekte aus oder überschreiten sie den durch die gerichtliche Fragestellung vorgegebenen Rahmen?
- Werden gutachterliche Empfehlungen ausschließlich mit Besonderheiten oder Verhaltensweisen eines Elternteils begründet, die als negativ eingeschätzt werden, ohne dass die konkreten Auswirkungen auf das Kind untersucht wurden?

- Erstrecken sich die gutachterlichen Überlegungen zu den Vor- und Nachteilen verschiedener Maßnahmen auch auf den normativ-rechtlichen Bereich, indem unbefugt Fragen beantwortet werden, ob rechtliche Eingriffsschwellen überschritten sind und Eingriffe in die Rechte von Kindern und Eltern erforderlich sind, wie der ständige Aufenthalt des Kindes zu regeln ist oder welche konkrete Umgangsregelung dem Kindeswohl am besten entspricht?
- Sind die gutachterlichen Empfehlungen einzelfallbezogen oder werden sie mit pauschalen fallunabhängigen Argumenten begründet?
- Werden bei der Begutachtung mehrerer Kinder die Fragen für jedes einzelne Kind unter Berücksichtigung seiner individuellen Lebenssituation, seines Entwicklungsstands und seiner Bedürfnisse gesondert beantwortet?
- Werden bei den gutachterlichen Empfehlungen auch die damit verbundenen Nachteile oder Belastungen für die Kinder berücksichtigt und wurden Vor- und Nachteile angemessen gegeneinander abgewogen und unter Umständen auch andere Empfehlungen als Alternativen zweiter Wahl entwickelt?

4.10 Stellungnahme zum Gutachten – Konflikt- oder Lösungssuche

Das Gericht leitet das Gutachten nach Eingang an die Verfahrensbevollmächtigten der Eltern weiter und räumt ihnen eine Frist zur Stellungnahme ein. Diese stimmen sich dann diesbezüglich mit ihren Mandanten ab. Falls das Gutachten aus Sicht des Gerichts oder der Parteien Fragen offenlässt, kann der Gutachter um eine ergänzende Stellungnahme zu einzelnen Fragen gebeten werden. Diese wird manchmal in schriftlicher Form angefordert, gelegentlich aber auch im Rahmen einer gerichtlichen Anhörung unter Einbeziehung des Gutachters mündlich besprochen. Zu diesem Zeitpunkt entscheidet sich meistens, wie sich das Verfahren weiterentwickelt. Falls die Eltern mit dem Ergebnis im Wesentlichen einverstanden sind, kann das Verfahren im Einvernehmen beendet werden. Daher sollten Eltern, die an einem zügigen Abschluss des Verfahrens interessiert sind, etwas großzügig über eventuelle Bedenken im Hinblick auf das Gutachten hinwegsehen und deswegen keine Nebenkriegsschauplätze eröffnen.

Manchmal liefert das Gutachten aber auch Anlass zu weiteren Auseinandersetzungen. Wenn der richterliche Beschluss nicht von beiden Parteien akzeptiert wird, kann Widerspruch dagegen eingelegt werden, der dann vom Oberlandesgericht geprüft werden muss. Dabei ist besonders zu berücksichtigen, welche Bedeutung eventuellen Mängeln des Gutachtens zugewiesen wird. Falls das Gericht in dem Gutachten wesentliche Mängel erkannt hat, kann es weitere Gutachten in Auftrag geben. Dann muss das Gericht jedoch nachvollziehbar begründen, welche Mängel es sieht und warum es sich nicht in der Lage sieht, die gutachterlichen Empfehlungen nachzuvollziehen. Gerichte scheinen jedoch wenig Gespür für inhaltliche und methodische Fehler bei der Erstellung von Gutachten zu haben. Eine Umfrage von Schmidt (2021) bei mehr als 300 Gerichten ergab, dass dort 96 % der in Auftrag gegebenen Gutachten als positiv eingestuft wurden und dass 95 % der Richterinnen und Richter „mindestens regelmäßig mit der Einschätzung der von ihnen beauftragten Gutachter übereinstimmen" (S. 410). Diese Zufriedenheit der Auftraggeber scheint jedoch wenig mit der Qualität der Gutachten zu tun zu haben. Nach Ansicht von Boehme-Neßler (2014) besteht zwischen Gerichten und Sachverständigen ein Abhängigkeitsverhältnis mit prekärer Balance.

Falls ein Gutachten jedoch grobe Mängel aufweist, finden auch Eltern oder ihre Verfahrensbevollmächtigten ohne besondere psychologische Fachkompetenz dafür schon bei erster Durchsicht konkrete Anhaltspunkte. Aus anwaltlicher Sicht kann beispielsweise geprüft werden, ob es bei der Begutachtung zu folgenden Verstößen gegen Rechtsvorschriften gekommen ist (siehe hierzu auch Korn-Bergmann, 2013; Korn-Bergmann & Purschke, 2013). Dazu gehören insbesondere:

- Verstöße gegen Regeln der Zivilprozessordnung (ZPO §§ 402 ff.)
- Mangelnde Berücksichtigung der Rechtsnorm und der entsprechenden obergerichtlichen Entscheidungen bei den gutachterlichen Empfehlungen
- Unzulässige Vermischung von status- bzw. entscheidungsorientierter Begutachtung und lösungsorientierter Begutachtung
- Fehlerhafte Verwendung streitiger Anschlusstatsachen, obwohl die Klärung streitiger Tatsachen den Gerichten vorbehalten ist
- Eigenmächtige Veränderungen des Beweisauftrags, möglicherweise in verdeckter Form bei der Umformulierung des gerichtlichen Beweisauftrags in psychologische Fragen oder durch gutachterliche Empfehlungen zu Fragen, die nicht im Beweisauftrag enthalten sind (ein Beispiel wären Empfehlungen zur Umgangsregelung, wenn das Gutachten nur zur Vorbereitung einer Entscheidung zum Aufenthaltsbestimmungsrecht in Auftrag gegeben wurde)
- Unzulässige Einbeziehung weiterer Personen ohne richterliche Anordnung
- Gutachterliche Empfehlungen, die rechtlich nicht haltbar und nicht umsetzbar sind
- Unzureichende Aufklärung der Eltern und Kinder über deren Rechte sowie Erfordernis und Zweck der einzelnen Untersuchungsmaßnahmen.

Wenn sich Anhaltspunkte für gravierende Mängel ergeben, kann erwogen werden, einen Experten mit der Erstellung einer methodenkritischen Stellungnahme zu beauftragen. Bei einer solchen Expertise handelt es sich nicht um ein Zweit- oder Gegengutachten, sondern um eine fachkundige Überprüfung eines bereits erstellten Gutachtens im Hinblick auf Verstöße gegen methodische Fachstandards und inhaltliche Mängel. Der beauftragte Experte führt dazu keine ergänzenden Untersuchungen durch und bezieht sich auch ausschließlich auf das schriftliche Gutachten und nicht auf weitere Informationsquellen. Dabei sollten allerdings auch die Nachteile einer solchen Maßnahme beachtet werden. Manche Gerichte sehen darin unter Umständen einen Eingriff in die richterliche Unabhängigkeit (Salzgeber, 2020, Rn. 258) und setzen sich daher nicht mit einer solchen Expertise auseinander. Gelegentlich wird auch unterstellt, dass es sich dabei um eine Gefälligkeitsexpertise handle, was tatsächlich der Fall sein kann, weil sich die Erstellung von Expertisen auch als einträgliches Geschäftsmodell erwiesen hat, sodass für den Auftraggeber daraus erhebliche Mehrkosten entstehen können. Auf jeden Fall sollte darauf geachtet werden, dass der Ersteller einer Expertise über eine ausgewiesene Fachkunde als Gutachter verfügt, sich der Neutralität und Unparteilichkeit verpflichtet fühlt und an den aktuellen methodischen Fachstandards orientiert.

Ein Sonderfall ist die Begutachtung eines Elternteils nach Aktenlage. Da die Untersuchungen stets mit Eingriffen in die Privatsphäre und die Persönlichkeitsrechte verbunden sind, ist niemand verpflichtet, sich begutachten zu lassen. Für Sachverständige gilt daher das Prinzip der informierten Einwilligung (Zumbach et al., 2020), auf die Sachverständige die zu begutachtenden Personen hinweisen müssen. Diese haben das Recht, ihre Begutachtung insgesamt oder in Teilen abzulehnen. Sachverständige dürfen solche Weigerungen nicht zum Nachteil der betreffenden Personen auslegen und insbesondere daraus keine Rückschlüsse auf die Erziehungsfähigkeit ziehen (Salzgeber, 2020, Rn. 324). Gerichte können dann allerdings anordnen, dass das Gutachten ohne Beteiligung des betreffenden Elternteils und ohne Bewertung seines Verhaltens auf Grundlage der Akten erstellt wird (Salzgeber, 2020, Rn. 325). Manche Sachverständigen prüfen und beantworten dann trotzdem die gerichtlichen Beweisfragen vollständig, ohne dabei auf die Einschränkungen hinzuweisen, die sich aus der fehlenden Untersuchung des betreffenden Elternteils ergeben und stützen sich dann ausschließlich auf aktenkundige Anknüpfungstatsachen. Dabei vernachlässigen sie, dass Anknüpfungstatsachen nur hypothesengenerierend interpretiert werden dürfen und erstellen auf dieser Grundlage die psychologischen Befunde, aus denen sie dann ihre Empfehlungen ableiten. Dieses Vorgehen wird dann häufig mit einer unzulässigen Schuldzuweisung gegen den betreffenden Elternteil gerechtfertigt, indem darauf hingewiesen wird, dass dieser sich darüber nicht beklagen könne, da ihm doch die Beteiligung an der Begutachtung angeboten worden sei. In solchen Fällen besteht Anlass zu Zweifeln, ob die Begutachtung neutral und ergebnisoffen durchgeführt wurde. Wenn ein Sachverständiger der Meinung ist, dass man eine hinreichende Befunderhebungen und die uneingeschränkten Beantwortungen der Beweisfragen gegebenenfalls auch ohne Untersuchungen nach Aktenlage durchführen kann und darf, muss man sich fragen dürfen, warum dann gutachterliche Untersuchungen überhaupt noch erforderlich sind.

> **Fazit**
>
> Es ist unbestreitbar, dass manche Gutachten, möglicherweise sogar viele, gravierende Mängel aufweisen. Wenig erfolgversprechend ist die Strategie mancher Eltern, eine Begutachtung zunächst über sich ergehen zu lassen und das Ergebnis entweder hinzunehmen, sofern man damit zufrieden ist, oder die Begutachtung im Nachhinein heftig zu kritisieren, um eventuellen Nachteilen noch in letzter Minute entgegenzuwirken. Eltern sollten sich stattdessen sachkundig machen und die Begutachtung mit kritischer Offenheit begleiten. Sie sollten auch nicht unterschätzen, welche Möglichkeiten sie haben, mit konstruktiven Fragen und eigenen Vorschlägen auf den Verlauf der Begutachtung einzuwirken. Sollten Eltern jedoch an einen Sachverständigen geraten, der es ablehnt, den Ablauf der Begutachtung gemeinsam mit ihnen zu planen und transparent zu gestalten, und der die Maßnahmen, die er für erforderlich hält, nicht begründet, sondern schlichtweg anordnet, können sie sich in Absprache mit ihren Verfahrensbevollmächtigten rechtzeitig Gedanken darüber machen, ob sie eine Beteiligung an der Begutachtung insgesamt oder in Teilen ablehnen.

Literatur

Arbeitsgruppe Familienrechtliche Gutachten. (2019). *Mindestanforderungen an die Qualität von Sachverständigengutachten im Familienrecht* (2. Aufl.). Deutscher Psychologenverlag.

Balloff, R. (2021). Kindeswohl, Kindeswohlgefährdung, Kindeswille in der familiengerichtspsychologischen Begutachtung. *ZKJ, 16 (1)*, 10-20.

Bamberger, G. G. (2015). *Lösungsorientierte Beratung* (5. Aufl.). Beltz.

Bannink, F. (2015). *Lösungsfokussierte Fragen – Handbuch für die lösungsfokussierte Gesprächsführung*. Hogrefe.

Baumann, M., Biegel, C.M., Rücker, S., Serafin, M., & Wiesner, R. (2022a). Zur Notwendigkeit professioneller Intervention bei Eltern-Kind-Entfremdung – Teil 1. *ZKJ, 13* (7), 244–252.

Baumann, M., Biegel, C.M., Rücker, S., Serafin, M., & Wiesner, R. (2022b). Zur Notwendigkeit professioneller Intervention bei Eltern-Kind-Entfremdung – Teil 2. *ZKJ, 13* (8), 292–299.

Boehme-Neßler, V. (2014). Prekäre Balance: Überlegungen zum heiklen Verhältnis von Richtern und Gutachtern. *Ztschr. für rechtswissenschaftliche Forschung, 2,* 189–227.

Carl, E., Clauß, M., & Karle, M. (2015). *Kindesanhörungen im Familienrecht – Rechtliche und psychologische Grundlagen sowie praktische Durchführung.* Beck.

Celler Empfehlungen. (2015). *Inhaltliche Anforderungen an Sachverständigengutachten in Kindschaftssachen – Empfehlungen einer Arbeitsgruppe von Richterinnen und Richtern der Familiensenate des Oberlandesgerichts Celle.* https://www.famrb.de.

Dettenborn, H., & Walter, E. (2022). *Familienrechtspsychologie* (4. Aufl.). Reinhardt.

Diagnostik- und Testkuratorium der Föderation Deutscher Psychologenvereinigungen. (2017). *Qualitätsstandards für psychologische Gutachten.* https://www.dgps.de/fileadmin/documents/Empfehlungen/GA_Standards_DTK_10_Sep_2017_Final.pdf.

Gardner, R. (1987). *The Parental Alienation Syndrome and the differentiation between fabricated genuine sex abuse.* Creative Therapeutics: Selbstverlag.

Hommers, W. (2022). *Sorge- und umgangsrechtliche Testbatterie SURT* (2. Aufl.) Huber.

Jacob, A. (2022). *Interaktionsbeobachtung von Eltern und Kind. Methoden – Indikation – Anwendung* (3. Aufl.). Kohlhammer.

Köhler, I. (2020). Sachverständigengutachten in Kindschaftssachen - Beweiserhebung und Qualifikation des Sachverständigen. *ZKJ 15 (11)*, 421–426.

Korn-Bergmann, M. (2013). Gutachter – „Heimliche Richter" im Kindschaftsverfahren? – Überblick und rechtliche Grundlagen. *FamRB, 9,* 302–307.

Korn-Bergmann, M., & Purschke, A. (2013). Gutachter – „Heimliche Richter" im Kindschaftsverfahren? – Interdisziplinäre Anforderungen an Gutachter und Gutachten. *FamRB, 10,* 338–343.

Korn-Bergmann, M. (2014). Gutachter – „Heimliche Richter" im Kindschaftsverfahren? *Lösungsansätze und anwaltliche Handlungsoptionen. FamRB-Beratungspraxis, 13*(1), 25–29.

Lack, K., & Hammesfahr, A. (2019). *Psychologische Gutachten im Familienrecht – Handbuch für die rechtliche und psychologische Praxis.* Reguvis – Bundesanzeiger Verlag.

Lenz, A. (2014). *Kinder psychisch kranker Eltern* (2. Aufl.). Hogrefe.

Lenz. A. & Wiegand-Grefe, S. (2017). Kinder psychisch kranker Eltern. Göttingen: Hogrefe.

Niehaus, S., Volbert, R., & Fegert, J. M. (2017). *Entwicklungsgerechte Befragung von Kindern im Strafverfahren.* Springer.

Noeker, M., & Keller, K. M. (2002). Münchhausen-by-proxy-Syndrom als Kindesmisshandlung. *Monatsschrift Kinderheilkunde, 150,* 1357–1369.
OLG Düsseldorf. (2023). Beschluss vom 14.02.2023 (45 F 208/21)
OLG Schleswig, Beschluss vom 07.05.2020 (13 UF 4/20): openJur 2020, 6585).
Plass, A., & Wiegand-Grefe, S. (2012). *Kinder psychisch kranker Eltern.* Beltz.
Proyer, R. T., & Ortner, T. M. (2010). *Praxis der Psychologischen Gutachtenerstellung.* Huber.
Salzgeber, J. (2020). *Familienpsychologische Gutachten* (7. Aufl.). Beck.
Salzgeber, J., & Bublath, K. (2019). Soll und kann der familienrechtspsychologische Sachverständige die Fragestellung des Gerichts beantworten? *FamRZ, 66* (Heft 21), 1753–1832.
Salzgeber, J., Bretz, E., & Bublath, K. (2022). *Arbeitsbuch familienpsychologische Gutachten* (2. Aufl.). Beck.
Schmidt, J.-R. (2021). Was will das Kind? – Die Wechselwirkungen zwischen Recht und Psychologie bei der Frage nach dem Kindeswillen im kindschaftsrechtlichen Verfahren. *ZKJ, 16*(11), 407–411.
Splitt, A. (2018). Rechtsfragen im Zusammenhang mit familienpsychologischen Sachverständigengutachten. *FamRZ, 2,* 51–59.
Staub, L. (2023). *Das Wohl des Kindes bei Trennung und Scheidung* (2. Aufl.). Hogrefe.
Temizyürek, K. (2014). *Das Stufenmodell der Bindungsfürsorge. ZKJ, 5*(6), 228–231.
Westhoff, K., Terlinden-Arzt, P., & Klüber, A. (2000). *Entscheidungsorientierte psychologische Gutachten für das Familiengericht.* Springer.
Zimmermann, J., Fichtner, J., Walper, s. Lux, U., & Kindler, H. (2023a). Verdorbener Wein in neuen Schläuchen – Teil 1. *ZKJ, 14*(2), 43–50.
Zimmermann, J., Fichtner, J., Walper, s. Lux, U. & Kindler, H. (2023b). Verdorbener Wein in neuen Schläuchen – Teil 2. *ZKJ, 14*(3), 83–89.
Zumbach, J., Lübbehusen, B., Volbert, R., & Wetzels, P. (2020). *Psychologische Diagnostik im familienrechtlichen Verfahren.* Hogrefe.

5

Hoch eskalierte Trennungskonflikte

Inhaltsverzeichnis

5.1 Konfliktmerkmale – Wie sich Konflikte verselbstständigen können 135
5.2 Ursachen des hoch eskalierten Konflikts – Besser ein heftiger Streit als keine Gefühle? 141
5.3 Auswirkungen hoch eskalierter Konflikte auf Kinder und Eltern – Streit als Belastung und Herausforderung. 144
5.4 Umgangsboykott – Der völlige Bruch. 148
5.5 Regelungs- und Interventionsmöglichkeiten – Hilflose Helfer?........ 152
Literatur 162

5.1 Konfliktmerkmale – Wie sich Konflikte verselbstständigen können

Trennungen sind meistens – wenn auch nicht immer – konfliktreich und hinterlassen Verletzungen. Dies hat zur Folge, dass sich Eltern dann häufig nicht unbelastet über die Regelungen der Trennungsfolgen verständigen können. Wie schon in Abschn. 1.1 erläutert wurde, kann dies dann zu weiteren Auseinandersetzungen führen, die unter Umständen bis zum „Kampf um jeden Preis" (Alberstötter, 2004) eskalieren können. In solchen Fällen können die zu regelnden Angelegenheiten nicht mehr sachlich verhandelt werden, weil solche Fragen im Beziehungskrieg nur noch instrumentalisiert werden. Daher wird diese Problematik in der Fachliteratur meistens als Sonderfall beschrieben, der sich in Konfliktintensität und -qualität von den meisten Trennungs- und

Trennungsfolgeauseinandersetzungen unterscheidet, wobei teilweise unterschiedliche Benennungen erfolgen. Alberstötter (2004) bezeichnet solche Konflikte als hoch eskaliert, Dettenborn und Walter (2022) und Fichtner (2012, 2015) als hoch konflikthaft oder Sünderhauf (2013) als hoch strittig. Die Bezeichnung hoch eskaliert stellt wohl am besten klar, dass damit keine Persönlichkeitsmerkmale der streitenden Personen gemeint sind, sondern eher Besonderheiten der Auseinandersetzung. Die Streitbarkeit der Personen wird dann eher als Ursache und nicht als Merkmal des Konflikts gesehen.

Wie wird gestritten?

Ein hoch eskalierter Konflikt unterscheidet sich vom normalen Konflikt im Hinblick auf den Verlauf und die Intensität (Fichtner, 2012). Der Konflikt nimmt zu und verharrt dann auf einem sehr hohen Niveau, von dem die Parteien dann im Gegensatz zu anderen Paaren nicht wieder herunterkommen. Auf diese Weise entsteht der Eindruck, dass der Konflikt sich verselbstständigt hat und man ihm daher möglicherweise mit anderen Maßnahmen begegnen muss als den normalerweise üblichen. Eine solche Eigendynamik des Konflikts ist allerdings eher selten und liegt nach Schätzungen bei etwa 5 % aller Trennungen (Dietrich & Paul, 2006). Castellanos (2021) geht von etwa 10 % aus. Zu den häufigsten Besonderheiten solcher Konflikte gehören

- eine Konfliktdauer, die sich über Jahre hinzieht und in einen Streit ohne Ende münden kann;
- eine besondere Heftigkeit der Auseinandersetzungen, die manchmal ohne Rücksicht auf Verluste geführt werden;
- die emotionale Überforderung von Kindern und Eltern, oft verbunden mit Gefühlen von Macht- und Hilflosigkeit;
- offene Beeinflussungen der Kinder, sowohl verbal als auch materiell;
- verdeckte, subtile Beeinflussungen der Kinder durch verbale und nonverbale Signale, die manchmal gar nicht bewusst wahrgenommen werden.

Beispiel

Eine Mutter erklärte bei einer gerichtlichen Anhörung, dass die vierjährige Tochter jeglichen Kontakt zum Vater ablehne, obwohl sie alles Erdenkliche versucht habe, das Kind zu überreden. Auf die Frage der Richterin, wie sie dabei vorgegangen sei, erläuterte sie: „Ich sage dem Kind immer: Du kannst den Papa gerne besuchen. Du brauchst doch keine Angst zu haben, der tut Dir doch nichts."

In der Fachliteratur finden sich verschiedene Listen von Merkmalen, die bei hocheskalierten Konflikten immer wieder zu beobachten sind. So nennt beispielsweise Sünderhauf (2013) unter Bezugnahme auf diverse Quellen folgende Kriterien für Hochstrittigkeit:

- Andauernde Schwierigkeiten hinsichtlich der Kommunikation und Koordination der Erziehung der gemeinsamen Kinder
- Hoher Grad an Wut und Misstrauen zwischen den geschiedenen Partnern
- Offene sowie verdeckte Feindseligkeit
- Kindzentrierte Rechtsstreitigkeiten über Sorgerecht und Umgangsrecht sowie deren häufige Wiederaufnahme
- Unfähigkeit oder Unwilligkeit, kleinere Konflikte, die andere Paare allein lösen können, ohne gerichtliche Hilfe zu lösen
- Schwere, nicht bewiesene Anschuldigungen über Verhalten und Erziehungspraktiken des Expartners: Vernachlässigung, Missbrauch und Belästigung der Kinder, Kidnapping, häusliche Gewalt, Substanzmissbrauch oder -sucht (Alkohol, Drogen, Medikamente etc.)
- Sabotage der Beziehung gemeinsamer Kinder zum anderen Elternteil
- Nichteinhaltung gerichtlich und außergerichtlich getroffener Regelungen
- Demütigung, Verleugnung, Schikane des Expartners
- Verbale und physische Gewalt bei Kontakten
- Ausweitung des Konfliktsystems, d. h. außenstehende Personen, zum Beispiel Verwandte, Freunde, neue Partner etc., aber auch viele professionelle Personen wie Anwälte, Therapeuten, Berater etc. werden als Helfer in die Streitigkeiten einbezogen
- Kinder werden in Paarkonflikte und Rechtsstreitigkeiten einbezogen und instrumentalisiert, ihre Bedürfnisse geraten aus dem Blick
- Versuche der außergerichtlichen Einigung (Beratung, Mediation) schlagen fehl

Dettenborn und Walter (2022) stellen ebenfalls eine Liste von Kriterien für hohe Konflikthaftigkeit zusammen, wobei sie in Abhängigkeit von der Anzahl der auf den jeweiligen Fall zutreffenden Kriterien unterschiedliche Eskalationsgrade festlegen. Ein solches Vorgehen erscheint jedoch etwas problematisch, da in diesem Fall der Ausprägungsgrad der einzelnen Merkmale unberücksichtigt bleibt. Es gibt Fälle, auf die nur eine geringe Anzahl von Merkmalen zutrifft, die jedes für sich jedoch derart extrem ausgeprägt sind, dass der Konflikt insgesamt als extrem konfliktreich angesehen werden muss. Im Einzelnen werden benannt:

- Schikanehandlungen
- Gegenseitiges Drohverhalten mit Ultimatum (Eskalationsdialog)
- Verharren im Vorwurfskreislauf
- Allianzbildung
- Behinderung der Kommunikation zwischen den Konfliktparteien
- Überhöhte Kontrollansprüche in Bezug auf das Verhalten des Konfliktpartners
- Gewaltanwendung in der jüngeren Vergangenheit
- Psychopathologisierung des Konfliktpartners
- Kriminalisierung des Konfliktpartners
- Selbstschädigung (Verlustignoranz) – man nimmt Nachteile in Kauf, die größer sind als der zu erwartende Nutzen eines möglichen Sieges
- Häufig wechselnde Rechtsvertretung
- Ausgeprägte Gerichtsanhängigkeit
- Nichteinhaltung von Maßnahmen
- Mangelnde Bereitschaft zur Nutzung professioneller Hilfe
- Hohe Anzahl der Konfliktthemen
- Drohverhalten gegenüber professionellen Dritten
- Belastung des Kindes bei Abwesenheit des Konfliktpartners (Schlechtreden, Beeinflussung, Behinderung der Kommunikation)
- Belastung des Kindes bei Anwesenheit beider Konfliktpartner

> Und wer hat Schuld?

Solche Listen sind nicht unproblematisch, weil hier verschiedene Aspekte über einen Kamm geschoren werden. Manche Merkmale beziehen sich auf den gerichtlichen Verfahrensablauf (zum Beispiel die Dauer, die Häufigkeit des Wechsels der Anwälte), andere eher auf strukturelle und dynamische Merkmale des Konflikts (zum Beispiel die Anzahl der Konfliktthemen) oder auf die Streitlust bzw. Streitmotivation der handelnden Personen oder auch auf die Auswirkungen des Konflikts auf die Kinder. Wenn ein Fall erst einmal als hoch konflikthaft eingestuft ist, wirkt sich das unter Umständen völlig unabhängig von der Art des Konflikts und die Hintergründe darauf aus, wie Gerichte und Sachverständige den Fall weiterbearbeiten. Außerdem wird hier ein Werturteil gefällt, das eigentlich in solchen Verfahren nichts zu suchen hat, zumal es meistens mit latenten Schuldzuweisungen verbunden ist, weil dann davon ausgegangen wird, dass eine der beiden streitenden Parteien die Konflikte zulasten des anderen und der Kinder schürt. Seltener wird nach Konfliktursachen unterschieden, wobei es dann aber unter Umständen ebenfalls zu einseitigen Schuldzuweisungen kommt, indem einem Elternteil mangelnde Konfliktfähigkeit aufgrund seelischer Störungen unterstellt wird, beispielsweise als Folge einer Borderline-Persönlichkeitsstörung, einer aggressiv-dissozialen Störung, einer querulatorischen Persönlichkeit oder eines Parental-Alienation-Syndroms. Die Zuschreibung einer Hochstrittigkeit oder Hochkonflikthaftigkeit dient häufig auch zur Begründung oder Rechtfertigung eines besonderen Aufwands wie beispielsweise eines lösungsorientierten Vorgehens. Außerdem wirken solche Listen wie Handlungsanweisungen für Personen, die gezielt den Streit suchen, oder wie Verbotslisten für Argumente und Vorhaltungen, die manchmal durchaus berechtigt sein können. Im Einzelfall ist es allerdings sehr schwierig, die Entwicklung der Konfliktdynamik schon zu Beginn einer gerichtlichen Trennungsauseinandersetzung vorherzusagen. Manche Auseinandersetzungen sind schon von Anfang an äußerst strittig, beruhigen sich dann aber schnell wieder, andere nehmen erst langsam Fahrt auf und laufen später völlig aus dem Ruder. In den meisten Fällen ist eine hoch konflikthafte Auseinandersetzung auch durch eine sehr umfangreiche Aktenlage dokumentiert, aus der sich die Entwicklung der Konfliktdynamik nachzeichnen lässt. Dabei sollte zunächst geprüft werden, ob sich der Konflikt aus irgendwelchen Gründen verselbstständigt hat und ob man dieser Entwicklung noch entgegenwirken kann.

Mit dem Problem der Hochkonflikthaftigkeit setzen sich die meisten der hier zitierten Fachbuchautoren gründlich auseinander (unter anderem Lack & Hammesfahr, 2019; Salzgeber, 2020; Castellanos, 2021; Balloff, 2022; Dettenborn & Walter, 2022; Staub, 2023). Es handelt sich dabei nicht um ein rechtsnormatives Kriterium, sondern um ein psychologisches Konstrukt, das wegen seiner Mehrdeutigkeit fallbezogen konkretisiert werden muss. Umso besorgniserregender ist die zunehmende, fast inflationäre Verwendung dieses Konstrukts bei der Begutachtung. Manche Sachverständige erwecken auf diese Weise den Eindruck, als hätten sie es überwiegend mit hochkonflikthaften Fällen zu tun oder dass ihrer Meinung nach schon die bloße Tatsache, dass eine Begutachtung erforderlich wird, die Einstufung als hochkonflikthafte Trennungsauseinandersetzung rechtfertige. Häufig wird dann eine einseitige Schuldzuweisung vorgenommen, indem die Verantwortung für diese Konfliktdynamik einem Elternteil zugeschrieben wird. In der familienrechtspsychologischen Fachliteratur werden vor allem Verhaltensstile von Personen und Eigenschaften dysfunktionaler Familiensysteme als Merkmale der Hochkonflikthaftigkeit benannt. Andererseits weist beispielsweise Castellanos (2021, Rn. 439) darauf hin, dass „bislang kein Zusammenhang zwischen dem Konfliktniveau des Paares vor der Trennung und dem Niveau des

Nachtrennungskonflikts" nachgewiesen wurde. Daraus könnte man schließen, dass sich das Augenmerk bisher zu wenig auf die belastenden strukturellen Faktoren wie das Rechtssystem, den Kinder- und Jugendschutz oder das Gutachterwesen gerichtet hat, mit denen sich beispielsweise Howard und Reitzig (2023) sehr ausführlich auseinandersetzen. Die Autorinnen beschränken sich dabei nicht nur auf eine Mängelkritik anhand zahlreicher Fallbeispiele, die in journalistischer Form aufgearbeitet werden, sondern stellen auch Vorschläge zur Behebung von strukturellen Mängeln zur Diskussion. Sie greifen damit auch eine Problematik auf, die bei Verdacht auf Kindeswohlgefährdung viel zu selten beachtet wird. Häufig werden von professionellen Akteuren im Verfahren Maßnahmen empfohlen oder Forderungen gestellt, ohne dass die damit verbundenen Risiken geprüft werden. Bei Inobhutnahmen der Kinder, bei Wechsel ihres Lebensmittelpunkts von einem Elternteil zum anderen oder bei Regelungen des Umgangs, die gegen den Willen des Kindes durchgesetzt werden müssen, werden Belastungen erzeugt, die möglicherweise gravierender sind als der vordergründige Nutzen, den man sich davon erhofft. Die mangelnde Berücksichtigung solcher Fehleinschätzungen professioneller Akteure und deren negative Auswirkungen bezeichnet man auch als sekundäre Kindeswohlgefährdung (erläutert in BVerfG, 2012; Salzgeber, 2020, Rn. 746). Die Einstufung einer gerichtlichen Auseinandersetzung als hoch konflikthaft dient gelegentlich als Zweckargument, um Empfehlungen Nachdruck zu verleihen oder Regelungen durchzusetzen, die mit besonderen Risiken verbunden sind.

Eltern sollten darauf achten, ob vom Sachverständigen bei der Begutachtung oder im schriftlichen Bericht Hinweise auf eine Hochkonflikthaftigkeit gegeben werden und welche Rückschlüsse daraus gezogen werden. Da es sich dabei um ein unscharfes Kriterium handelt, das fallbezogen konkretisiert werden muss, sollten insbesondere folgende Fragen geprüft werden:

- Wurde im Gutachten erläutert, auf welche Konfliktmerkmale sich die Einstufung der Hochkonflikthaftigkeit stützt?
- Wurde eine sachliche Begründung für die Einstufung gegeben oder wurde eher einseitig ein Elternteil dafür verantwortlich gemacht?
- Wurde das vermeintlich konfliktfördernde Verhalten eines Elternteils mit Tatsachen begründet oder eher unkonkret und pauschal mit Persönlichkeitseigenschaften wie Bindungsintoleranz oder eingeschränkter Kooperationsfähigkeit und -bereitschaft?
- Wurde hinreichend berücksichtigt, dass dysfunktionales Verhalten der Eltern nicht die Ursache der Hochkonflikthaftigkeit sein muss, sondern auch deren Folge sein kann?

- Wurden Fehleinschätzungen oder Fehlentscheidungen im Helfersystem als mögliche Konfliktursachen in Betracht gezogen und überprüft?
- Wurden schwer zu widerlegende Vermutungen dazu angestellt, welche nachteiligen Folgen die vermeintliche Hochkonflikthaftigkeit für die Kinder haben könnte (zum Beispiel Entfremdungen oder Bindungsstörungen)?

5.2 Ursachen des hoch eskalierten Konflikts – Besser ein heftiger Streit als keine Gefühle?

Das Konfliktverhalten kann personenspezifisch oder beziehungsspezifisch sein oder durch externe Ursachen wie Irrtümer, Missverständnisse oder Fehlentscheidungen im Helfersystem ausgelöst werden. Häufig sind es auch konkrete Anlässe, die den Konflikten plötzlich einen Schub geben. Darüber gibt es allerdings keine verlässlichen Statistiken, da die Anträge der Eltern vor Gericht und die Vorhaltungen, die sie dann im Verfahren vorbringen, meistens verfahrenstaktisch begründet sind und den eigentlichen Kern der Auseinandersetzung nicht unbedingt authentisch widerspiegeln. Aus gutachterlicher Erfahrung und Gesprächen mit anderen Experten entsteht jedoch der Eindruck, dass es kritische Ereignisse gibt, die besonders häufig Anlass zu besonders heftigen Auseinandersetzungen geben. Es gibt keine Trennungsauseinandersetzungen ohne gegenseitige Schuldvorwürfe. Andererseits stellt jeder Schuldvorwurf auch eine Kränkung dar, mit der empfindliche Gemüter nicht gut umgehen können, weil dadurch ihr Selbstwertgefühl infrage gestellt wird. Experten sprechen dann von einer narzisstischen Kränkung, die unter Umständen sehr heftige Affekte und ein Bedürfnis nach Vergeltung auslösen kann.

Ein eher altruistisches Motiv kann die Besorgnis um das Wohlergehen der Kinder sein. Unterschiedliche Vorstellungen in der Kindererziehung und die daraus resultierenden Meinungsverschiedenheiten sind kein seltener Anlass für eine Trennung. In solchen Fällen macht sich jeder Elternteil Hoffnungen, im Interesse der Kinder in Zukunft seine Erziehungsvorstellungen ohne Störung durch den anderen Elternteil umsetzen zu können, was dann schnell im Streit um den Lebensmittelpunkt der Kinder zu unlösbaren Problemen führen kann. Für den im Streit unterlegenen Elternteil ist die Vorstellung unerträglich, dass den Kindern in Zukunft all das zugemutet werden soll, wogegen er bis zur Trennung angegangen ist. Etwas abwertend wird von

Eltern manchmal argumentiert, dass es dem anderen in diesem Streit doch nur um das Geld gehe. Dabei sollte man jedoch im Auge behalten, dass die meisten Scheidungen oder Trennungen für beide Seiten eine finanzielle Schlechterstellung zur Folge haben und mancher Elternteil dadurch an den Rand des Existenzminimums oder darunter geraten kann. In solchen Fällen ist die Heftigkeit der Auseinandersetzung durch die Existenzbedrohung erklärbar. Eine weitere Ursache für eine Beschleunigung der Konfliktdynamik kann ein unkontrolliertes Konfliktpotenzial eines Elternteils oder auch beider Eltern sein, das durch die gerichtlichen Auseinandersetzungen noch zusätzlich befeuert wird.

Die Intensität der Auseinandersetzung ist nicht nur vom Schweregrad der Problematik abhängig. Häufig sind es gerade die Fälle mit gleich gelagerten Vor- und Nachteilen ohne eindeutige Vorteile für eine Lösungsalternative, bei denen dann mit besonders großer Erbitterung gekämpft wird, weil die Entscheidung für die andere Seite dann häufig als Willkür erlebt wird, gegen die man sich heftig zur Wehr setzen will. Der Betreffende fragt sich dann, warum der andere die Kinder haben darf, obwohl man selbst doch ebenso gute Voraussetzungen zu bieten hat.

Schicksal oder böser Wille?

Eine hoch eskalierte Auseinandersetzung kann allerdings auch die Folge einer bewusst gewählten Prozessstrategie sein. Man trifft immer wieder auf Fälle, in denen es einer Partei ausschließlich um die konsequente Durchsetzung ihrer eigenen Interessen und Vorstellungen geht. Diesem Ziel werden alle anderen Überlegungen untergeordnet. Gegebenenfalls wird sogar der Anwalt ausgetauscht, wenn der bisherige nicht energisch genug vorzugehen scheint.

Konflikte können aber auch aus dem Ruder laufen, wenn bei einem Elternteil schwere seelische Störungen vorliegen, die bis dahin unerkannt waren. Typische Beispiele sind Personen mit querulatorischen Neigungen, die selbst bei jedem noch so guten Angebot der Gegenseite das berühmte Haar in der Suppe entdecken und dann alles wieder grundsätzlich infrage stellen. Solche Menschen wirken meistens sehr rechthaberisch und unbelehrbar und kämpfen mit allen Mitteln und gegen jeden, wenn sie meinen, dass man sie ungerecht behandelt habe. Sie sind aber auch besonders empfindlich und leicht verwundbar und haben schlechte Erfahrungen mit Zurücksetzungen oder Benachteiligungen gemacht. Ihre Streitbarkeit erscheint jedoch unermüdlich. Ihnen geht es dann im Verfahren weniger um das Wohl der Kinder oder den persönlichen Vorteil, sondern ausschließlich um ihre Vorstellung von Gerechtigkeit, wobei sie dann häufig im Verlauf der Auseinandersetzungen ihr ursprüngliches Ziel immer mehr aus den Augen verlieren. Der Konflikt gewinnt auch deswegen zunehmend an Dynamik, weil solche Personen in ihrem Umfeld oder bei Richtern, Anwälten oder Gutachtern Widerstände und Vorbehalte provozieren, die zu Gegenreaktionen führen, durch die sie sich dann erneut ungerecht behandelt fühlen. In besonders schweren Fällen geht man von einer Persönlichkeitsstörung oder gar von einem querulatorischen Wahn aus, der allerdings schwer zu therapieren ist und unter Umständen auch die Prozessfähigkeit der betreffenden Person beeinträchtigen kann.

Besonders schwierig werden solche Auseinandersetzungen auch, wenn Beteiligte an einer krankhaften Wahnvorstellung leiden und unbelehrbar davon überzeugt sind, dass dem Kind durch den anderen Elternteil Schlimmes zugefügt wurde, obwohl es dafür keine konkreten Anhaltspunkte gibt und sie auch keine konkreten Beispiele dafür benennen können.

> **Beispiel**
>
> Eine Mutter weigerte sich, ihre vierjährige Tochter besuchsweise an den Vater herauszugeben, weil es ihrer Meinung nach konkrete Anhaltspunkte dafür gab, dass das Kind im Umfeld des Vaters sexuell gefährdet sei. Der Vater wertete diese Bedenken fälschlicherweise als Zweckargument der Kindesmutter und argwöhnte, dass diese ihn völlig ausgrenzen wolle, woraufhin der Konflikt eskalierte. Später stellte sich heraus, dass sich die Besorgnisse der Kindesmutter auf Beobachtungen ihrer Mutter stützten. Die Großmutter hatte die vermeintlichen Auffälligkeiten sorgfältig protokolliert und durch Fotos und Videoaufzeichnungen ergänzt. Es handelte sich dabei um ein völlig unauffälliges Verhalten des Kindes, das beispielsweise spielerisch die Stäbe und Klötze ihres Baukastens in dafür vorgesehene Löcher steckte und wieder herauszog oder mal beiläufig die unteren Körperregionen ohne irgendein Anzeichen von Lustempfindungen oder emotionaler Beteiligung berührte. Die Kindesmutter und ihr Vater waren jedoch völlig davon überzeugt, dass die Großmutter mit ihren Bedenken im Recht sei. Als die Großmutter später auffälliger wurde und sich in stationäre Behandlung begeben musste, stellte sich heraus, dass sie an einer paranoiden Schizophrenie erkrankt war und auch an anderen wahnhaften Vorstellungen litt. In ihre Wahnvorstellungen im Hinblick auf das vermeintlich sexualisierte Verhalten des Enkelkindes hatte sie nach und nach ihren Mann und die Kindesmutter einbezogen, die sich dann völlig damit identifizierten und auch subjektiv davon überzeugt waren, dass das Verhalten des Kindes nur als Folge eines sexuellen Missbrauchs interpretiert werden könne. Wegen der daraus resultierenden Gefährdung des Kindes wurde dieses für einige Monate in Obhut genommen. Der symbiotische Wahn der Familienangehörigen löste sich langsam auf, nachdem die Großmutter in eine stationäre Behandlung eingewiesen worden war.

Es kommt nicht sehr häufig vor, dass die Ursachen einer hohen Konflikthaftigkeit auf eine unerkannte seelische Störung eines Elternteils oder eines Angehörigen zurückzuführen sind. Denn meistens sind eventuelle Beeinträchtigungen der seelischen Gesundheit schon vor Beginn der gerichtlichen Auseinandersetzungen bekannt, sodass sie bei der Suche nach Lösungen für den Konflikt berücksichtigt werden können.

Zu den externen Einflüssen, die Konflikte im Verfahren auslösen oder verstärken können, gehören unter anderem Irrtümer und Versäumnisse professioneller Dritter, die Instrumentalisierung des Elternkonflikts bei Meinungsverschiedenheiten zwischen den beteiligten professionellen Akteuren, mangelnde Verfügbarkeit von hinreichend qualifiziertem Fachpersonal, einseitige oder falsche Auslegungen der rechtlichen Handlungs- und Entscheidungsspielräume oder unzureichende Kontrolle und Sanktionierung von Fehlern der professionellen Akteure. Hammer (2022) benennt dazu einer Vielzahl konkreter Beispiele. Meinungsverschiedenheiten können entstehen, wenn Eltern und Kinder häufiger von verschiedenen fremden Fachpersonen befragt werden, die nicht hinreichend qualifiziert sind, was besonders dann zum Problem werden kann, wenn es um Gewalt in der Familie geht. Häufig wird die Gewalt dann ignoriert oder fehlgedeutet. Manchmal kommt es dabei zu einer Täter-Opfer-Umkehr, schlimmstenfalls auch zu einer Retraumatisierung von Kindern oder Eltern. Empfehlungen oder Entscheidungen, die sich auf falsche tatsächliche Voraussetzungen stützen oder nicht nachvollziehbar begründet werden, führen ebenfalls zu einer Verstärkung der Auseinandersetzungen. Die schon beschriebenen Mängel von Gutachten können ebenfalls Folgekonflikte provozieren und das Verfahren in die Länge ziehen.

5.3 Auswirkungen hoch eskalierter Konflikte auf Kinder und Eltern – Streit als Belastung und Herausforderung

Die Feststellung, dass heftige Auseinandersetzungen zwischen den Eltern bei allen Beteiligten, einschließlich der Kinder, deutliche Spuren hinterlassen, klingt trivial. Von den meisten davon betroffenen Kindern wird das in der Regel auch bestätigt. Umso mehr beeindruckt, dass die meisten Eltern die Folgen für die Kinder im Lauf der Zeit immer mehr ausblenden. Ihr ganzes Denken ist auf den Partnerschaftskonflikt fokussiert. Thematisiert wird überwiegend, was der andere einem angetan hat und wie sehr man darunter zu leiden hatte. Die Kinder werden auf Loyalität verpflichtet, obwohl die Eltern manchmal zugestehen, dass die Kinder bis zum Zeitpunkt der Trennung eigentlich gute Beziehungen zu beiden Eltern hatten. Obwohl die Eltern in solchen Fällen meistens kein gutes Haar am jeweils anderen lassen, reagieren manche, die sich vom anderen verlassen fühlen, recht verstört, wenn man sie darauf hinweist, dass sie nach allem, was sie mit dem anderen durchgemacht hätten, doch eigentlich recht froh sein könnten, ihn los zu sein. Gelegentlich kommt dann doch das Zugeständnis, dass man trotz allem immer noch bereit sei, einen Neuanfang zu wagen.

> Und wer zahlt den Preis?

Bei Trennungsauseinandersetzung mit hohem Eskalationsgrad entwickeln viele Eltern eine ausgeprägte emotionale Bedürftigkeit. Sie suchen kompensatorisch Zuwendung und Verständnis bei anderen, die dann meistens auf uneingeschränkte Loyalität verpflichtet werden. Diese Erwartungen richten sie dann auch an die Kinder, die sie damit unter Umständen in einen starken Loyalitätskonflikt bringen können. Der Druck kann von beiden Eltern ausgehen, unter Umständen aber auch nur von einem Elternteil. Solche Eltern tendieren dazu, die Kinder emotional für sich zu vereinnahmen und die Bedürfnisse der Kinder nach Beziehungen zum anderen Elternteil auszublenden. Schlimmstenfalls kommt es dann zu einer Rollenumkehr im Sinn einer Parentifizierung, bei der sich die Kinder mehr für die Eltern verantwortlich fühlen als die Eltern für die Kinder.

Kinder gehen mit solchen Problemen unterschiedlich um. Die konfliktbedingten Belastungen stellen sicherlich eine Gefährdung für die Kinder dar. Verschiedene Studien deuten darauf hin, dass manche Kinder stark beeinträchtigt werden und dann emotional völlig überfordert sind, andere jedoch erstaunlich gut mit den Problemen zurechtkommen (Weber, 2015). Wenn es ihnen gelingt, sich den Problemen zu stellen und effektive Strategien zu entwickeln, um den damit verbundenen Anforderungen gerecht zu werden, kommt es auch vor, dass sie sich unter dem Konfliktdruck schneller als andere Kinder ihres Alters entwickeln. Sie wirken dann reifer und unabhängiger (Schmidt-Denter, 2001).

> **Beispiel**
> Ein siebenjähriger Junge, der innerhalb von dreieinhalb Jahren – also während der Hälfte seiner bisherigen Lebensspanne – in drei Verfahren zum Sorgerecht und zum Umgangsrecht bis in die zweite Instanz einbezogen worden war, reagierte auf die Fragen seines Verfahrensbeistands sehr unbefangen und erklärte, dass er eigentlich beide Eltern recht gern habe und sich gleichermaßen freue, wenn er mit der Mutter oder dem Vater zusammen sein könne. Ihn störe nur der anhaltende Streit, was er jedoch mit der altklug wirkenden lakonischen Bemerkung kommentierte, dass man das eben hinnehmen müsse, daran werde sich nie etwas ändern („Die schaffen das jetzt nicht, und die werden das nicht schaffen").

Häufig beobachtet man aber auch Reaktionen oder Äußerungen bei Kindern, die auf starke Überforderung hindeuten. Manche Kinder lehnen es dann beispielsweise völlig ab, sich mit einem Elternteil über den anderen zu unterhalten. Sie wollen sich nicht mehr positionieren und reden dann auch nicht mehr mit Personen aus dem Helfersystem über die Eltern. Wenn die Kinder bis zum Zeitpunkt der Trennung positive Beziehungen zu beiden Eltern hatten, kann der daraus resultierende Loyalitätskonflikt unerträglich für sie werden. Die Kinder beginnen zu „spalten" (Weber, 2015) und identifizieren sich wechselweise mit den Erwartungen und Haltungen desjenigen Elternteils, in dessen Einflusssphäre sie sich gerade aufhalten, um dessen Erwartungen besser gerecht werden zu können und den Loyalitätskonflikt für sich zu verringern.

Manche Kinder beginnen dann auch, an der Realität ihrer Wahrnehmungen zu zweifeln, weil sie von den Eltern unterschiedliche und widersprüchliche Aussagen zu dem erhalten, was sie selbst erlebt haben (Weber, 2015). Solche Probleme können durch Enttäuschungserlebnisse des Kindes verstärkt werden, wenn es beispielsweise bei wichtigen Anlässen wie Einschulungen, Konfirmationen oder Geburtstagen einen Elternteil nicht dabeihat, obwohl es sich dessen Anwesenheit gewünscht hätte. In solchen Situationen geraten Kinder auch in Erklärungsnöte in der Schule, im Kindergarten oder in ihrem sozialen Umfeld, wenn sie dazu Begründungen abgeben sollen. Eltern übersehen häufig, dass sie mit ihren Bemühungen, den anderen Elternteil aus dem Leben des Kindes auszugrenzen, ihre eigene Beziehung zu dem Kind ebenfalls gefährden. Auf diese Weise kommt es bei den Kindern häufig auch zu einer Entwertung des Vater- und/oder Mutterbilds oder zu einer inneren Distanzierung bis hin zum Bindungsverlust. Götting (2013) weist darauf hin, dass Kinder nach solchen Erfahrungen gelegentlich Strategien zur

Problembewältigung bei zwischenmenschlichen Konflikten entwickeln, die ihre sozialen Beziehungen und Bindungen gefährden können. Solche Kinder lernen beispielsweise aus den Erfahrungen, die sie mit den Auseinandersetzungen zwischen den Eltern gemacht haben, dass

- Konflikte und Beziehungskriege als eine Art höhere Sache angesehen werden müssen,
- dass in Auseinandersetzungen „offene Rechnungen" stets beglichen werden müssen und
- das Leben mithilfe von dämonisierenden Überzeugungen zu bewältigen sei.

Letztlich fehlt ihnen dann auch ein positives Vorbild dafür, wie man Kinder vernünftig fördert und erzieht. Daher ist die Wahrscheinlichkeit groß, dass sie dann später dieselben Fehler bei ihren eigenen Kindern machen. Solche Eltern sind für ihre Kinder meistens ein schlechtes Vorbild im Hinblick darauf, wie man enge Partnerschaftsbeziehungen und die Elternschaft lebt, wie man mit Konflikten umgeht und wie man seine Stimmungen und Emotionen reguliert (Weber, 2015).

Eltern zahlen für ihr konfliktförderndes Verhalten ebenfalls einen Preis. Solche Auseinandersetzungen kosten viel Kraft, was daher auch Einschränkungen in der Erziehungsfähigkeit der Eltern zur Folge haben kann. Denn deren Energie und Aufmerksamkeit wird weitgehend durch den Streit absorbiert, wodurch der Blick auf die Bedürfnisse und die Belange der Kinder eingetrübt wird (Weber, 2015). Trennungen führen in den meisten Fällen ohnehin dazu, dass die Eltern finanziell anschließend schlechter gestellt sind. Die ungünstigen sozioökonomischen Auswirkungen dürften umso gravierender sein, je konfrontativer sich die Eltern anschließend verhalten. Auf diese Weise kommt es dann beispielsweise wegen fehlender kompensatorischer Unterstützung durch den abwesenden Elternteil zu Verschlechterungen der Betreuungsmöglichkeiten für das Kind. Manche Eltern nehmen auch die Verschlechterung der eigenen Lebensbedingungen bewusst in Kauf, um dem anderen zu schaden.

Beispiel

Eine Mutter machte den Kindesvater bei dessen Arbeitgeber dermaßen schlecht, dass dieser entlassen wurde, obwohl ihr klar war, dass sie dann auch weniger Unterstützung für sich und das Kind erwarten konnte.

5.4 Umgangsboykott – Der völlige Bruch

Auch dann, wenn Eltern sich einig sind, bei wem die Kinder ihren Lebensmittelpunkt haben sollen, kann es zu hoch konflikthaften Auseinandersetzungen um die Frage kommen, ob und wann die Kinder Kontakte zu dem Elternteil haben dürfen, bei dem sie nicht leben. Das Spektrum der Regelungsmöglichkeiten reicht von freien Vereinbarungen, gerichtlich festgelegten strikten Regelungen zu festen Terminen und Urlauben bis hin zur völligen Kontaktunterbindung. Freie Absprachen sind dann zu empfehlen, wenn Eltern und Kinder gut kooperieren, beide Eltern hinreichend bindungstolerant sind und die Kinder keine Neigungen erkennen lassen, die Eltern gegeneinander auszuspielen. Feste Termine haben den Vorteil, dass beide Eltern zeitlich besser planen können und auch schon längere Zeit im Voraus wissen, wann sich das Kind bei welchem Elternteil aufhält. Für Kinder ergibt sich mit zunehmendem Alter jedoch das Problem, dass sie über ihre Freizeit selbst verfügen wollen und häufiger auch etwas anderes vorhaben, wenn ein Besuchstermin ansteht.

Die erste Stufe der Eskalation der Auseinandersetzungen um die Besuchskontakte ist erreicht, wenn eine gerichtliche Regelung erforderlich wird, weil die Eltern sich nicht einigen können. Es ist ein Gerücht, dass eine 14-tägige Umgangsregelung mit Wochenendbesuchen der Normalfall sei, von dem Gerichte nur in besonderen Fällen abweichen. Das Gericht muss in solchen Fällen stets für den Einzelfall prüfen, welche Regelung im Interesse des Kindes die günstigste ist. Dabei sind selbstverständlich das Alter des Kindes, die Entfernung zwischen den Wohnungen oder Wohnorten und eventuelle Einschränkungen des zeitlichen Spielraums beider Eltern zu berücksichtigen. Bei gerichtlich festgelegten Regelungen wird meistens auch festgelegt, wie ausgefallene Termine nachzuholen sind, damit es nicht jedes Mal erneut zum Streit kommt, wenn beispielsweise eine Partei einen Termin absagt weil die Familie etwas anderes vorhat oder weil das Kind oder der Elternteil, den es besuchen will, erkrankt ist.

Die höchste Stufe der Eskalation ist erreicht, wenn ein völliger Kontaktabbruch gefordert wird und der umgangssuchende Elternteil plötzlich von dem Problem steht, dass ihm der Kontakt zu seinem Kind verweigert wird. In begründeten Ausnahmefällen kann das Gericht das Recht des umgangssuchenden Elternteils, sein Kind regelmäßig zu sehen, auch für einen begrenzten Zeitraum aussetzen, wenn es Anhaltspunkte dafür gibt, dass die Durchsetzung einer Umgangsregelung zu einer Gefährdung des Kindeswohls führen würde. Sowohl das Erfordernis als auch die Dauer einer solchen Maßnahme bedarf dann jedoch einer sorgfältigen Begründung.

Die Sicherstellung der Kontakte des Kindes zum abwesenden Elternteil ist ein hohes Rechtsgut. Nach § 1626 Abs. 3 BGB gehört zum Wohl des Kindes in der Regel der Umgang mit beiden Eltern, was schon durch mehrfache Entscheidungen des Bundesverfassungsgerichts zu Beginn der 1980er-Jahre bestätigt wurde. Dabei wurde ausdrücklich hervorgehoben, dass das Fortbestehen der familiären Sozialbeziehungen nach Trennung der Eltern die Grundlage für eine stabile und gesunde psychosoziale Entwicklung des heranwachsenden Menschen schafft (hier zitiert nach Weber, 2015). Weber weist allerdings einschränkend mit Recht darauf hin, dass die Aufrechterhaltung und Pflege solcher Beziehungen wohl nur dann für eine gesunde Entwicklung des Kindes förderlich sind, wenn sie vom Kind als positiv erlebt werden, worüber getrennt lebende Eltern häufig sehr unterschiedlicher Meinung sind.

Die Realität sieht leider so aus, dass diesbezüglich immer mehr Belastungen für Kinder erzeugt werden. Laut Fichtner (2015) waren 1990 etwa 18.000 Umgangsverfahren anhängig; 15 Jahre später waren es schon doppelt so viele. Fichtner vermutet, dass es sich dabei möglicherweise um eine Konfliktverlagerung handle. Früher hätten Eltern sich vor Gericht häufiger um das alleinige Sorgerecht gestritten. Da heute das gemeinsame Sorgerecht eher der Regelfall sei, würden Eltern sich daher vermehrt um die Umgangsregelung streiten. Umgangsstreitigkeiten würden allerdings nur etwa 2 % aller Verfahrensgegenstände von familiengerichtlichen Auseinandersetzungen ausmachen. Hierzu ist jedoch anzumerken, dass das Spektrum der Problembereiche, die in Familienrechtsangelegenheiten und Kindschaftssachen gerichtlich geregelt werden, sehr vielfältig ist (siehe hierzu Abb. 2.1 und 2.2). Insgesamt ist nach Fichtner (2015) wohl davon auszugehen, dass ein Sechstel der Kinder nach der Trennung der Eltern den Kontakt zum anderen Elternteil völlig verliert und ein weiteres Viertel nur sehr sporadischen Kontakt zum getrennt lebenden Elternteil hat. Der Grund dafür könnte der starke Loyalitätskonflikt sein, in den viele Kinder geraten. Kinder scheinen von regelmäßigen Kontakten vor allem dann zu profitieren, wenn sie sich dabei nicht unter Druck gesetzt fühlen. Falls von den Eltern jedoch Druck ausgeübt wird, nehmen mit der Kontakthäufigkeit die Belastungen und die Problemanfälligkeit der Kinder sogar zu (Walper, 2006). Ein verstärkter Druck führt meistens zu einer Verringerung der Kontaktfrequenz oder gar zum Kontaktabbruch, wobei der Druck, der durch den getrennt lebenden Elternteil ausgeübt wird, stärkere Wirkung zeigt (Walper, 2006).

Es lassen sich aber auch weitere generelle Aspekte benennen, die für die Aufrechterhaltung des Kontakts des Kindes zum anderen Elternteil nach der Trennung sprechen könnten:

- Kindern, die mit der Trennung der Eltern den Kontakt zu einem Elternteil ganz verlieren, wird damit unter Umständen eine zweite Lebenschance genommen, falls dem Elternteil, bei dem die Kinder leben, etwas zustoßen sollte. Mancher Elternteil, der sich entschieden gegen Kontakte ausspricht, wird bei der Begutachtung nachdenklich, wenn man ihn auf dieses Problem anspricht, wobei sich dann häufig herausstellt, dass er für einen solchen Eventualfall keine Vorsorge getroffen hat.
- Bei Kleinkindern kann sich eine frühe Kontaktunterbindung nachteilig auf die Identitätsentwicklung auswirken. Sie können kein realistisches Bild vom abwesenden Elternteil entwickeln, das sich auf eigene Erfahrungen stützt. Manche Kinder entwickeln dann ein unrealistisches, idealisiertes Bild vom abwesenden Elternteil, was ebenso nachteilig sein kann wie ein unrealistisches, negatives Bild ohne konkreten Erfahrungshintergrund, das dem Kind im Eindruck vermittelt, es stamme von einem Elternteil ab, der eine Gefahr oder eine Belastung für andere sei, was sich dann manchmal nachteilig auf das Selbstwertgefühl des Kindes auswirkt.
- Falls ein Kind aufgrund von Beeinflussungen massive Ängste vor dem abwesenden Elternteil entwickelt hat, die keine reale Grundlage haben, fehlt ihm die Möglichkeit, sich auf der Grundlage eigener Erfahrungen einen persönlichen Eindruck davon zu verschaffen, dass diese Ängste unbegründet sind. Es nimmt dann diese Ängste als überflüssigen emotionalen Ballast mit auf seinen weiteren Lebensweg.
- Dem Kind wird der falsche Eindruck vermittelt, dass es in Belangen selbst entscheiden darf, für die eigentlich die Eltern die Verantwortung haben, ähnlich wie beim Schulbesuch, bei der Körperhygiene, bei den Schlafenszeiten oder beim abendlichen Nachhausekommen. Möglicherweise verlieren Eltern, die ihrem Kind im Hinblick auf gerichtlich festgelegte und gesetzlich vorgeschriebene Besuchskontakte selbst die Entscheidung überlassen wollen, auf Dauer die Autorität, sich auch in weniger wichtigen Belangen gegen das Kind durchzusetzen.

Die radikalste Form der Ausgrenzung des abwesenden Elternteils ist der gewollte totale Umgangsboykott. Dieser Boykott kann durchaus nachvollziehbare Gründe haben, wie zum Beispiel Gewalterfahrungen oder massive Belastungen und Gefährdungen des Kindes. Gelegentlich kommt es aber auch vor, dass der Elternteil, bei dem das Kind lebt, den anderen mit dem Kontaktverbot verletzen möchte, sei es aus Enttäuschung oder auch aus Wut. In der Fachliteratur wird dies häufig als Parental-alienation-Syndrom (PAS) beschrieben. Gemeint ist damit eine systematische Dämonisierung des abwesenden Elternteils, in die das Kind einbezogen und gezielt darauf programmiert wird, den abwesenden Elternteil radikal abzulehnen. Detaillierter wurde dieses Problem schon in Kap. 4 diskutiert. Es handelt sich dabei um ein relativ seltenes Phänomen, dessen detaillierte Beschreibung aus der amerikanischen Fachliteratur (Gardner, 1992, 2002) übernommen wurde und das dann auch bald Eingang in den Diskurs im deutschsprachigen Bereich fand (Kodjoe & Koeppel, 1998). Meistens wird diese Strategie am Beispiel mütterlichen Fehlverhaltens beschrieben, obwohl es auch genügend Beispiele dafür gibt, dass Väter diese Strategie verfolgen. Dieses Konstrukt hat sich allerdings weder als Erklärungsmodell noch als Entscheidungshilfe bewährt. Die im PAS beschriebenen Phänomene lassen sich ebenso gut in anderen klinischen oder entwicklungspsychologischen Zusammenhängen beobachten und erklären. Das Phänomen, dass sich zwischen Eltern und ihren Kindern symbiotische bis wahnhafte Allianzen und Überzeugungen bilden können, ist nicht neu, und das Kindschaftsrecht hat nicht erst seit Gardner mit dem Problem des radikalen und konsequenten Umgangsboykotts zu tun. Stadler und Salzgeber (1999) wiesen beispielsweise darauf hin, dass sich schwerere Fälle von PAS rechtlich auch als kritische Kindeswohlgefährdung durch missbräuchliche Ausübung der elterlichen Sorge einstufen lassen, was unter Umständen auch den Entzug der elterlichen Sorge zur Folge haben kann. Im Zusammenhang mit psychologischen Begutachtungen in Kindschaftssachen werde mit einer solchen Diagnose allenfalls nur die Hilflosigkeit des Sachverständigen dokumentiert, der dann die Verantwortung an andere, beispielsweise das Gericht oder das Jugendamt, weitergebe. Dabei werde gleichzeitig in Kauf genommen, dass über diese Diagnose durch die Hintertür erneut das überholte Schuldprinzip wieder in das Verfahren eingeführt werde. Weitere unerwünschte Nebenwirkungen könnten sein, dass auf diesem Weg der Stellenwert des Kindeswillens wieder relativiert würde. Die Kinder würden auf die Rolle als Opfer einer Gehirnwäsche reduziert, deren Wille daher nicht mehr beachtenswert sei (Fegert, 2001).

Besonders problematisch erscheint, dass Sachverständige, die sich auf das PAS oder die Entfremdungstheorie beziehen, damit den Anspruch erheben, auch rechtsnormative Fragen beantworten zu dürfen, über die ausschließlich das Gericht entscheiden kann. Jopt und Behrend (2000) forderten schon vor mehr als zwei Jahrzehnten, dass bei Vorliegen der Diagnose eines PAS auf eine Übertragung der elterlichen Sorge auf den anderen Elternteil entschieden werden sollte oder als Zwischenstufe auch eine vorübergehende Fremdunterbringung des Kindes veranlasst werden könnte, um während dieser Zeit die Kontakte des Kindes zum anderen Elternteil anzubahnen. Baumann et al. (2022a) sind ebenfalls der Ansicht, dass die Eltern-Kind-Entfremdung „als spezifische Form von psychischer Kindes-Misshandlung betrachtet werden [müsse]" und dass es „für entfremdete Kinder zudem wesentlich entlastender ist, von dem entfremdeten Elternteil getrennt zu werden, als der Entfremdung weiterhin ausgesetzt zu sein". Sie meinen außerdem, dass „der Aufenthaltswechsel zur ausgegrenzten Elternperson die wirksamste Maßnahme [sei], um Entfremdung durch Instrumentalisierung zu unterbrechen" (S. 252). Da dieser Logik zufolge die vermeintliche Zugehörigkeit des Kindes zu einer Risikogruppe ausreichen müsste, um Entscheidungen über Unterbringungsmaßnahmen oder den ständigen Aufenthalt eines Kindes zu begründen, und Gerichte nicht über die erforderliche Sachkunde verfügen, um Entfremdungen und deren mögliche Ursachen festzustellen, wird mit solchen Argumenten letztlich gefordert, die Entscheidung über rechtsnormative Maßnahmen auf die Sachverständigen zu übertragen. Kostenpflichtige Aus- und Weiterbildungsangebote zum Umgang mit der Entfremdungsproblematik von privaten und nicht neutralen Instituten oder Dozenten, zahlreiche unwissenschaftlichen Publikationen mit Argumentations- und Formulierungsvorschlägen bestärken den Eindruck, dass hierbei auch wirtschaftliche Interessen verfolgt werden. In Anbetracht dieser Entwicklung kommt es nach einer Diagnose auf Eltern-Kind-Entfremdung im Rahmen einer Begutachtung häufig zu einer Eskalation der gerichtlichen Auseinanderansetzungen.

5.5 Regelungs- und Interventionsmöglichkeiten – Hilflose Helfer?

Bei hoch eskalierten Auseinandersetzungen zum Lebensmittelpunkt des Kindes oder zur Ausgestaltung der Besuchskontakte sind die Gerichte, die Sachverständigen und die einbezogenen Helfersysteme vor erhebliche Probleme gestellt. Es würde zu weit führen, hier die psychologischen Aspekte des Kindeswohls und des Kindeswillens im Detail zu diskutieren und die gutachterlichen Untersuchungsmethoden zu erläutern, zumal das Kindeswohl hier in diesem Zusammenhang eher als rechtliches Konstrukt anzusehen ist, das dem Gericht die Möglichkeit einräumt, seine Entscheidungen vor allem an den Interessen und Belangen des Kindes auszurichten und weniger an den Rechten und dem Rechtsempfinden der Eltern oder an deren eventuellem Fehlverhalten. Einen auch für Eltern gut lesbaren Überblick über die psychologischen und rechtlichen Aspekte des Kindeswohls und des Kindeswillens findet man bei Dettenborn (2021). Im Folgenden soll erläutert werden, über welche Möglichkeiten Gerichte und sonstige am Verfahren beteiligte Professionen verfügen, um den Problemen zu begegnen, die sich aus hoch eskalierten Auseinandersetzungen ergeben.

Bei den sogenannten hoch eskalierten Auseinandersetzungen ergibt sich vor allem das Problem der Nachhaltigkeit von Regelungen. Irgendwann kommt es auf dem Instanzenweg ohnehin zu einer Entscheidung. Der Fall ist damit jedoch nur pro forma erledigt, weil nicht auszuschließen ist, dass die gerichtliche Entscheidung nicht umgesetzt wird und daher von den Parteien früher oder später Änderungsanträge oder neue Anträge zu anderen Problembereichen gestellt werden. Beispielsweise kann sich der Streit um den Lebensmittelpunkt des Kindes nach Abschluss des Verfahrens auf einen Streit um die gesamte elterliche Sorge oder um das Umgangsrecht verlagern. Manchmal sind die Anlässe eher trivial, und Eltern streiten sich bis in die zweite Instanz, weil sie sich nicht über den nächsten Urlaub mit dem Kind einigen können. In solchen Fällen werden häufig unrealistische Hoffnungen in neue Rechtsnormen gesetzt. So verspricht sich beispielsweise Sünderhauf (2013) bei hoch eskalierten Auseinandersetzungen Erfolge durch die Verpflichtung auf ein Wechselmodell, weil damit ein gewisses Maß an Kommunikation und Kooperation zwischen den streitigen Eltern erzwungen werden könne. Fichtner (2015) weist jedoch darauf hin, dass man die Erfolge und die Nachhaltigkeit des Wechselmodells bisher nicht einmal für solche Fälle nachgewiesen habe, deren Konflikthaftigkeit im Normalbereich liegt. Die lösungsorientierte Begutachtung scheint in solchen Fällen ebenfalls keine besseren Erfolge zu haben. Untersuchungen von Bergau (2014) lassen eher vermuten, dass damit nur der Aufwand erhöht und verlängert wird.

Ein systematischer Vergleich der Erfolge von Interventionsmethoden wie Beratung, Mediation, entscheidungsorientierter und lösungsorientierter Begutachtung sowie der Erfahrungen mit dem Wechselmodell wurde bisher nicht durchgeführt. Daher muss vor einem konkurrierenden Wettbewerb der Anbieter gewarnt werden. Letztlich kann nur das Gericht in Kenntnis des jeweiligen Einzelfalls entscheiden, welche Maßnahmen hier infrage kommen. Bei Wechselmodellen geht man bisher eigentlich eher davon aus, dass diese Regelung nur dann vertretbar ist, wenn die Eltern keine gravierenden Probleme miteinander haben und in der Lage sind, sich über die Interessen und Belange ihres Kindes konfliktfrei und sachlich zu verständigen oder zumindest bei Meinungsverschiedenheiten das Kind nicht mit einbeziehen. Im Hinblick auf die lösungsorientierten Ansätze ist bis zum Beweis des Gegenteils eigentlich davon auszugehen, was einem schon der gesunde Menschenverstand sagt: Vermittlungen und Vereinbarungen sind umso leichter zu erzielen, je geringer die Meinungsverschiedenheiten sind und je weniger

Interesse die Parteien am Streit haben. Vielleicht wäre es hilfreicher, wenn sich der Fokus stärker auf die Folgen der Auseinandersetzungen richten würde und man mehr Maßnahmen veranlassen könnte, die es dem davon betroffenen Kind erleichtern, mit den durch die Trennung entstehenden Schwierigkeiten fertig zu werden. Weber (2015) weist in diesem Zusammenhang auf verschiedene Gruppeninterventionsprogramme für Kinder hin, mit denen man bisher recht gute Erfahrungen gemacht habe.

Falls es vor allem Probleme wegen der Umgangsregelungen gibt, müssen nicht nur die Interessen und Belange der Eltern und Kinder gegeneinander abgewogen werden, sondern auch die mit jeder gerichtlichen Regelung verbundenen Vor- und Nachteile. Bezüglich des Elternteils, bei dem das Kind seinen Lebensmittelpunkt hat, ist zu prüfen, ob hier möglicherweise keine hinreichende Bindungstoleranz besteht. Beim umgangssuchenden Elternteil muss unter Umständen geprüft werden, ob Einschränkungen der Umgangseignung vorliegen. Beim Kind muss überprüft werden, wie beachtenswert sein eigener Wille ist und mit welchen Folgen gerechnet werden muss, wenn eine Lösung in Erwägung gezogen wird, die unter Umständen auch gegen den erklärten Willen des Kindes durchgesetzt werden müsste.

Wenn der Elternteil, bei dem das Kind lebt, einen Antrag auf Aussetzung oder Einschränkung des Umgangsrechts des anderen Elternteils stellt, beruft er sich dabei meistens darauf, dass der andere nicht geeignet sei, sein Umgangsrecht zum Wohl des Kindes auszuüben. In diesem Zusammenhang werden dann meistens gravierende Vorhaltungen erhoben. Sofern diese Vorhaltungen hinreichend begründet sind, ist dann vom Gericht – unter Umständen unter Hinzuziehung eines Gutachters – zu prüfen, ob in der Tat Einschränkungen der Umgangseignung vorliegen. Solche Bedenken beziehen sich meistens auf persönliche Unzulänglichkeiten des umgangssuchenden Elternteils. Manchmal wird auch argumentiert, dass das Kind den umgangssuchenden Elternteil vor besondere Anforderungen stelle, mit denen dieser überfordert sei. Das können beispielsweise chronische Erkrankungen des Kindes sein, die eine besondere medizinische Versorgung des Kindes erforderlich machen. Bei einer Begutachtung wäre dann beispielsweise zu prüfen, ob sich solche Bedenken ausschließlich auf den umgangssuchenden Elternteil beziehen oder ob der Elternteil, bei dem das Kind lebt, darin ein generelles Problem sieht und auch anderen Personen, wie beispielsweise Angehörigen, Lehrern oder den Erzieherinnen, nicht zutraut, diesen Anforderungen gerecht zu werden.

> **Beispiel**
> Eine Kindesmutter äußerte die Besorgnis, dass der Kindesvater nicht in der Lage sei, die Gesundheitsfürsorge für das zehnjährige Kind, das an einem Typ-I Diabetes mellitus litt, verantwortungsvoll auszuüben. Andererseits hatte sie jedoch keine Bedenken, das Kind in den Ferien für einige Wochen zur anderen Angehörigen zu geben oder an mehrtägigen Klassenfahrten teilnehmen zu lassen.

Falls zu prüfen ist, ob Zweifel an der Umgangseignung des umgangssuchenden Elternteils bestehen, ist stets zu berücksichtigen, dass es dabei nicht um eine Beurteilung der erzieherischen Eignung dieses Elternteils geht. Dettenborn und Walter (2022) weisen darauf hin, dass die Mindestanforderungen, die an dessen Verhalten dem Kind gegenüber zu stellen seien, geringer seien als die Anforderungen, die man an den erziehungsberechtigten Elternteil stellen müsse. Für den Fall, dass Zweifel an der Umgangseignung des umgangssuchenden Elternteils bestehen, empfehlen sie Überprüfung folgender Kriterien:

- mangelndes Interesse am Kind,
- Instrumentalisierung des Kindes,
- Beeinflussungen des Kindes gegen den betreuenden Elternteil,
- Versuche, das Kind gegen die Erziehungsvorstellungen des betreuenden Elternteils zu erziehen,
- Kindesmisshandlungen,
- gesellschaftlich missbilligtes Verhalten,
- schwere psychische oder körperliche Erkrankungen, sofern dadurch die Belastungsanfälligkeit des Kindes zu sehr beansprucht wird oder die Versorgung und Betreuung des Kindes während der Besuchszeiten nicht mehr gewährleistet ist.

Ergänzend ist hinzuzufügen, dass dann im Einzelfall genauer überprüft werden muss, welche Beeinträchtigungen sich daraus für das Kind ergeben können. Die Auswirkungen müssen daher genauer konkretisiert werden können. Aus gerichtlicher und gutachterlicher Sicht ist in solchen Fällen auch stets zu prüfen, ob es sich bei solchen Vorhaltungen primär um Zweckargumente oder um nachvollziehbare und begründbare Besorgnis handelt. Häufig lassen sich dann doch noch Kompromisslösungen finden, mit denen weder das Kind noch die Eltern überfordert sind.

Ein Umgangsboykott kann sich darin zeigen, dass der Elternteil, bei dem das Kind seinen Lebensmittelpunkt hat, die Kontakte des Kindes zum anderen Elternteil ablehnt und daher auch nicht bereit ist, einer Umgangsregelung zuzustimmen, sodass dann entschieden werden muss, ob hier unter Umständen auch eine Umgangsregelung ohne sein Einverständnis angeordnet werden soll. Es gibt jedoch auch Fälle, bei denen der abwesende Elternteil zwar ein gerichtlich festgelegtes Umgangsrecht hat, das er jedoch nicht ausüben kann, weil der Elternteil, bei dem das Kind lebt, die Herausgabe verweigert oder weil der Kontakt vom Kind selbst abgelehnt wird.

Bei einer gerichtlich angeordneten Umgangsregelung, die sich aufgrund einer ablehnenden Haltung des Kindes oder des sorgeberechtigten Elternteils nicht durchführen lässt, ergibt sich das Problem, inwieweit das dann so hingenommen werden muss oder welche Möglichkeiten bestehen, die Einhaltung des Beschlusses dann auch durchzusetzen. Während den meisten Eltern inzwischen klar zu sein scheint, dass die gemeinsame elterliche Sorge der Regelfall ist, scheint vielen immer noch nicht bewusst zu sein, welchen rechtlichen Stellenwert das Umgangsrecht hat. Bei Begutachtungen bekommt man es immer wieder mit Fällen zu tun, bei denen der Elternteil, bei dem das Kind lebte, von der Voraussetzung ausging, dass er gegebenenfalls auch von sich aus die Kontakte des Kindes zum anderen Elternteil unterbinden könne und ggf. dann noch nachträglich eine gerichtliche Bestätigung für das Erfordernis dieser einseitigen Maßnahme geben lassen könne. Das Standardargument lautet dann beispielsweise, dass man unter den gegebenen Umständen gezwungen gewesen sei, das Umgangsrecht aussetzen. Einen dauerhaften oder auf lange Zeit angelegten Umgangsausschluss kann es ohnehin nicht geben. Laut Willutzki (2005) orientiert sich die deutsche Rechtsprechung diesbezüglich an der Rechtsprechung des Europäischen Gerichtshofs, in der verlangt wird, dass bei einem Ausschluss des Umgangsrechts spätestens nach einem Jahr eine erneute Überprüfung erforderlich ist.

Für den betroffenen Elternteil kann es ein weiter Weg sein, bevor ein Umgangsrecht, das ihm gerichtlicherseits eingeräumt wurde, dann auch wirklich praktiziert werden kann. Die Möglichkeiten, das Umgangsrecht gegen einen Elternteil, der dieses entschieden ablehnt, dann auch wirklich durchzusetzen, sind begrenzt. Mit einer Umgangsbegleitung lässt sich dieses Problem nicht nachhaltig lösen. Es handelt sich dabei meistens nur um eine Übergangslösung. Andererseits erweisen sich jedoch die Androhungen von Zwangsmitteln, wie beispielsweise eine Zwangsgeldfestsetzung mit ersatzweiser Haftstrafe, in den meisten Fällen als wirkungslos. Häufig wird daher die Einsetzung einer Ergänzungspflegschaft in Form einer sogenannten Umgangspflegschaft in Erwägung gezogen. Rechtlich gesehen handelt es sich dabei um eine Einschränkung des Sorgerechts, die in diesem Fall allerdings auch ohne den Nachweis einer Kindeswohlgefährdung vorgenommen werden kann. Voraussetzung ist vielmehr, dass der betreuende Elternteil das Umgangsrecht des anderen Elternteils massiv behindert oder vereitelt. Der Umgangspfleger ist befugt, selbst über die Kontakte des Kindes zum anderen Elternteil zu entscheiden. Er muss dafür nicht die Zustimmung des betreuenden Elternteils einholen. Er kann die Herausgabe des Kindes verlangen, jedoch keinesfalls erzwingen, und darf auch selbst festlegen, wo und unter welchen Voraussetzungen die Kontakte zum anderen Elternteil stattfinden. Er darf dabei auch zwischen den Eltern vermitteln. Das Gericht, das diese Maßnahme beschließt und den Umgangspfleger bestimmt, kann diesem auch in jedem Einzelfall Vorgaben machen, wie er seinen Auftrag auszuführen hat.

Willutzki (2005) weist darauf hin, dass dem Gericht noch eine weitere Möglichkeit offenbleibt, die allerdings nicht ganz unumstritten sei. Es könne beispielsweise in solchen Fällen den streitenden Eltern, gestützt auf die Wohlverhaltensklausel aus § 1684 Absatz 2 BGB, die Pflicht zur Teilnahme an einer Beratung oder Therapie auferlegen. Stadler und Salzgeber weisen allerdings schon (1999) einschränkend darauf hin, dass die Erfolgswahrscheinlichkeiten für therapeutische Maßnahmen in solchen Fällen eher gering seien. Bei vollständigem Umgangsboykott komme in der Regel keine Psychotherapie, sondern eher eine Familientherapie in Betracht, weil solche Eltern meistens weder seelisch krank noch von Natur aus bösartig seien. Ihr Problem sei eher die unzureichende Verarbeitung der Trennungsprobleme. Daher könne man auch nicht von einer Krankheitseinsicht ausgehen. Die verheerenden Verletzungen, die sie ihren Kindern zufügten, seien ihnen meistens nicht bewusst. Daher seien sie dann auch eher beratungs- und therapieresistent.

Der schwerwiegendste Eingriff bei hoch eskalierten Auseinandersetzungen bis hin zum Umgangsboykott ist der Entzug des Sorgerechts mit vorübergehender Fremdunterbringung des Kindes. Solche Maßnahmen werden vom Gericht dann in Erwägung gezogen, wenn die konflikthaften Auseinandersetzungen zwischen den Eltern ein Ausmaß erreichen, dass von einer massiven Kindeswohlgefährdung auszugehen ist. Falls eine solche Maßnahme mit § 1666 BGB begründet werden soll, der die gerichtlichen Maßnahmen bei Gefährdung des Kindeswohls regelt, setzt dies allerdings voraus, dass schon eine Schädigung des Kindes eingetreten ist oder mit an Sicherheit grenzender Wahrscheinlichkeit zu erwarten ist. Gelegentlich wurde aber auch schon eine zeitlich begrenzte Inobhutnahme des Kindes angeordnet, um möglichen Schäden und Nachteilen für das Kind vorzubeugen, die sich aus dem anhaltenden Umgangsboykott des betreuenden Elternteils ergeben könnten, wobei sich das Gericht dann in solchen Fällen auch über den Kindeswillen hinwegsetzen musste.

Das Ziel einer solchen Maßnahme besteht dann darin, das Kind für eine Weile aus dem belastenden familiären Umfeld herauszunehmen und ihm in einer geeigneten Einrichtung mit therapeutischer Unterstützung die Möglichkeit einzuräumen, Abstand zu den familiäreren Problemen zu gewinnen und sich auch hinsichtlich seiner Erwartungen und Bedürfnisse bezüglich der Kontakte zum umgangssuchenden Elternteil neu zu orientieren. In Abhängigkeit von den Ergebnissen dieser Maßnahme wird anschließend entschieden, ob das Kind dann wieder in das bisherige Umfeld zurückkehrt oder in den Haushalt des zuvor ausgegrenzten und boykottierten Elternteils übersiedelt.

Allerdings hat das Bundesverfassungsgericht inzwischen für solche Maßnahmen hohe Hürden gesetzt, indem es darauf hinwies, dass bei massiver Umgangsverweigerung vor einer Fremdunterbringung der Kinder konkrete Feststellungen dazu zu treffen sind, ob die Folgen der Fremdunterbringung für die Kinder nicht gravierender sind als die Folgen eines weiteren Verbleibens bei dem umgangsverweigernden Elternteil (BVerfG, 2012). Der Entzug der elterlichen Sorge widerspreche dem Verhältnismäßigkeitsgrundsatz, wenn stattdessen auch mildere Mittel wie die Bestellung eines Umgangspflegers oder die Anwendung von Zwangsmitteln in Betracht gekommen wären. Kinder dürften aufgrund eines Gesetzes nur dann gegen ihren Willen von der Familie getrennt werden, wenn die Erziehungsberechtigten versagen oder wenn die Kinder aus anderen Gründen zu verwahrlosen drohen. Das elterliche Fehlverhalten müsse dabei ein solches Ausmaß erreichen, dass das Kind bei einem Verbleiben in der Familie in seinem körperlichen, geistigen oder seelischen Wohl nachhaltig gefährdet ist. Die für die Abänderung der elterlichen Sorge maßgebenden Gründe müssten die mit einer Änderung verbundenen Nachteile deutlich überwiegen. Dabei müsse auch erkennbar werden, welche und wie starke seelische Schäden durch das Verbleiben der Kinder beim sorgeberechtigten Elternteil zu befürchten seien.

In diesem Zusammenhang werden vom BVerfG auch hohe Anforderungen an die Begutachtung gestellt. Sachverständige können demzufolge ihre Empfehlungen nicht auf die bloße Beschreibung von negativ zu bewertenden Verhaltensweisen des sorgeberechtigten Elternteils stützen, wenn daraus nicht klar und konkret hervorgeht, mit welchen Gefahren und eventuell zu erwartenden Schäden für das Kind mit hinreichender Sicherheit zu rechnen ist. Keinesfalls ausreichend sind demzufolge

- die Beschränkung auf die bloße Beschreibung eventuell zu erwartender negativer Entwicklungsverläufe,
- die bloße Beschreibung von Zuständen, die für das Kind möglicherweise nicht wünschenswert wären und
- die bloße Aufzählung von potenziellen Risiken ohne tatsächliche Ausführung und Wertung.

Außerdem müsse in solchen Fällen auf die Verhältnismäßigkeit der empfohlenen Maßnahmen geachtet werden. Das heißt, es müsse stets geprüft werden, ob die belastenden und eventuell schädlichen Folgen der Fremdunterbringung nicht gravierender sein könnten als die nachteiligen Folgen eines weiteren Verbleibs beim umgangsverhindernden Elternteil. Wichtig erscheint in diesem Zusammenhang auch der höchstrichterliche Hinweis, dass es in Kindschaftssachen nicht um die Herstellung einer vermeintlichen Gerechtigkeit oder um die Sanktionierung eines etwaigen Fehlverhaltens eines Elternteils geht, sondern ausschließlich um eine kindeswohlorientierte Entscheidung. Bei den Maßnahmen, die in solchen Fällen in Erwägung gezogen werden müssen, ist nach Aussage des BVerfG stets nach der Erforderlichkeit und der Verhältnismäßigkeit zu unterscheiden. Erforderlich ist ein Eingriff nur dann, wenn der Kindesschutz nicht schon mit milderen Mitteln erreicht werden kann. Verhältnismäßig, d. h. kindeswohlförderlich, ist eine Maßnahme dann, wenn ihr Nutzen so groß ist, dass die damit verbundenen belastenden Folgen dafür in Kauf genommen werden können. Damit solle auch der Möglichkeit einer sekundären Kindeswohlgefährdung durch staatliche Kindesschutzinstanzen vorgebeugt werden.

Derartige Erwägungen sind vor allem auf den Extremfall zugespitzt, bei dem der betreuende Elternteil mit dem Kind eine nahezu unauflösbare Allianz eingeht und beide sich gegenseitig in ihrer ablehnenden Haltung bestärken. Anders stellt sich das Problem dar, wenn dieser Elternteil sich auf die Haltung zurückzieht, dass das Kind selbst wissen müsse, ob es den anderen Elternteil sehen wolle oder nicht, und dass man es auf keinen Fall zwingen könne und wolle. Spindler und Klarer (2006) weisen darauf hin, dass diese Argumentationsweise im Grunde nicht entscheidungsrelevant sein könne. Zu jeder Erziehung gehöre die Einsicht, dass es Bereiche gibt, in denen die Eltern die Befugnis zur Entscheidung hätten. Das Kind könne beispielsweise im alltäglichen Erziehungskontext nicht selbst entscheiden, ob und wann es zur Schule gehen will, ob es sich wäscht oder zum Arzt geht, wenn es krank ist. Umso weniger könne ein Kind selbst darüber entscheiden, wen es in der Elternrolle akzeptiere. Andernfalls würde man es auch tolerieren müssen, wenn ein Kind aus intakten Familienverhältnissen einfach ausziehen wolle, weil es den Eindruck habe, dass es zu Hause mit den Eltern nicht mehr gut zurechtkomme. Wenn ein betreuender Elternteil seinem Kind trotz anderslautender Rechtslage erkläre, dass es selbst entscheiden könne, ob es den anderen Elternteil sehen wolle oder nicht, schwäche dieser Elternteil damit gleichzeitig seinen Einfluss und seine Erziehungskompetenz. In solchen Fällen könne das Macht-, Bestimmungs- und Entscheidungsprimat der Sorgeberechtigten dann von Kindern auch in anderen Bereichen infrage gestellt und abgelehnt werden. Dann bestehe die Gefahr, dass die Eltern auf diese Weise ihre Erziehungskraft schwächen könnten. Für den Fall, dass ein Gutachten erstellt und eine gerichtliche Entscheidung herbeigeführt werden muss, schlagen die Autoren daher die Prüfung folgender Kriterien vor:

- Wer aus der Familie trägt wie zum Scheitern einer tragfähigen Umgangsvereinbarung bei?
- Wie gehen die Eltern aufeinander ein?
- Welche Rolle spielt bei wem die beschriebene Unflexibilität und Verweigerungshaltung?
- Ist sie mehr aus dem Familienprozess, aus Ratschlägen von Helfern oder aus Persönlichkeitsanteilen zu erklären?
- Wie unterstützen alle Familienmitglieder die Verweigerungshaltung?
- Welche Familienmitglieder besitzen welche Kräfte und Fertigkeiten, die zu einer Vereinbarung in der Familie beitragen könnten?
- Wie weit können Analogieschlüsse, Aufzeigen von logischen Fehlern im Denken und Argumentieren, das Aufzeigen familiärer Muster des gegenseitigen Blockierens von der Familie erkannt werden? In welchem Maß kann das Ergebnis einer Beobachtung und Begutachtung diskutiert werden? Wird es lediglich pauschal abgelehnt, wenn es der eigenen Sicht widerspricht, oder ist ein Austausch darüber möglich? Die Fähigkeit, eine Metaebene einzunehmen, wäre prognostisch günstig.
- Wie werden die Kinder konkret einbezogen?
- Wie verhalten sich die Kinder in der konkreten Situation?
- Welche Distanz zum Umgangskonflikt ist möglich: Können auch gute und positive Seiten am anderen Elternteil gewürdigt werden?
- Zeigt sich ein Familienmitglied kompetenter, weniger starr?
- Wie unterstützen sich welche Familienmitglieder?

Wenn sich Sachverständige bei ihren Empfehlungen zur Regelung der Umgänge auf den Kindeswillen beziehen, wird häufig zwischen dem authentischen Kindeswillen und dem induzierten, d. h. durch Beeinflussungen erzeugten Kindeswillen unterschieden. Das Bundesverfassungsgericht stellt hierzu allerdings klar, dass Hinweise auf eine beeinflusste Willensbildung es nicht in jedem Fall rechtfertigen, den Kindeswillen einfach zu übergehen (BVerfG, 2015). Auch dann, wenn der Wille des Kindes auf Beeinflussungen des betreuenden Elternteils zurückzuführen sei, könne ein erzwungener Umgang das Kind überfordern. Neben dem Grundrecht des betreffenden Elternteils auf Umgang mit seinem Kind sei daher auch die Individualität des Kindes als Grundrechtsträger zu berücksichtigen. Das Kind habe ebenfalls ein Recht auf Selbstbestimmung, dem mit zunehmen Alter vermehrte Bedeutung zukomme. Selbst ein auf Beeinflussung beruhender Wunsch des Kindes könne beachtlich sein, wenn dieser Wunsch ein Ausdruck echter und schützenswerter Bindungen sei. Man könne den beeinflussten Willen nur dann außer Acht lassen, wenn die Äußerungen des Kindes den wirklichen Bindungsverhältnissen nicht entsprechen würden.

Dies ist möglicherweise ein Beispiel dafür, wie sich die Bewertungsmaßstäbe im Verlauf der Zeit verändern können. Früher wurde bei solchen Entscheidungen eher versucht, einem vermeintlichen erzieherischen Fehlverhalten des betreuenden Elternteils notfalls auch mit Zwangsmaßnahmen zu begegnen, wobei man dann unter Umständen auch Belastungen des Kindes in Kauf nahm. Heute scheint die Rechtsprechung eher darauf ausgerichtet zu sein, alles zu tun, um das Risiko sekundärer Kindeswohlgefährdungen zu verringern. Der Zielkonflikt, der sich daraus ergibt, wird die Fachdiskussion vermutlich noch eine Weile beschäftigen. Für die Eltern dürfte gegenwärtig eher die Frage von Belang sein, welche Auswirkungen solche Entscheidungen möglicherweise auf den Verfahrensablauf und das gutachterliche Vorgehen haben. Zum einen ist zu erwarten, dass Kinder vermehrt von den Richtern und anderen Experten befragt werden, woraus sich für Kinder, die sich in einem starken Loyalitätskonflikt befinden, zusätzliche Belastungen ergeben können. Ein weiterer ungünstiger Nebeneffekt könnte sein, dass man es auf diese Weise Richtern und Sachverständigen leichter macht, sich aus der Verantwortung zurückzuziehen, indem sie sich ohne sorgfältige Prüfung vorschnell auf den vermeintlichen Kindeswillen berufen.

Fazit
Hoch eskalierte Auseinandersetzungen sind per definitionem eher die Ausnahme als die Regel. Wenn man das gegeneinander gerichtete Verhalten der Eltern dann zusätzlich pathologisiert, obwohl seelische Störungen eines Elternteils eher selten der Grund sind, schüttet man auf diese Weise nur noch mehr Öl ins Feuer. In solchen Sonderfällen ist eher das Gericht in der Pflicht,

das trotzdem zu einer Entscheidung kommen muss und unter Umständen auch dafür Sorge zu tragen hat, dass seine Entscheidungen auch nachhaltig umgesetzt werden. Eltern, die sich auf derart massive Auseinandersetzungen einlassen, sollten sich darüber im Klaren sein, dass damit unter Umständen große Risiken verbunden sein können. Der Wechsel von der Rolle als Klient im Rechtssystem in die des Patienten im Gesundheitssystem geschieht häufig recht schnell. An die Rechtspsychologie sollten in solchen Fällen keine allzu hohen Erwartungen gerichtet werden. Der Nachweis, dass psychologische Sachverständige im Rahmen ihrer gutachterlichen Tätigkeit – sei sie entscheidungsorientiert oder lösungsorientiert – nachhaltig zur Deeskalation solcher Konflikte beitragen können, steht bisher aus. Mehr Hilfe kann in solchen Fällen vermutlich von psychologischen oder psychotherapeutischen Kompetenzen eines außergerichtlichen professionellen Helfersystem erwartet werden, das dann intervenieren kann, ohne den Einschränkungen zu unterliegen, die für das gutachterliche Vorgehen verbindlich sind.

Literatur

Alberstötter, U. (2004). Hocheskalierte Elternkonflikte – Professionelles Handeln zwischen Hilfe und Kontrolle. *Kind prax, 3,* 90–99.

Balloff, R. (2022). *Kinder vor dem Familiengericht* (4. Aufl.). Nomos.

Baumann, M., Biegel, C. M., Rücker, S, Serafin, & M., Wiesner, R. (2022a). Zur Notwendigkeit professioneller Intervention bei Eltern-Kind-Entfremdung – Teil 1. *ZKJ, 13*(7), 244–252.

Bergau, B. (2014). *Lösungsorientierte Begutachtung als Intervention bei hochstrittiger Trennung und Scheidung.* Beltz Juventa.

BVerfG. (2012). Beschluss vom 28.02.2012 – 1 BvR 3116/12.

BVerfG. (2015). Beschluss vom 25.04.2015 – 1 BvR 3326/14.

Castellanos, H. A. (2021). *Psychologische Sachverständigengutachten im Familienrecht* (3. Aufl.). Nomos.

Dettenborn, H. (2021). *Kindeswohl und Kindeswille – Psychologische und rechtliche Aspekte* (6. Aufl.). Reinhardt.

Dettenborn, H., & Walter, E. (2022). *Familienrechtspsychologie* (4. Aufl.). Reinhardt.

Dietrich, P. S., & Paul, S. (2006). Hoch strittige Elternsysteme im Kontext Trennung und Scheidung. In Weber, M. & Schilling, H. (Hrsg.), *Eskalierte Elternkonflikte. Beratungsarbeit im Interesse des Kindes bei hoch strittigen Trennungen* (S. 12–28). Juventa.

Fegert, J. M. (2001). Parental Alienation oder Parental Accusation Syndrom? (Teil 1) – Die Frage der Suggestibilität, Beeinflussung und Induktion in Umgangsrechtsgutachten. *Kind-Prax, 10*(1), 3–7.

Fichtner, J. (2012). Hilfen bei Hochkonflikthaftigkeit? Forschungsergebnisse zu Merkmalen und möglichen Interventionen in belasteten Nachtrennungsfamilien. *Zeitschrift für Kindschaftsrecht und Jugendhilfe, 2,* 46–54.

Fichtner, J. (2015). *Trennungsfamilien – Lösungsorientierte Begutachtung und gerichtsnahe Beratung.* Hogrefe.

Gardner, R. A. (1992). *The parental alienation syndrom. A guide for mental and legal professionales.* Creative Therapeutics Inc.

Gardner, R. A. (2002). *Das Elterliche Entfremdungssyndrom (Parental Alienation Syndrom/PAS). Anregungen für gerichtliche Sorge- und Umgangsregelungen. Eine empirische Untersuchung.* Verlag für Wissenschaft und Bildung.

Götting, S. (2013). Rosenkriegskind, Scheidungsopfer, Resilienzwunder …? Was Kinder in hoch konflikthaften Systemen lernen, was sie nicht lernen – Und was sie besser wieder verlernen sollen. In Weber, M., Alberstötter, U., & Schillig, H. (Hrsg.), *Beratung von Hochkonflikt-Familien im Kontext des FamFG* (S. 273–290). Beltz Juventa.

Hammer, W. (2022). Familienrecht in Deutschland – Eine Bestandsaufnahme. https://www.familienrecht-in-deutschland.de/studie/.

Howard, S. & Reitzig, J. (2023). *Im Zweifel gegen das Kind.* Berlin: Econ.

Jopt, U., & Behrend, K. (2000). Das Parental Alienation Syndrom (PAS). Ein Zwei-Phasen-Modell. *Zeitschrift für Jugendrecht 87,* 223–231. (Teil 1) und 258–271 (Teil 2).

Kodjoe, U., & Koeppel, P. (1998). The Parental Alienation Syndrome (PAS). *Der Amtsvormund, 71*(26), 125–136.

Lack, K., & Hammesfahr, A. (2019). *Psychologische Gutachten im Familienrecht – Handbuch für die rechtliche und psychologische Praxis.* Reguvis – Bundesanzeiger Verlag.

Salzgeber, J. (2020). *Familienpsychologische Gutachten* (7. Aufl.). Beck.

Schmidt-Denter, U. (2001). Differentielle Entwicklungsverläufe von Scheidungskindern. In Walper, S. & Pekrun, R. (Hrsg.), *Familie und Entwicklung. Aktuelle Perspektiven der Familienpsychologie* (S. 292–313). Hogrefe.

Spindler, M., & Klarer, K. (2006). Die optimale Umgangsregelung bei hochstrittiger Trennung und Scheidung. *Kindschaftsrecht und Jugendhilfe, 1*(1), 12–17.

Stadler, M., & Salzgeber, J. (1999). Parental Alienation Syndrome (PAS) – Alter Wein in neuen Schläuchen? *Familie, Partnerschaft und Recht, 5*(4), 231–235.

Staub, L. (2023). *Das Wohl des Kindes bei Trennung und Scheidung* (2. Aufl.). Hogrefe.

Sünderhauf, H. (2013), *Wechselmodell: Psychologie – Recht – Praxis. Abwechselnde Kinderbetreuung durch Eltern nach Trennung und Scheidung.* Springer Fachmedien.

Walper, S. (2006). Umgangsrecht im Spiegel psychologischer Forschung. In Deutscher Familiengerichtstag e. V. (Hrsg.), *Sechzehnter Deutscher Familiengerichtstag* (S. 100–130). Bielefeld.

Weber, M. (2015). Hoch strittige Elternschaft: Orientierungen für ein differenziertes und strukturiertes Vorgehen zur Erfassung kindlicher Befindlichkeit. *Zeitschrift für Kindschaftsrecht und Jugendhilfe ZKJ, 10*(1), 14–22.

Willutzki, S. (2005). Entwicklungen und Tendenzen im Kindschaftsrecht. *KindPrax, 8*(6), 197–201.

6

Die Inobhutnahme des Kindes

Inhaltsverzeichnis

6.1 Die Ermessensspielräume – Wo sind die Grenzen der Intervention? 165
6.2 Besondere Anforderungen an die Gutachtenerstellung – Systematisches Vorgehen oder Stochern im Nebel? 169
6.3 Besondere Fehlerquellen und Risiken im Verfahren – Muss das Kind erst in den Brunnen gefallen sein? 177
Literatur 181

6.1 Die Ermessensspielräume – Wo sind die Grenzen der Intervention?

Wenn Eltern sich um die Kinder streiten, übernimmt der Staat – vertreten durch seine Gerichte – vor allem die Funktion eines Schlichters. Völlig anders gelagert ist seine Verantwortung, wenn es um den Kinderschutz geht und der Staat in der Funktion des Wächters gefordert ist. In diesem Fall sind die Folgen staatlicher Interventionen in den meisten Fällen, wenn auch nicht immer, wesentlich gravierender als bei Entscheidungen zum Lebensmittelpunkt der Kinder oder zur Regelung des Umgangs. Falls das Erfordernis für eine Inobhutnahme nachgewiesen ist, nimmt der Staat den Eltern die Kinder weg und den Kindern die Eltern und ihr gewohntes Zuhause.

In der öffentlichen Diskussion um das vermeintliche Versagen der Jugendämter oder um die Mängel von psychologischen Sachverständigengutachten wird das Dilemma der beteiligten Professionen deutlich. Mal lautet der Vorwurf, dass Eltern, die sich eigentlich nichts zuschulden kommen lassen hätten, die Kinder weggenommen worden seien, dann wird wieder behauptet, dass das Jugendamt untätig geblieben sei und nicht verhindert habe, dass Kinder zu Schaden gekommen seien. Letztlich ist auch hier wieder alles eine Frage der Maßstäbe und der Risikotoleranz. Setzt man die Schwelle zur Inobhutnahme hoch an, nimmt man dafür in Kauf, dass mehr potenziell gefährdete Kinder im familiären Umfeld verbleiben und möglicherweise zu Schaden kommen. Senkt man hingegen die Schwelle, so geht man das Risiko ein, dass vermehrt Kinder in Obhut genommen werden, die unter Umständen auch in der Familie hätten bleiben können. Die beteiligten Professionen, insbesondere Gerichte, Jugendämter, Sachverständige und Verfahrensbeistände, sind in ihrem Handeln einerseits an strikte gesetzliche Vorschriften gebunden, haben andererseits aber auch im jeweiligen Einzelfall Ermessensspielräume.

Insgesamt sind hier drei verschiedene Positionen mit unterschiedlichen Rechten und Interessen zu berücksichtigen:

- das Kind mit seinem Grundrecht auf Pflege und Erziehung durch die Eltern;
- die Eltern mit ihren Rechten am Kind, weil nach Meinung des Bundesverfassungsgerichts normalerweise davon auszugehen ist, dass den Eltern mehr als anderen das Wohl des Kindes am Herzen liegt und es daher grundsätzlich dem Kindeswohl entspricht, wenn das Kind bei seinen Eltern lebt (siehe Britz, 2014);
- der Staat mit der doppelten Pflicht, einerseits die Kinder zu schützen und andererseits dafür Sorge zu tragen, dass die Eltern nach einem Versagen wieder in die Lage versetzt werden, ihren Pflichten nachzukommen.

Ein Entzug des Sorgerechts oder von Teilen des Sorgerechts stellt stets einen schwerwiegenden Eingriff in das Elternrecht dar. Ein solcher Eingriff ist nur dann gerechtfertigt, wenn die körperliche, seelische oder geistige Entwicklung des Kindes ernsthaft beeinträchtigt ist und die Eltern nicht bereit oder nicht in der Lage sind, daran etwas zu ändern bzw. die Gefährdung zu verhindern (siehe § 1666 Abs. 1 BGB). „Eine Trennung der Kinder von der Familie ist daher nur bei schwerwiegendem Fehlverhalten, verbunden mit einer nachhaltigen Gefährdung des Kindeswohls, vertretbar. Sie darf nur angeordnet werden, wenn eine Abwehr der Kindeswohlgefährdung mit öffentlichen Mitteln nicht zu erreichen ist" (Oelkers, 1999, S. 413). Im Einzelnen wird dabei unterschieden zwischen missbräuchlicher Ausübung der elterlichen Sorge, Vernachlässigung des Kindes und unverschuldetem Versagen des betreffenden Elternteils.

Unter einer missbräuchlichen Ausübung der elterlichen Sorge versteht man beispielsweise ein unkontrolliertes Verhalten, das zu erheblichen oder gar lebensbedrohlichen Verletzungen der Kinder führt (Oelkers, 1999).

Unter Vernachlässigung versteht man nach Deegner und Körner (2016) die unzureichende Erfüllung wesentlicher körperlicher oder seelischer Bedürfnisse des Kindes und Mangel an Aufsicht, Schutz, emotionaler Zuwendung, insbesondere die Beeinträchtigung oder Schädigung der Entwicklung von Kindern durch die Eltern aufgrund unzureichender Pflege und Kleidung, mangelnder Ernährung und gesundheitlicher Fürsorge, zu geringer Beaufsichtigung und Zuwendung, unzureichendem Schutz vor Gefahren sowie unzureichender Anregung und Förderung motorischer, geistiger, emotionaler und sozialer Fähigkeiten.

Ein unverschuldetes Versagen liegt zum Beispiel vor, wenn sich der betreffende Elternteil unzureichend um das Kind kümmert und mit der Erziehung des Kindes überfordert ist. Davon ist insbesondere dann auszugehen, wenn der betreffende Elternteil die Entwicklungsdefizite des Kindes sowie deren Ursachen nicht erkennt und daher weder die Mängel ausgleicht noch die notwendigen Entwicklungs- und Fördermaßnahmen ergreift. Unverschuldetes Versagen kann auch dann angenommen werden, wenn sich der betreffende Elternteil in einem seelischen Ausnahmezustand befindet und damit das Kind gefährdet oder eine Gefährdung androht.

Falls eine Inobhutnahme erwogen wird, sind laut Britz (2014) folgende Voraussetzungen zu überprüfen:

- Die Gefahr, der das Kind bei den Eltern ausgesetzt ist, muss nachhaltig sein, d. h., es muss entweder bereits ein Schaden eingetreten sein oder mit ziemlicher Sicherheit zu erwarten sein.
- Dann ist zunächst zu überprüfen, ob die Gefahren beziehungsweise Gefährdungen nicht auch durch weniger eingreifende Maßnahmen verhindert werden können.
- Gleichzeitig muss sichergestellt werden, dass nach einer Inobhutnahme alle Möglichkeiten der Förderung der Kontakte zwischen Eltern und Kind ausgeschöpft werden, um die Möglichkeit zur Rückführung des Kindes grundsätzlich offenzuhalten, beispielsweise in Form eines möglichst großzügigen Umgangsrechts zur Aufrechterhaltung der Eltern-Kind-Beziehung.
- Bei der Wahl der Unterbringung des Kindes ist stets zu prüfen, ob die Überführung des Kindes zu Angehörigen und die Bestellung von

Verwandten als Vormund oder Ergänzungspfleger für das Kind infrage kommt, da eine solche Maßnahme meistens die spätere Rückführung des Kindes zu den leiblichen Eltern erleichtert.

Die Beweispflicht liegt in solchen Fällen beim Staat bzw. dem Gericht oder dem Jugendamt, d. h., man kann von den Eltern nicht verlangen, dass sie ihre Erziehungsfähigkeit positiv unter Beweis stellen müssen (BVerfG, 2014). Vielmehr muss ihnen nachgewiesen werden, dass ein Erziehungsversagen mit hinreichender Gewissheit feststeht. Der Staat darf auch nicht seine eigenen Vorstellungen von gelungener Kindererziehung an die Stelle der elterlichen Verantwortung setzen. Denn Eltern können grundsätzlich nach eigenen Vorstellungen darüber entscheiden, wie sie ihrer Verantwortung in der Erziehung, Versorgung und Betreuung des Kindes gerecht werden (zitiert nach Britz, 2014). Es reicht auch nicht aus, wenn auf mögliche Defizite bei der Erziehungsfähigkeit der Eltern eingegangen wird, ohne dass mit hinreichender Sicherheit nachgewiesen wird, mit welcher Wahrscheinlichkeit und welcher Schwere die befürchteten Beeinträchtigungen des Kindes zu erwarten sind. Die Gefährdung muss also konkretisiert werden. Der Staat und damit auch die Gutachter dürfen ihre Vorstellungen von einer geeigneten Kindererziehung nicht anstelle der elterlichen Vorstellungen setzen. Die Eltern und deren sozioökonomische Lebensverhältnisse gehörten „grundsätzlich zum Schicksal und zum Lebensrisiko" (BVerfG, 2014) eines Kindes. Zusammenfassend sei noch einmal ausdrücklich darauf hingewiesen, dass es in solchen Fällen also nicht darum geht, welche Regelung im Interesse des Kindes die bessere ist, sondern ausschließlich darum, ob eine Inobhutnahme zwingend erforderlich ist.

Viele Eltern stehen den Hilfsangeboten des Jugendamts ambivalent gegenüber, weil sie die Unterstützung – beispielsweise durch eine sozialpädagogische Familienhilfe – nicht nur als Hilfe, sondern häufig auch als erhöhte Anforderung oder sogar als Kontrolle erleben. Problematisch kann es dann werden, wenn Hilfen sich zwar als erforderlich erweisen, jedoch von den Eltern abgelehnt werden. Daher ist stets zu prüfen, ob die Eltern vorbehaltlos bereit sind, Hilfen anzunehmen, und ob sie dann ihre Bereitschaft nicht nur verbal bekunden, sondern wirklich auch mit dem Helfersystem kooperieren. Anderenfalls wäre unter Umständen doch von einer Kindeswohlgefährdung auszugehen (Dahm, 2015). Voraussetzung ist allerdings, dass es sich dabei um geeignete Maßnahmen zur Abwehr der Kindeswohlgefährdung handelt und dass die Eltern überhaupt in der Lage sind, Hilfen anzunehmen. Daraus ergeben sich unter Umständen erhöhte Anforderungen an das Helfersystem, das sich in solchen Fällen nicht darauf beschränken darf, die Kooperation der Eltern nur einzufordern, sondern sich auch bemühen muss, ihnen den Zweck der jeweiligen Maßnahme in einer Art und Weise zu erläutern, die für sie nachvollziehbar ist. Es reicht unter Umständen nicht aus, den Eltern einfach irgendwelche Vorgaben zu machen oder Aufgaben zu erteilen. Häufig scheitert die Kooperation zwischen Eltern und Jugendamt oder dem sonstigen Helfersystem schon an der gegenseitigen Verständigung.

Als Gutachter macht man immer wieder die Erfahrung, dass Jugendämter ihre Anträge auf Inobhutnahme mit den für ein Kind möglicherweise unzumutbaren Wohn- und Lebensverhältnissen der Familie begründen oder mit persönlichen Problemen der Eltern, wie beispielsweise ein erhöhtes Aggressionspotenzial, eine Suchtproblematik oder seelische Störungen. Viele Gutachter beschränken sich dann auch auf die Überprüfung dieser Bedenken, die dann unter Umständen relativiert oder bestätigt werden. Dem setzt das Bundesverfassungsgericht allerdings wesentlich strengere Bewertungsmaßstäbe entgegen. So wird beispielsweise für die Sachermittlungen und damit auch für die Begutachtung eine besonders hohe Prognosesicherheit im Hinblick auf die mit „ziemlicher Sicherheit" voraussehbaren Schädigungen des Kindes gefordert (BverfG, 2014). Der Hinweis auf allgemeine, latente oder mittel- und langfristige Gefährdungen des Kindes sei in diesem Fall nicht ausreichend. Erforderlich seien eine präzise Stellungnahme und eine entsprechende Wortwahl, und zwar sowohl für die Gerichte als auch für die Sachverständigen. Zum wiederholten Mal wird auch darauf hingewiesen, dass die mit einer Trennung von den Eltern verbundenen negativen Folgen und Belastungen für das Kind gegen die Gefährdungen abzuwägen sind, denen das Kind unter der Obhut der Eltern ausgesetzt ist. Falls zwischen Kindern und Eltern eine sehr positive und enge Bindung bestehe, d. h. wenn beide Seiten ihr Verhältnis positiv wahrnähmen, sei beispielsweise die drohende psychische Schädigung des Kindes durch eine Trennung von den Eltern so groß, dass sie nur durch „schwerwiegende Gefahren" im Fall eines Verbleibs des Kindes bei den Eltern gerechtfertigt werden könne.

6.2 Besondere Anforderungen an die Gutachtenerstellung – Systematisches Vorgehen oder Stochern im Nebel?

Wenn das Familiengericht in einem Verfahren zum Sorgerechtsentzug oder zur Inobhutnahme die Einholung eines Sachverständigengutachtens beschließt, geschieht dies in den meisten Fällen auf Anregung des zuständigen

Jugendamts. In vielen Fällen sind die Familienverhältnisse dem Jugendamt schon über einen längeren Zeitraum bekannt, und es wurden möglicherweise schon verschiedene Maßnahmen zur familiären Unterstützung implementiert, die jedoch keine nachhaltigen Verbesserungen der Verhältnisse zur Folge hatten. In anderen Fällen erscheint dem Jugendamt eine akute Intervention erforderlich. Die Begutachtung beschränkt sich in solchen Fällen meistens auf eine Defizitdiagnostik bei Kindern und Eltern. Die Kinder werden auf Störungen in ihrer Entwicklung untersucht. Dabei ist einerseits zu beachten, ob nachweisbare Defizite in der Entwicklung der Kinder auf erzieherisches Versagen der Eltern hindeuten, und andererseits zu prüfen, ob die Eltern über hinreichende erzieherische Voraussetzungen verfügen, um den besonderen Anforderungen gerecht werden zu können, die sich aus den Defiziten ihrer Kinder ergeben.

Aus psychologischer Sicht wird in diesem Zusammenhang zwischen allgemeiner und spezieller erzieherischer Eignung unterschieden. In manchen Fällen liegen schwerwiegende Einschränkungen in der allgemeinen erzieherischen Eignung der Eltern vor, die die Gefahr eines erzieherischen Versagens im Hinblick auf alle Kinder erhöhen. Diese Einschränkungen können beispielsweise krankheitsbedingt sein, was bei schweren seelischen Störungen häufiger der Fall ist. Sie können aber auch auf eine generelle Unfähigkeit zurückzuführen sein, den komplexen Anforderungen gerecht zu werden, die sich aus der Haushaltsführung, der Versorgung und der Betreuung der Kinder im Lebensalltag und der gesundheitlichen und schulischen Förderung der Kinder ergeben. In manchen Fällen weisen Eltern auch Einschränkungen in ihrer Bindungs- und Beziehungsfähigkeit auf oder haben Probleme damit, den Kindern Grenzen zu setzen und erzieherisch auf sie einzuwirken. Die negativen Auswirkungen dieser Einschränkungen werden häufig noch durch ungünstige Lebensverhältnisse verstärkt. In solchen Fällen ist aus gutachterlicher Sicht stets zu prüfen, worauf die Einschränkungen der Eltern zurückzuführen sind, inwieweit sie durch gezielte Förderung und Anleitung in die Lage versetzt werden können, diesen Anforderungen auf Dauer besser gerecht zu werden und wo ihre unveränderlichen Einschränkungen und Grenzen liegen.

Die Frage der speziellen erzieherischen Eignung ist dann überprüfen, wenn ein Kind die Eltern vor besondere erzieherische Anforderungen stellt. Dies kann beispielsweise dann der Fall sein, wenn das Kind an einer chronischen körperlichen Erkrankung leidet, die ein besonderes Maß an Pflege, Fürsorge, Kontrolle und Achtsamkeit und unter Umständen auch besondere Kenntnisse erfordert, wie es beispielsweise bei Kindern mit einem Diabetes mellitus der Fall ist. Vor besondere Anforderungen werden Eltern durch Kinder gestellt, die an Verhaltensstörungen oder an Aufmerksamkeits- und Konzentrationsstörungen leiden. Die Unterscheidung zwischen allgemeiner und spezieller erzieherischer Eignung ist im Interesse der Eltern auch deswegen wichtig, weil die Diagnose eines Mangels an allgemeiner erzieherischer Eignung zur Folge haben kann, dass nicht mehr unterschieden wird, ob es erforderlich ist, alle Kinder in Obhut zu nehmen, oder ob es reicht, nur dasjenige Kind aus dem Familienverband herauszunehmen, das die Eltern vor besondere Anforderungen stellt.

Vor besondere Anforderungen werden Gerichte und Sachverständige gestellt, wenn die Eltern im Gerichtsverfahren und bei der Begutachtung gegeneinander agieren. Gelegentlich werden Hinweise auf erzieherische Defizite erst im Rahmen von Trennungsauseinandersetzungen deutlich. Das ist insbesondere dann der Fall, wenn diese Auseinandersetzungen mit großer Vehemenz erfolgen und unter Umständen auch mit körperlicher Gewalt verbunden sind, sodass unter Umständen auch Polizeieinsätze erforderlich werden oder die Kindesmutter mit den Kindern in ein Frauenhaus flüchtet. In solchen Fällen ist es nicht ungewöhnlich, dass die Eltern heftige Vorhaltungen gegeneinander erheben, die bis dahin auch dem Jugendamt nicht bekannt waren. Oft ist unklar, ob es sich dabei um reine Zweckbehauptungen handelt oder ob hier möglicherweise im Zuge der Auseinandersetzungen Defizite und Mängel deutlich werden, die bis dahin unerkannt geblieben waren. Der gerichtliche Beweisauftrag für die Begutachtung bezieht sich dann unter Umständen auf eine doppelte Fragestellung, bei der einerseits untersucht werden soll, bei welchem Elternteil die Kinder besser aufgehoben sind, andererseits aber auch zu prüfen ist, ob eine Kindeswohlgefährdung vorliegt, die eine Inobhutnahme erforderlich machen könnte.

In solchen Gutachten finden sich dann häufig vergleichende Überlegungen dazu, welche Vor- und Nachteile mit den verschiedenen Regelungsalternativen für die Kinder verbunden sind. Gelegentlich kommen Sachverständige dann zu dem Ergebnis, dass eine Inobhutnahme der Kinder immer noch besser sei als der Verbleib bei dem einen oder anderen Elternteil. Übersehen wird dabei jedoch, dass solche Vergleiche nicht zulässig sind, da hier unterschiedliche Rechtsnormen berücksichtigt werden müssen. Falls die Fremdunterbringung der Kinder auf der Grundlage von § 1666 BGB in Erwägung gezogen werden soll, kann man sich nicht auf eine nur potenziell bestehende Gefährdung der Kinder bei den Eltern berufen. Vielmehr muss das Erfordernis für diese Maßnahme mit konkreten Tatsachen und einer sicheren und auf den Einzelfall bezogenen Prognose überzeugend begründet werden. Die Frage, welche Regelung den Belangen des Kindes (am besten) dient, d. h. dem Kindeswohl entspricht, ist nur dann zu prüfen, wenn zu entscheiden ist, bei welchem Elternteil das Kind seinen Lebensmittelpunkt bzw. ständigen Aufenthalt haben soll oder wie die Umgänge geregelt werden sollen.

In konkreten Notsituationen stellt sich oft die Frage, ob die Kinder akut aus der Familie herausgenommen werden müssen, ohne dass zuvor eine Begutachtung durchgeführt oder die Ergebnisse aus anderen Ermittlungen abgewartet werden können. Diese Kinder werden dann im Rahmen einer akuten Krisenintervention in Obhut genommen und in eine Pflegestelle überführt. Günstigstenfalls handelte es sich dabei um eine Bereitschaftspflegestelle, aus der Kinder gegebenenfalls auch zeitnah wieder in die Herkunftsfamilie zurückgeführt werden können. In vielen Fällen entwickelt sich dann aber auch eine Eigendynamik des Konflikts, die weitere, eher sekundäre Probleme erzeugt. Falls sich dann beispielsweise die Erstellung eines Gutachtens oder die gerichtliche Entscheidung verzögert und die Kinder nicht so lange in der Bereitschaftspflegestelle bleiben können, werden sie dann in eine Dauerpflegestelle überführt, wo sie sich möglicherweise einleben und auch neue Beziehungen aufbauen, die schützenswert sein können. Für jüngere Kinder im Säuglings- und Kleinkindalter ergeben sich dann andere Probleme als für ältere Kinder. Die ersten drei Lebensjahre sind für eine ungestörte Bindungsentwicklung von besonderer Bedeutung. Daher sind bei jüngeren Kindern häufigere Wechsel möglichst zu vermeiden und schnelle Entscheidungen erforderlich. Stattdessen kommt es häufiger vor, dass ein Kleinkind im Rahmen einer Akutmaßnahme in Obhut genommen wird, dann zunächst für einige Monate in einer Bereitschaftspflegestelle verbleibt, von dort in eine Dauerpflegestelle wechselt und dann möglicherweise wieder in den Haushalt der leiblichen Eltern zurückgeführt werden soll. Aus gutachterlicher Sicht lässt sich dann kaum noch prognostizieren, welche Auswirkungen diese häufigen Wechsel des Umfelds und der engeren Bezugspersonen auf die weitere Bindungsentwicklung des Kindes haben könnten und welche besonderen Anforderungen sich daraus im Fall einer Rückführung möglicherweise für die Eltern ergeben könnten.

Ein weiterer Sonderfall ist die Begutachtung einer schwangeren Kindesmutter vor der Geburt ihres Kindes zwecks Prüfung der Frage, ob das Kind der Mutter sofort nach der Geburt weggenommen und in eine Pflegestelle überführt werden muss. Im Hinblick auf dieses Kind kann somit vom Gutachter nicht der Nachweis erbracht werden, dass es aufgrund eines erzieherischen Versagens der Mutter zu Schaden gekommen sei. Falls zuvor auch schon andere Kinder dieser Mutter in Obhut genommen worden sind, kann der Gutachter unter Umständen prüfen, was die Hintergründe der damaligen Maßnahmen waren. Zweifellos gibt es auch Eltern, bei denen die Erziehungsfähigkeit wegen schwerwiegender chronischer Störungen dermaßen stark beeinträchtigt ist, dass mit hoher Wahrscheinlichkeit davon ausgegangen werden kann, dass sie auch mit dem neugeborenen Kind überfordert wären. In solchen Fällen erübrigt sich aber auch meistens die Einholung eines Gutachtens. Schwieriger sind Fälle, in denen das Versagen bei zuvor geborenen Kindern auf besondere Umstände zurückzuführen war. Konkrete Beispiele sind eine Kindesmutter, die bei der Geburt ihres ersten Kindes, das dann in Obhut genommen werden musste, erst 15 Jahre alt war und die dann mit 17 Jahren erneut schwanger wurde, oder eine Mutter, die nach der Geburt ihres ersten Kindes eine Wochenbettpsychose entwickelte und sich daher weder um dieses Kind kümmern noch eine Beziehung zu ihm aufbauen konnte. In solchen Fällen entsteht häufig für alle Beteiligten der Zielkonflikt, dass sich das Schicksal des früher geborenen Kindes für das jetzt erwartete Kind wiederholen könnte, ohne dass man diesbezüglich eine sichere Prognose stellen kann.

Für die Begutachtung ist in solchen Fällen eine umfangreiche Aktenlage hilfreich. Daraus ergeben sich häufig Hinweise auf frühere Belastungen der Familie oder relevante Krankenvorgeschichten. Falls es in der Vergangenheit schon zu ähnlichen Problemen in der Familie gekommen ist, liegen möglicherweise auch schon frühere Gutachten vor. Die Langzeitentwicklungen sind dann oft besser dokumentiert als in anderen Fällen. Besonders sorgfältig sollten sich Eltern und Sachverständige jedoch die Argumente anschauen, mit denen das Jugendamt in solchen Fällen seinen Vorschlag oder Antrag auf Einholung eines psychologischen Gutachtens begründet. Häufig beschränkt sich das dann auf die Auflistung verschiedener Risikofaktoren mit dem Vorschlag, die erzieherische Eignung der Kindeseltern genauer untersuchen zu lassen. Der Gerichtsbeschluss lautet dann oft standardmäßig, dass ein Gutachten zur Erziehungsfähigkeit der Eltern erstattet werden solle. Gerade in solchen Fällen ist es jedoch erforderlich, dass dem Gutachter detailliert und präzise vorgegeben wird, worauf er sein Augenmerk richten soll und welche konkreten Fragen zu beantworten sind.

Bei einem allgemein formulierten Auftrag ist es dem Sachverständigen freigestellt, wie viel Aufwand er betreibt, ohne dass er sich für einen möglicherweise überflüssigen Aufwand rechtfertigen müsste. Andererseits muss aber auch berücksichtigt werden, dass der Gutachter in solchen Fällen keinen allgemeinen Ausforschungsauftrag hat und auch die Persönlichkeitsrechte der Eltern zu respektieren hat. Gelegentlich kommt es deswegen zu Missverständnissen oder Meinungsverschiedenheiten mit dem Jugendamt, das sich von dem Ergebnis des Gutachtens im Grunde die Legitimation für konkrete Maßnahmen und Eingriffe erhofft hatte und dann mit den gutachterlichen Empfehlungen unzufrieden ist.

Je unklarer die gerichtlichen Aufträge und Fragestellungen für alle Beteiligten sind, umso größer ist die Gefahr intransparenter und verdeckter Interaktionen zwischen den beteiligten Professionen. Das Jugendamt hält im Interesse der Kinder eine Maßnahme für erforderlich, meint jedoch dafür ein psychologisches Gutachten zu benötigen und schlägt dem Gericht gegebenenfalls auch eine bestimmte Person vor. Der Sachverständige setzt sich nach Eingang des Auftrags mit dem Jugendamt in Verbindung, um sich sachkundig zu machen, worum es eigentlich geht, und vertraut möglicherweise darauf, dass das Jugendamt mit dem Fall ohnehin besser vertraut ist, als es ihm im Rahmen einer gutachterlichen Querschnittsuntersuchung möglich sein wird. Er erstellt dann ein Gutachten, das im Wesentlichen den Erwartungen des Jugendamts entspricht und für ihn die Chance verbessert, in Zukunft erneut beauftragt zu werden. Um solchen Bedenken vorzubeugen, sollte ein verantwortlich arbeitender Gutachter bei Durchsicht der Akten prüfen, welche Erkenntnisse bisher zum erzieherischen Potenzial und zu eventuellen erzieherischen Einschränkungen der Eltern vorliegen und was er hier zusätzlich untersuchen könnte. Falls sich dabei neue Fragen ergeben, können diese mit dem Gericht besprochen werden, dass sich dann gegebenenfalls mit dem Jugendamt und dem Verfahrensbeistand darüber verständigen kann, ob eine Erweiterung des Beweisauftrags erforderlich ist.

Bei der Kontaktaufnahme der Sachverständigen zu den Kindeseltern sollte im Auge behalten werden, dass diese in Anbetracht der großen sozialen Distanz häufig Vorbehalte haben und den Gutachter als verlängerten Arm des Jugendamts wahrnehmen. Außerdem sind sie selten hinreichend über ihre Rechte informiert. Der Verlauf der Begutachtung kann dann wesentlich davon abhängen, wie gut sie vom Sachverständigen über ihre Rechte und seine Pflichten aufgeklärt werden und wie nachvollziehbar er ihnen das geplante Vorgehen und die Rückschlüsse erläutert, die sich aus den Untersuchungsergebnissen ziehen lassen.

Zu den routinemäßig durchzuführenden Maßnahmen gehört die gründliche entwicklungsdiagnostische Untersuchung der Kinder, da nur auf diese Weise überprüft werden kann, ob Beeinträchtigungen vorliegen, die auf erzieherisches Versagen der Eltern hinweisen, und welche erzieherischen Anforderungen sich daraus für die Eltern ergeben. Dabei sind auch die Bindungsentwicklung und der Kindeswille zu untersuchen, da nur auf diese Weise der Forderung des Bundesverfassungsgerichts hinreichend nachgekommen werden kann, nicht nur die erzieherische Eignung der Eltern zu überprüfen, sondern auch die Gefahr möglicher Trennungsfolgeschäden zu berücksichtigen.

Ein routinemäßiges testdiagnostisches Screening der Eltern ist in solchen Fällen nicht zu empfehlen, da es keine Testverfahren gibt, mit denen sich die Erziehungsfähigkeit positiv nachweisen lässt, während Defizite stets sehr individuell sind. Falls die Eltern sich in therapeutischer Behandlung befinden oder in neuerer Zeit diagnostische Untersuchungen durchgeführt wurden, kann erwogen werden, den Eltern eine Entbindung der Ärzte oder Therapeuten von der Schweigepflicht vorzuschlagen. Falls sich aus Hinweisen auf Vorstrafen Anhaltspunkte für eine soziale Gefährdung ergeben, kann der Sachverständige dem Gericht vorschlagen, die Akten aus den Strafverfahren beizuziehen. Testdiagnostische Untersuchungen sind vor allem dann sinnvoll, wenn sich konkrete Anhaltspunkte für persönlichkeitsspezifische Defizite ergeben, deren Ausprägungen durch testdiagnostische Untersuchungen objektiviert werden können. Häufig wird in solchen Fällen über eine ausgeprägte Suchtproblematik berichtet. Bei konkreten Anhaltspunkten können Sachverständige das Gericht darüber informieren, dass diesbezüglich noch Aufklärungsbedarf besteht. Gegebenenfalls sind gerichtsmedizinische Institute in der Lage, den Konsum von Alkohol oder anderen Drogen auch über Zeiträume von mehreren Monaten nachträglich zu überprüfen.

Sachverständige sollten auch im Auge behalten, dass in vielen Fällen versäumt wird, bei Inobhutnahme die Möglichkeiten zu überprüfen, ob das Kind bei Angehörigen der Eltern untergebracht werden kann. Auf diese Weise kann die Aufrechterhaltung der Kontakte zwischen Eltern und Kindern erleichtert und gleichzeitig auch langfristig die Möglichkeiten für eine Rückführung offengehalten werden. Sachverständige sind in solchen Fällen jedoch nicht befugt, von sich aus die Angehörigen in die Untersuchungen einzubeziehen, indem sie diese ohne gerichtlichen Auftrag ebenfalls begutachten. Den Eltern ist es jedoch gestattet, Angehörige zu den gutachterlichen Untersuchungsterminen hinzuzuziehen. Die Frage, ob diese Angehörigen über die Voraussetzungen verfügen, die Kinder bei sich aufzunehmen, muss dann gegebenenfalls vom Jugendamt überprüft werden.

Eltern, deren Kinder in Obhut genommen werden, erleben diese Maßnahmen oft als willkürlich und verstricken sich in Auseinandersetzungen mit dem Jugendamt. In vielen Fällen sind solche Probleme auf die Intransparenz der Entscheidungsprozesse zurückzuführen. Die Unterstützungsmaßnahmen von Jugendämtern werden von Eltern eher als Kontrollen und weniger als Hilfe erlebt, zumal das Erfordernis für die Implementierung von Hilfen häufig damit begründet wird, dass man andernfalls die Kinder herausnehmen müsse. Ob Unterstützungsmaßnahmen greifen, hängt nicht allein von der Kooperationsbereitschaft der betreffenden Eltern ab, sondern unter Umständen auch von der Fähigkeit des eingesetzten Personals, die Eltern in einer Weise anzusprechen, mit der sie umgehen können, und sie auf diese Weise zur Zusammenarbeit zu bewegen. Häufig beschränken sich jedoch die Initiativen auf Anweisungen und Vorgaben, mit denen Widerstände bei den Eltern erzeugt werden, weil keine Einsicht in das Erfordernis besteht. Einem Gutachter, der über berufliche Erfahrungen mit Klienten aus einem entsprechenden sozialen Umfeld verfügt, gelingt es unter Umständen leichter, mit den Eltern darüber ins Gespräch zu kommen, wo er ihre Defizite sieht und welche Möglichkeiten aus seiner Sicht bestehen, um die Kinder zu schützen oder ihnen zu helfen.

Ein weiteres Problem bei der Begutachtung ergibt sich daraus, dass Sachverständige es dabei häufig mit Personengruppen zu tun haben, die besonders risikoanfällig sind und bei denen daher vermehrt mit Problemen der körperlichen und seelischen Gesundheit, der psychosozialen Belastungen und der sozialen Integration zu rechnen ist. Die Untersuchungen von Kindern und Eltern mit entsprechendem Hintergrund erfordert eine besondere fachliche Qualifikation. Die im Studium erworbenen Kenntnisse in Psychodiagnostik, Entwicklungspsychologie, Familienpsychologie oder Persönlichkeitspsychologie reichen dafür in der Regel nicht aus. Um die Problematik von stark geschädigten Kindern, die Ursachen der Schädigungen und die Möglichkeiten erzieherischer und therapeutischer Interventionen richtig einschätzen zu können, ist meistens eine entsprechende berufliche Erfahrung bzw. Feldkompetenz erforderlich. Bei den Eltern ist auch mit einem großen Anteil von Personen mit klinisch oder sozial bedeutsamen Auffälligkeiten zu rechnen, wobei man häufig nicht auf eine Diagnosestellung verzichten kann. Dazu ist jedoch nicht jeder Sachverständige qualifiziert und berechtigt. Diagnostische Untersuchungen und Therapieempfehlungen bei psychischen Störungen dürfen in solchen Fällen nur Sachverständige mit entsprechender Zusatzqualifikation vornehmen, insbesondere Ärzte mit psychiatrischer Facharztausbildung oder Psychologen und zum Teil auch Pädagogen mit einer Approbation in Kinder- und Jugendlichenpsychotherapie oder Erwachsenpsychotherapie.

Insgesamt zeigt die Erfahrung, dass die Begutachtung bei Verfahren, in denen es um die Inobhutnahme von Kindern geht, äußerst fehleranfällig ist, wobei der Anteil der Gutachten nicht unbeträchtlich zu sein scheint, die vor allem eine Alibifunktion haben und bestimmte Maßnahmen, die im Helfersystem ohnehin für erforderlich gehalten werden, nachträglich oder begleitend legitimieren sollen. Die Zahl der Fälle, in denen rein routinemäßig und ohne Berücksichtigung der möglichen Sekundärschädigungen begutachtet wurde, scheint hoch, was in Gesprächen mit Jugendamtsmitarbeitern auch immer wieder bestätigt wird.

6.3 Besondere Fehlerquellen und Risiken im Verfahren – Muss das Kind erst in den Brunnen gefallen sein?

Wenn man sich an der vom Verfassungsgericht vorgegebenen Eingriffsschwelle orientiert, der zufolge das Kind entweder zu Schaden gekommen sein muss oder eine Schädigung mit ziemlicher Sicherheit vorauszusehen ist, bevor eine Inobhutnahme infrage kommt, dann geht man in Anbetracht der prognostischen Unsicherheit, die mit jeder psychologischen Querschnittsuntersuchung verbunden ist, ein hohes Risiko falsch-negativer Entscheidungen ein. Dieses Risiko wird zusätzlich dadurch erhöht, dass die Entscheidungsprozesse, an denen die Gerichte, die Jugendämter, die Sachverständigen und unter Umständen auch weitere Professionen beteiligt sind, ohnehin sehr komplex und fehleranfällig sind. Diese Fehleranfälligkeit ist zum Teil auf die Komplexität des Gesamtsystems zurückzuführen, das an der Entscheidung beteiligt ist. Teilweise liegt es aber auch an der mangelnden Transparenz der Arbeit des ambulanten und stationären Helfersystems mit möglicherweise nicht ganz uneigennützigen Interessen.

Dass die Entscheidungsfindung fehleranfällig ist und dass man dabei das Risiko eingeht, gefährdete Kinder präventiv nicht hinreichend schützen zu können, ist nicht nur den beteiligten Professionen und Experten anzulasten, sondern auch auf strikte, möglicherweise nicht immer einzuhaltende rechtliche Vorgaben zurückzuführen. Fairerweise muss aber auch darauf hingewiesen werden, dass eine Lockerung der rechtlichen Vorgaben bei Entscheidungen zur Inobhutnahme das Risiko für Sekundärbelastungen und Sekundärschädigungen infolge der Trennungen von den Eltern erhöhen würde. In Anbetracht dieses Dilemmas sind an die Qualität der psychologischen Begutachtung besonders hohe Ansprüche zu stellen. Diese gibt derzeit allerdings noch häufig Anlass zur Kritik, was möglicherweise mit darauf zurückzuführen ist, dass hier auch falsche Anreize für weniger qualifizierte Gutachter gesetzt werden. Häufig zu beobachtende Mängel sind eine unprofessionelle Diagnostik, oft verbunden mit einem allgemeinen testdiagnostischen Screening, dessen Einsatz rechtlich zweifelhaft ist und mit dem sich alles oder nichts beweisen lässt. Die meisten Gutachten beschränken sich im Ergebnis auf allgemeine Empfehlungen unter Berücksichtigung potenzieller Gefährdungen und berücksichtigen nicht, dass stets im Einzelfall nachzuweisen ist, wie konkret und mit welcher Wahrscheinlichkeit sich die Gefährdung auf das Kind auswirken wird.

Prüft man die Akten von Verfahren, die sich über längere Zeiträume hingezogen haben, entsteht häufig der Eindruck, dass die Forderungen und Auflagen des Jugendamts eher strategisch motiviert als sachlich begründet sind. So werden beispielsweise Eltern, die eine Rückführung ihrer Kinder anstreben, Auflagen gemacht, die sie zuvor zu erfüllen hätten (sich beispielsweise in den Entzug zu begeben, eine größere Wohnung zu suchen oder auf bestimmte Sozialkontakte zu verzichten), wobei dann immer neue Forderungen nachgeschoben werden, sobald eine Forderung erfüllt ist. Letztlich werden Eltern auf diese Weise nur hingehalten. Es werden Hoffnungen erweckt, die dann doch nicht erfüllt werden. Manchmal erwartet das Jugendamt vom Gutachter auch eine Ausforschung der Kindeseltern im Hinblick auf deren Defizite und Probleme, ohne die Bedenken hinreichend durch Tatsachen zu belegen. Es gibt auch Sachverständige, die sich dann bereit zeigen, diesen Erwartungen nachzukommen.

Begrüßenswerter erscheint hingegen, dass das Bundesverfassungsgericht die beteiligten Professionen mit seinen strengen Vorgaben dazu zwingt, sich Gedanken darüber zu machen, welche Auswirkungen die geplanten Maßnahmen auf die Entwicklung der Kinder und deren Bindungen zu den primären Bezugspersonen haben. Häufig stellt man im Rahmen der Begutachtung fest, dass bei Entwicklungsstörungen von Kindern, die den Anlass zur Inobhutnahme gaben, auch Jahre später keine Besserung zu verzeichnen war, sodass der Zweck dieser Maßnahme im Grunde verfehlt wurde.

Die Kindeswohlgefährdung, mit der eine Inobhutnahme begründet werden muss, ist ebenso wie das Kindeswohl eine Generalklausel und ein unbestimmter Rechtsbegriff (Balloff, 2021). Die fallbezogene Auslegung und Konkretisierung ist ausschließlich Aufgabe des Gerichts und des Jugendamts (Lack & Hammesfahr, 2019, Arbeitsgruppe Familienrechtliche Gutachten, 2019). Trotzdem liest man immer wieder Gutachten, in denen eine Inobhutnahme der Kinder wegen Kindeswohlgefährdung aus psychologischer Sicht als zwingend erforderlich eingestuft wird und Gefährdungen mit an Sicherheit grenzender Wahrscheinlichkeit prognostiziert werden. Persönliche Meinungen und bloße Vermutungen zu Risikowahrscheinlichkeiten können jedoch keine tatsachenbasierten Erkenntnisse ersetzen. Solche formelhaften gutachterlichen Floskeln vermitteln eher den Eindruck, dass die Begutachtung nicht ergebnisoffen durchgeführt wurde. Häufig fehlt in den Gutachten dann eine nachvollziehbare Bestimmung der Wahrscheinlichkeit eines Schadenseintritts mit Abwägung der Risiken für falsch-positive und falsch-negative Befunde. Balloff (2021) weist in diesem Zusammenhang darauf hin, dass die obergerichtliche Rechtsprechung inzwischen fordert, dass „an die Wahrscheinlichkeit des Schadenseintritts umso geringere

Anforderungen zu stellen sind, je schwerer der drohende Schaden wiegt" (S. 14). Umso wichtiger erscheint eine sorgfältige und nachvollziehbare Wahrscheinlichkeitsbestimmung. Häufig werden auch von Jugendämtern und Sachverständigen alternativlose Forderungen gestellt, ohne dass die damit verbundenen Nachteile und Belastungen für die betroffenen Kinder beachtet werden. Das ist besonders dann ein Problem, wenn konkrete Maßnahmen wie Inobhutnahmen oder Verbleib in einer Pflegestelle gegen den Willen der Kinder umgesetzt werden oder die Belastung der Kinder durch die Verhältnisse in der Pflegestelle größer sind als die vermeintlichen Beeinträchtigungen in der Herkunftsfamilie. Negative Auswirkungen von gut gemeinten Maßnahmen des Helfersystems bezeichnet man ebenso wie die Folgeschäden wegen unterlassener Maßnahmen als sekundäre Kindeswohlgefährdungen.

> **Empfehlungen**
> Häufige Fehlerquellen in Verfahren zum Verdacht auf Kindeswohlgefährdung sind
>
> - eine einseitig defizitfokussierte Sichtweise der professionellen Akteure auf das Verhalten der Eltern, ohne Prüfung der unabwendbaren Grenzen und ihrer eventuellen Ressourcen;
> - mangelnder Schutz der Eltern vor unzulässigen Eingriffen in ihre Privatsphären und ihre Persönlichkeitsrechte;
> - unzulässige rechtliche Subsumtionen durch Sachverständige;
> - verdeckte bzw. intransparente Konsensbildung bei den beteiligten professionellen Akteuren;
> - unangemessene Maßnahmen und Eingriffe bei der bloßen Erwartung von Schäden oder bei eher geringen tatsächlichen Schäden oder fehlende Eingriffe trotz schwerer Gefährdungen, weil zu hohe Anforderungen an den Nachweis der Schadenswahrscheinlichkeit gestellt werden;
> - mangelnde Berücksichtigung der Gefahr einer sekundären Kindeswohlgefährdung durch Entscheidungen oder Maßnahmen der professionellen Akteure.

Obwohl ein Verdacht auf Kindeswohlgefährdung staatliche Eingriffe in die Rechte von Kindern und Eltern mit schwerwiegenden Auswirkungen auf die Familie zur Folge haben kann, verwenden manche Sachverständige diesen Begriff inflationär und leichtfertig auch bei Begutachtungen in sorgerechtlichen Verfahren nach Elterntrennung oder in umgangsrechtlichen Verfahren. Selbstverständlich ist nie auszuschließen, dass Sachverständige im Rahmen ihrer Untersuchungen auch Hinweise auf eine Kindeswohlgefährdung finden. Sie dürfen jedoch nicht selbst entscheiden, ob sie dazu gezielte Untersuchungen durchführen, sofern diese nicht ohnehin Gegenstand des gerichtlichen Beweisbeschlusses sind, sondern müssen das Gericht informieren und um Anweisungen für das weitere Vorgehen bitten, die dann gegebenenfalls durch eine Ergänzung der Beweisfragen legitimiert werden müssen. Falls Sachverständige eigenmächtige Untersuchungen zu dieser Frage durchführen, überschreiten sie den Beweisbeschluss, was eine Ablehnung wegen Befangenheit zur Folge haben kann (Splitt, 2018; Lack & Hammesfahr, 2019). Manche Sachverständige berufen sich darauf, dass sie keine Untersuchungen zu einer Kindeswohlgefährdung durchgeführt hätten, wobei jedoch bei der Befunderstellung aus gutachterlicher Sicht oder aus der Gesamtschau der Eindruck entstanden sei, dass manche kritisch zu bewertenden Verhaltensweisen eines Elternteils als kindeswohlgefährdend einzustufen seien. Sie übersehen dabei, dass die Kindeswohlgefährdung ein rechtsnormativer Begriff ist, dessen fallbezogene Auslegung und Konkretisierung dem Gericht und dem Jugendamt vorbehalten ist. Diese Einschränkung erscheint auch notwendig, weil es inzwischen verschiedene Interessensgruppen gibt, die das rechtliche Prinzip der Kindeswohlgefährdung für ihre Zwecke instrumentalisieren, indem sie beispielsweise argumentieren, dass eine Ablehnung des Wechselmodells als Nachweis fehlender Bindungstoleranz zu werten sei und dass Bindungsintoleranz zwangsläufig zu einer Entfremdung führe, die stets mit einer Kindeswohlgefährdung verbunden sei.

> **Fazit**
> Begutachtungen im Rahmen von Verfahren bei Kindeswohlgefährdung stellen den Sachverständigen vor besondere Anforderungen, zumal er in solchen Fällen nur diagnostische Querschnittsuntersuchungen durchführen kann, deren prognostischer Wert begrenzt ist. Vielen Sachverständigen fehlt es in solchen Fällen an fachlichen Voraussetzungen und beruflichen Erfahrungen, um klinische Diagnosen stellen zu können. Trotzdem wird meistens auf die Empfehlung zur Einholung von fachpsychiatrischen Zusatzgutachten verzichtet. Die Kommunikation der Sachverständigen mit den Jugendämtern ist nicht immer hinreichend transparent, sodass in vielen Fällen die Besorgnisse nicht ganz unbegründet sind, dass die Sachverständigen die erforderliche Distanz nicht genügend einhalten und unter Umständen auch mal Gefälligkeitsgutachten für das Jugendamt schreiben.

Literatur

Arbeitsgruppe Familienrechtliche Gutachten. (2019). *Mindestanforderungen an die Qualität von Sachverständigengutachten im Familienrecht* (2. Aufl.). Deutscher Psychologenverlag.

Balloff, R. (2022). *Kinder vor dem Familiengericht* (4. Aufl.). Nomos.

Britz, G. (2014). Das Grundrecht des Kindes auf staatliche Gewährleistung elterlicher Pflege und Erziehung – Jüngere Rechtsprechung des Bundesverfassungsgerichts. *JuristenZeitung, 69,* 1069–1120.

BverfG. (2014). Beschluss vom 22.05.2014 – 1 BvR 3190/13.

Dahm, S. (2015). Voraussetzungen und Grenzen familiengerichtlicher Gebote gem. § 1666 Abs. 3 Nr. 1 BGB anhand ausgewählter obergerichtlicher Rechtsprechung. *Zeitschrift für Kindschaftsrecht und Jugendhilfe ZKL, 10*(6), 222–227.

Deegener, G., & Körner, W. (2016). *Risikoerfassung bei Kindesmisshandlung und Vernachlässigung* (4. Aufl.). Pabst Science Publishers.

Lack, K., & Hammesfahr, A. (2019). *Psychologische Gutachten im Familienrecht – Handbuch für die rechtliche und psychologische Praxis.* Reguvis – Bundesanzeiger Verlag.

Oelkers, H. (1999). Das neue Sorgerecht in der familienrechtlichen Praxis – Teil 2. *Familie und Recht, 10,* 413–420.

Splitt, A. (2018). Rechtsfragen im Zusammenhang mit familienpsychologischen Sachverständigengutachten. *FamRZ, 2,* 51–59.

7

Risiken und positive Entwicklungen bei der psychologischen Begutachtung

Wenn die Eltern sich vor Gericht um das Sorgerecht, das Aufenthaltsbestimmungsrecht oder das Umgangsrecht streiten, sollte sich die gerichtliche Regelung in erster Linie am Wohl des Kindes orientieren. Dann muss nach Lösungen gesucht werden, die dem Kindeswohl am besten dienen oder mit den geringsten Beeinträchtigungen des Kindeswohls verbunden sind. Diesem Leitgedanken fühlen sich alle am Verfahren beteiligten Professionen verpflichtet. Je häufiger Gerichte dabei auf die Unterstützung von Sachverständigen zurückgreifen, desto eher besteht die Gefahr, dass sich daraus ein Wettbewerb um Deutungshoheit entwickelt.

Wer bestimmt, worum es geht?

Nahezu jedes Fachbuch zur familienpsychologischen Begutachtung oder zur Familienrechtspsychologie enthält Kapitel über das Kindeswohl mit dem Versuch, diesen Begriff nach fachspezifischen Kriterien auszulegen. Daraus entsteht in vielen Fällen ein unausgesprochener Wettbewerb um Auslegungen zwischen Richtern und Sachverständigen. Dieser Wettbewerb spiegelt sich nicht nur im jeweiligen Verfahren vor Gericht wider, sondern ebenso in der rechtspsychologischen und juristischen Fachliteratur. Dabei geht es dann weniger um die Frage, wie sich dieser Begriff definieren lässt, sondern eher um die Kriterien, anhand derer das Kindeswohl zu bestimmen ist. Den Sachverständigen wird von juristischer Seite und im öffentlichen

Diskurs häufig vorgehalten, dass sie sich im Verfahren nicht auf die ihnen vom Gesetz vorgeschriebene Rolle beschränken, sondern dazu neigen, sich als „heimliche Richter" aufzuspielen.

Nicht alle Sachverständigen sind dafür anfällig. Andererseits werden solche Tendenzen aber auch von manchen Gerichten gefördert, indem sie ihre Beweisaufträge nicht hinreichend spezifizieren, sondern die Verantwortung mit allgemein gehaltenen Fragestellungen weitgehend an die Sachverständigen delegieren. Wenn Sachverständigen vom Gericht der Auftrag erteilt wird festzustellen, welche Regelung zum Aufenthaltsbestimmungsrecht dem Wohl des Kindes am besten entspricht, wird ihnen die Rolle des „heimlichen Richters" geradezu aufgedrängt. Ihnen bieten sich aber auch genügend Möglichkeiten, sich diese Rolle mit mehr oder minder subtilen Vorgehensweisen anzueignen, ohne dass diese Strategie sofort offenkundig wird. Je allgemeiner die Gerichte ihre Aufträge und ihre Fragestellungen formulieren, umso mehr Spielraum haben Sachverständige bei der Auswahl ihrer Methoden und der Fragen, die sie untersuchen wollen.

> Ach, wie schön, dass niemand weiß, dass ich Rumpelstilzchen heiß'! – Wie transparent arbeiten Sachverständige?

Die Umformulierung der gerichtlichen Fragestellung in sogenannte abgeleitete oder psychologische Fragen erweckt im Grunde nur den Anschein von Transparenz, kann jedoch ebenso gut der Verschleierung dienen. So merkt beispielsweise Cuvenhaus (2001) dazu kritisch an, dass man einerseits bei der Lektüre solcher Fragen nicht erkennen könne, dass daran irgendetwas besonders Psychologisches sei und dass diesen Fragen andererseits mit dieser Bezeichnung die Aura des irgendwie Geheimnisvollen vermittelt werde, die in solchen Verfahren nichts zu suchen habe. Gleichzeitig könne man die Ableitung psychologischer Fragen auch als verdeckte Kritik am Gericht interpretieren, dem der Gutachter auf diese Weise signalisiere, dass er es für zu dumm halte, die richtigen Fragen zu stellen. Wenn ein Sachverständiger glaube, ohne eine Umformulierung der gerichtlichen Fragestellung nicht weiterzukommen, sei er verpflichtet, das Gericht um Aufklärung zu bitten, was er denn eigentlich begutachten solle. Damit wird nicht nur Kritik an Gerichten geäußert, die mit zu allgemein gehaltenen Fragestellungen einen Teil der Kontrolle über das Verfahren abgeben, zu der sie verpflichtet sind, sondern auch an Sachverständigen, die zu manipulativen Auslegungen der gerichtlichen Fragestellungen neigen, indem sie den zu betreibenden

Aufwand selbst bestimmen oder ihre persönlichen Überzeugungen zum Bewertungsmaßstab nehmen.

Die von manchen Sachverständigen bevorzugte lösungsorientierte Begutachtung löst diese Probleme nicht, sondern fördert ebenfalls die Gefahr, dass das Verfahren intransparenter wird und dem Gericht die Kontrolle unter Umständen entgleitet. Weder Gerichte noch Verfahrensbevollmächtige können dann abschätzen, ob und inwieweit der im Einzelfall betriebene Aufwand gerechtfertigt ist und ob ein Scheitern vor allem auf die konfrontative Haltung der Eltern zurückzuführen ist oder vielleicht doch auf unzureichende Vermittlungskompetenzen der Sachverständigen. Zudem dürften die Grenzen zu systemischen familientherapeutischen Maßnahmen fließend sein, die jedoch ausdrücklich vom Bundesgerichtshof abgelehnt werden (siehe hierzu Weisbrodt, 2001). Weitere Risiken der lösungsorientierten Begutachtung ergeben sich aus der unzureichenden beruflichen Qualifikation mancher Sachverständigen. Die Gerichte überprüfen selten, ob Sachverständige über die besonderen beruflichen Qualifikationen und Erfahrungen verfügen, die für eine intervenierende lösungsorientierte Begutachtung erforderlich sind. Hier wären insbesondere Kenntnisse und Erfahrungen im Bereich der Familienberatung sowie in der Mediation zu wünschen, während die Beauftragung von Psychotherapeuten eher die Gefahr mit sich bringt, dass diese unzulässigerweise therapeutisch intervenieren.

> Die guten ins Töpfchen, die schlechten ins Kröpfchen! – Wie prüft man die Qualität eines Gutachtens?

Die teils sehr kritische öffentliche Diskussion über Qualitätsmängel bei der Begutachtung trägt sicher mit dazu bei, dass sich der Gesetzgeber, die Fachgesellschaften und die Berufsverbände vermehrt Gedanken darüber machen, wie man die Ausbildung der Sachverständigen verbessern und die Einhaltung von Qualitätsstandards überprüfen könnte. Gleichzeitig ist aber auch eine unerwünschte Nebenwirkung zu beobachten, weil manche Sachverständigen aufgrund des verständlichen Bedürfnisses, sich gegen jede erdenkliche Kritik abzusichern, den Aufwand bei der Begutachtung beträchtlich erhöhen. Dadurch steigen nicht nur die Kosten, sondern auch die Belastungen für die zu untersuchenden Kinder und Eltern.

Seit Erscheinen der Erstauflage dieses Buchs zeichnen sich aber auch Fortschritte in der Qualitätskontrolle der psychologischen Begutachtung ab.

- Am 16.09.2015 wurden erstmals die sogenannten Mindestanforderungen der interdisziplinären Arbeitsgruppe Familienrechtliche Gutachten veröffentlicht, an deren Erarbeitung Vertreter der juristischen, psychologischen und medizinischen Fachverbände beteiligt waren, sowie Vertreter der Bundesrechtsanwalts- und der Bundespsychotherapeutenkammer. Eingebunden waren auch das Bundesministerium der Justiz und für Verbraucherschutz, der XII. Zivilsenat des BGH und die Landesjustizministerien. Der Deutsche Bundestag nahm diese Mindestanforderungen 2016 in einer Entschließung einstimmig an. Inzwischen haben sich schon mehrere Gerichte bei ihren Entscheidungen auf diese Mindestanforderungen berufen, die (2019) in überarbeiteter zweiter Auflage erschienen (s. a. Splitt, 2018).
- Am 15.10.2016 wurden die berufliche Mindestqualifikationen für Sachverständige in Kindschaftssachen durch § 163 FamFG Abs. 1 Satz 1 festgelegt.
- Am 10.09.2017 legte das Diagnostik- und Testkuratorium der Föderation Deutscher Psychologenvereinigungen eine Liste von Qualitätsstandards für psychologische Gutachten vor.
- Seither wurden alle Standardwerke zur Erstellung von psychologischen Gutachten in Kindschaftssachen diesen Empfehlungen und Richtlinien angepasst und neu aufgelegt, und es erschienen einige neue Handbücher, die schnell in die Liste der häufig zitierten Publikationen aufgenommen wurden und regelmäßig von vielen Sachverständigen zitiert werden.

Neuauflagen bewährter Handbücher
- Familienpsychologische Gutachten – Rechtliche Vorgaben und sachverständiges Vorgehen, 7. Auflage (Salzgeber, 2020)
- Psychologische Sachverständigengutachten im Familienrecht – Grundlagen& #xF0F4;Qualitätsstandards, Mustergutachten, 3. Auflage (Castellanos, 2021)
- Kindeswohl und Kindeswille – Psychologische und rechtliche Aspekte, 6. Auflage (Dettenborn, 2021)
- Kinder vor dem Familiengericht – Praxishandbuch zum Schutz des Kindeswohls unter rechtlichen, psychologischen und pädagogischen Aspekten, 4. Auflage (Balloff, 2022)
- Familienrechtspsychologie, 4. Auflage (Dettenborn & Walter, 2022)
- Arbeitsbuch familienpsychologische Gutachten, 2. Auflage (Salzgeber et al., 2022)

Empfehlenswerte Neuerscheinungen
- Psychologische Gutachten im Familienrecht – Handbuch für die rechtliche und psychologische Praxis (Lack & Hammesfahr, 2019) [Vorankündigung einer Neuauflage für Ende 2023]
- Psychologische Diagnostik in familienrechtlichen Verfahren (Zumbach et al., 2020)

Unter Berücksichtigung der Empfehlungen der Fachkommissionen und den gerichtlichen Bewertungen von Gutachten in allen Instanzen wurden in den letzten Jahren Qualitätsstandards für die Erstellung von Gutachten entwickelt, auf die sich inzwischen regelmäßig Sachverständige, Eltern mit ihren Verfahrensbevollmächtigten und Gerichte beziehen. Diese dienen den Gerichten und Sachverständigen im Familienrecht inzwischen ähnlich wie die Düsseldorfer Tabellen für das Unterhaltsrecht als Richtlinien für die Bewertung von Gutachten (Splitt, 2018).

Trotzdem verbleiben verschiedene Baustellen mit erheblichem Nachbesserungsbedarf. Dazu gehören insbesondere:

- Mängel in der Qualität und Kontrolle der Aus- und Weiterbildung von Sachverständigen
- Unzulässige kostensteigernde „Geschäftsmodelle" mancher Sachverständigen, die Teile ihrer Aufträge unzulässig an Mitarbeiter delegieren, was auch die Gefahr erhöht, dass überflüssiger Aufwand betrieben wird, um Dritten, die vom Sachverständigen ausgewählt werden, Verdienstmöglichkeiten zu vermitteln
- Anfälligkeit mancher Sachverständigen sich als Auftragnehmer an den Ergebniserwartungen der Auftraggeber zu orientieren, um die Chancen für weitere Aufträgen zu verbessern
- Bemühungen verschiedener Interessengruppen, Einfluss auf die Richtlinien und den Ablauf einzelner Verfahren und damit auch auf die Bestellung von Sachverständigen zu nehmen.

Argumentationshilfen für Sachverständige bieten zum Beispiel Lobbygruppen an, wie die Befürworter des PAS-Modells oder des Wechselmodells für Kinder als Regellösung. Mit solchen Fehlern im System setzten sich ausführlich auch Hammer (2022) sowie in einer auch für Laien gut verständlichen exemplarischen Form auch Howard und Reitzig (2023) auseinander.

> Lohn für schwere Arbeit oder Lockruf des Geldes?

Da der finanzielle Anreiz für Gutachter und diejenigen, die sie ausbilden und supervidieren, beträchtlich ist, treten hier nicht nur verschiedene Berufsgruppen miteinander in Wettbewerb, sondern innerhalb ein- und derselben Berufsgruppe auch unterschiedliche Schulen und Richtungen. Dabei wird häufig außer Acht gelassen, dass ein akademisches Studium, das gegebenenfalls um ein Ergänzungsstudium oder eine Zusatzausbildung erweitert wird, nicht hinreichend für eine Gutachtertätigkeit qualifiziert. Im Grunde müsste es selbstverständlich sein, dass Sachverständige über hinreichende berufliche Erfahrung mit der Klientel verfügen, die sie begutachten sollen, d. h. über eine sogenannte domänenspezifische Fachkompetenz. Abgesehen von der Einschränkung, dass nicht jeder Sachverständige befugt ist, psychiatrische Diagnosen zu stellen, kann sich heute jedoch jeder Gutachter zu fast allen Fragen äußern, die sich bei streitigen Kindschaftssachen ergeben. Es ist nicht ungewöhnlich, dass sich psychologische Sachverständige ohne klinische Ausbildung und Erfahrung über die Situation und die Probleme von Kindern seelisch kranker Eltern äußern oder beurteilen, vor welche erzieherischen Anforderungen Eltern gestellt werden, deren Kinder an schweren Entwicklungsstörungen leiden, ohne dass sie über berufliche Erfahrungen mit solchen Kindern verfügen. Weitere Zielgruppen, für deren Begutachtung eine spezifische Berufserfahrung erforderlich ist, sind Familien in prekären Lebensverhältnissen, Opfer von körperlicher, seelischer und sexueller Gewalt, Kinder und Erwachsene mit Suchtproblemen. Akademisches Wissen kann in solchen Fällen keine Berufserfahrung ersetzen. Die gesetzlich in § 163 FamFG vorgeschriebenen Qualitätsanforderungen für gutachterliche Tätigkeiten im Familienrecht werden jedoch von Gerichten und Sachverständigen dahingehend ausgelegt, dass ein abgeschlossenes Studium in Psychologie, Medizin oder bei entsprechender Zusatzqualifikation auch in (Sozial-)Pädagogik als Qualifikationsnachweis ausreicht. Während bei Begutachtung von Sachschäden ein besonders hohes Maß an spezieller Sachkenntnis nachgewiesen werden muss, wird bei der wesentlich schwierigeren Begutachtung von Kindern und Eltern in Familienrechtsverfahren meistens auf den Nachweis der erforderlichen fallspezifischen Fachkompetenz der Sachverständigen verzichtet.

Mithilfe der finanziellen Anreize für Sachverständige werden auch die Entwicklungen informeller Netzwerke begünstigt, die in irgendeiner Art und Weise von der Psychologisierung des Familienrechts profitieren wollen. So gibt es Richter, die Sachverständige gezielt mit Aufträgen an sich binden, von deren Arbeit sie sich die gewünschten Ergebnisse versprechen, und Jugendämter, die regelmäßig bestimmte Gutachter vorschlagen, weil sie von diesen Empfehlungen erwarten können, die sich weitgehend mit ihren Intentionen und Vorstellungen decken. Darüber hinaus gibt es formelle und informelle Interessengruppen, die sich gezielt für die Bestellung von Sachverständigen einsetzen, deren Arbeitsweise ihren Zielen entgegenkommt. Die Auswahl von Sachverständigen durch Gerichte ist somit weitgehend unreguliert, da es den Richtern auch an Fachkunde mangelt, um beurteilen zu können, welche spezielle gutachterliche Sachkunde für die Bearbeitung eines konkreten Falls erforderlich ist. Dies hat zur Folge, dass sich zahlreiche private Anbieter für zertifizierte Aus- und Weiterbildungen und Supervisionen auf den Markt drängen, bei denen naturgemäß die geschäftlichen Interessen im Vordergrund stehen. Diese Anbieter werben zum Teil auch gezielt mit den sehr guten Verdienstmöglichkeiten für gerichtlich bestellte Sachverständige und geben ihren Teilnehmern auch Anregungen, wie sich die Einnahmen aus Gutachten optimieren lassen.

> **Beispiele für mögliche Hinweise auf überflüssigen Aufwand mit Erhöhung der Kosten**
> - Ungewöhnlich umfangreiche Ableitungen psychologischer Fragen trotz klaren gerichtlichen Beweisauftrags
> - Pauschale und inhaltlich nicht nachvollziehbare Einstufung des Falls als hoch konflikthaft, um einen erhöhten Arbeitsaufwand zu rechtfertigen
> - Inhaltlich breit gefächerte Explorationen, Anamnesen oder aufwendige testdiagnostische Untersuchungen ohne Bezug zu den Beweisfragen und ohne Begründung für das Erfordernis im konkreten Fall.
> - Besonders detailreiche und umfangreiche Wiedergaben von Gesprächen oder Beschreibungen von Verhaltensbeobachtungen von geringer Aussagekraft
> - Umfangreiche Befragung von zahlreichen professionellen Dritten ohne Begründung des Erfordernisses
> - Verwendung von umfangreichen Textbausteinen bei den theoretischen Begründungen, der Befunderstellung und den gutachterlichen Rückschlüssen

Diese Hinweise sind nicht als pauschale Kritik zu verstehen, mit der das Gutachterwesen im Familienrecht infrage gestellt werden soll, sondern eher als konstruktive Hinweise auf Schwächen und Mängel, an deren Behebung gearbeitet werden sollte. Allerdings muss auch davor gewarnt werden, dass die Gerichte und die Rechtsprechung sich möglicherweise zu sehr den Lobbyisten der verschiedenen Interessengruppen auf diesem Gebiet ausliefern.

> **Was macht Hoffnung?**

Als positiv ist zu werten, dass sich die einschlägigen Berufsverbände und wissenschaftlichen Fachgesellschaften in letzter Zeit vermehrt um die Entwicklung von Qualitätsstandards bemühen. Die Obergerichte schaffen inzwischen mehr rechtliche Klarheit im Hinblick auf die Rollenverteilung zwischen Gutachtern und Richtern, auf die Aufgaben des Sachverständigen und die Begrenzung ihrer Ermessensspielräume bei der Durchführung der Begutachtung und bei der Entwicklung gutachterlicher Empfehlungen. Außerdem entstehen an vielen Gerichtsstandorten regionale fachübergreifende Arbeitsgruppen, die ihre Erfahrungen austauschen und Empfehlungen zur Verbesserung ihrer Arbeit und zur Kooperation zwischen den Professionen entwickeln. Eine wesentliche Lücke besteht allerdings in der Information der betroffenen Laien, also überwiegend der Eltern, die miteinander in Konflikt geraten und diese Konflikte vor das Gericht tragen. Sie sind immer noch viel zu sehr der Dominanz der Experten ausgeliefert, obwohl man sie – insbesondere bei der Suche nach einvernehmlichen Regelungen – nach Möglichkeit auf Augenhöhe einbeziehen sollte, zumal sie in solchen Verfahren von den professionellen Akteuren immer wieder auf ihre Eigenverantwortung als Eltern hingewiesen werden.

In letzter Zeit wurden auch Möglichkeiten diskutiert, ob und wie sich eine professionelle Qualitätskontrolle für psychologische Gutachten durch professionelle Überprüfungen wie das Peer-Review-Verfahren verbessern lässt (Kannegießer et al., 2021). Solche Überprüfungen könnte man entweder zur Regel machen oder nur in begründeten Ausnahmefällen veranlassen. Andererseits ergeben sich auch hier Risiken und Nachteile. Zu klären wäre zunächst, über welche fachlichen Qualifikationen diejenigen verfügen müssen, die eine Überprüfung vornehmen sollen und wer dann die personelle Auswahl vornimmt, wobei auch stets die domänenspezifische Passung von Gutachter und Prüfer sichergestellt werden müsste. Offen bleibt auch, welche zusätzlichen Kosten dadurch erzeugt würden und wer diese Kosten tragen müsste. Ein weiterer, möglicherweise folgenreicher Nachteil wäre die damit verbundene Verlängerung des Verfahrens.

Gelegentlich ziehen Eltern oder Anwälte, die nicht mit dem Ergebnis der Begutachtung einverstanden sind, auch die Einholung einer fachlichen Expertise, auch methodenkritische Stellungnahme genannt, in Erwägung. Manche Sachverständige versuchen, solche Überprüfungen zu verhindern, indem sie in das Gutachten ein Verbot zur Weitergabe an Dritte aufnehmen. In den Fachbüchern wird jedoch ausdrücklich auf die Möglichkeit und das Recht der Eltern und ihrer Anwälte hingewiesen, ein Gutachten fachkundig auf Mängel überprüfen zu lassen (Lack & Hammesfahr, 2019, S. 41; Salzgeber, 2020, S. 258; Balloff, 2022, S. 207). Trotzdem gab es dazu gelegentlich gerichtliche Auseinandersetzungen, in denen allerdings das Recht von Eltern bestätigt wurde, das Gutachten auch ohne Einwilligung des anderen Elternteils fachkundig überprüfen zu lassen, weil deren Recht auf effektiven Rechtsschutz das Recht des anderen Elternteils auf informationelle

Selbstbestimmung überwiege (Beschluss des OLG Celle vom 08.09.2022–5 U 14/22). Manche Eltern sehen in der Einholung einer Expertise eine letzte Chance oder erhoffen sich davon Wunder. Daher sollte man sich vorher sorgfältig überlegen, was man davon erwarten kann und welche Risiken damit verbunden sein können. Sinnvoll und hilfreich kann eine Expertise sein, wenn die Eltern und ihre Verfahrensbevollmächtigten das Gericht auf grobe Mängel hinweisen wollen, jedoch befürchten müssen, dass das Gericht diese Bedenken mit dem Argument zurückweist, dass psychologische Laien wie Richter und Anwälte die Relevanz dieser Kritik nicht sachkundig beurteilen können. Dann ergibt sich allerdings meistens das Problem, dass es schwer sein dürfte, einen qualifizierten Experten zu finden, der in der Lage ist, zeitnah und fristgerecht eine sorgfältige Analyse des Gutachtens vorzunehmen. Daher besteht dann die Gefahr, dass sie sich mit Angeboten selbsternannter Experten behelfen, die unter Umständen überteuerte Stellungnahmen vorlegen, die überwiegend aus fallunabhängigen Textbausteinen bestehen. Obwohl eine qualifizierte und inhaltlich verwertbare Stellungnahme ein Beweismittel ist, das vom Gericht geprüft werden muss, lehnen manche Gerichte solche Expertisen mit pauschalen Begründungen ab, indem sie beispielsweise darauf hinweisen, dass Sachverständige einen großen Ermessensspielraum für Planung und Durchführung ihrer Begutachtungen hätten oder dass man bisher stets gute Erfahrungen mit der betreffenden Sachverständigen gemacht habe. Unter Umständen müssen Eltern damit rechnen, dass allein aus der Tatsache, dass sie eine Expertise eingeholt haben, Nachteile für sie entstehen, weil ihnen anschließend von anderen professionellen Akteuren vorgehalten wird, dass sie unkooperativ oder gar querulatorisch seien und die Auseinandersetzungen nur befeuert hätten. Eltern sollten auch prüfen, ob der mögliche Erfolg einer solchen Maßnahme den Aufwand rechtfertigt. Wenn das Gericht ein Gutachten in Auftrag gegeben hat, weil es keine Entscheidung ohne Gutachten treffen konnte und sich belegen lässt, dass das Gutachten nicht verwertbar ist, muss meistens ein weiteres Gutachten eingeholt werden.

In den Akten von Fällen, die als hoch konflikthaftig eingestuft wurden, finden sich häufig Gutachten mehrerer Sachverständiger, die teilweise auch zu unterschiedlichen Ergebnissen kamen. Dies könnte darauf hindeuten, dass die Begutachtungen in diesen Fällen keine klärende Funktion hatten, sondern eher zu einer Intensivierung und Chronifizierung der Auseinandersetzung führten, wobei die Eltern erwartungsgemäß ihre Bedenken und Vorhaltung gegeneinander mit den Teilergebnissen aus den Gutachten begründeten, durch die sie sich in ihrer Haltung bestätigt fühlten. Hochkonfliktliktliaftigkeit ist in solchen Fällen weniger auf eine erhöhte Streitlust der

Eltern zurückzuführen, sondern eher durch die Experten induziert, die in ihrem Kampf um die Deutungshoheit die Konflikte zwischen den Eltern instrumentalisieren.

Bei den Klagen über die hohen Kostenanteile, die die Begutachtungen insgesamt im Verfahren erzeugen, klingt häufig der Vorhalt gegen die Gerichte und Jugendämter durch, sie würden die Erledigung ihrer ureigensten Aufgaben an Dritte übertragen. Verstärkt wird dieser Eindruck besonders dann, wenn diese Behörden die Sachverständigen dann auffordern, nicht nur relevante Informationen zu erheben, sondern die rechtliche Subsumption gleich mit zu übernehmen und zu entscheiden, ob Eingriffsschwellen bei Kindeswohlgefährdungen überschritten sind, oder Vorgaben zum Lebensmittelpunkt der Kinder und zur Regelung der Umgänge zu machen. Anderseits gibt es keine Erkenntnisse darüber, wie hoch der Anteil an den Gesamtkosten ist, der durch mangelhafte Begutachtungen erzeugt wird. Über die Nachhaltigkeit von Regelungen, die sich an gutachterlichen Empfehlungen orientieren, gibt es keine Untersuchungen. Wenn Gutachten stark mängelbehaftet sind, steigt jedoch die Wahrscheinlichkeit, dass sich die Verfahren in die Länge ziehen und häufig auch weitere Begutachtungen zur Folge haben. Dies verteuert nicht nur die Gutachtenkosten, sondern bindet auch Ressourcen der Gerichte in allen Instanzen und die Zeit und Kraft professioneller Dritter wie zum Beispiel Jugendamtsmitarbeiter, Verfahrensbeistände, Familienhelferinnen oder Umgangsbegleiterinnen. Außerdem werden dadurch die Sekundärbelastungen für die Kinder stark erhöht.

> Sachverständige und Eltern – eine prekäre Beziehung mit Herausforderungen an beide Seiten?

Die konfliktfördernden Nebenwirkungen von Gutachten dürften sich wohl kaum verflüchtigen, wenn die fachlichen und methodischen Qualitätsstandards besser eingehalten würden. Trotzdem haben Sachverständige die Möglichkeit, auch ohne Auftrag zum Hinwirken auf Einvernehmen den Folgeauseinandersetzungen um die Verwertbarkeit des Gutachtens vorzubeugen, indem sie ihre Arbeit transparenter gestalten und den Eltern Angebote machen, die ihnen die Kooperation bei der Begutachtung erleichtern. Nichts hindert einen Sachverständigen daran, die Eltern über seinen wissenschaftlichen Ansatz und sein fachliches Selbstverständnis zu informieren und ihnen zu erläutern, warum er über die erforderliche Qualifikation verfügt, die gerichtlichen Beweisfragen für diesen speziellen Fall zu prüfen und zu beantworten. Er muss sich auch nicht darauf beschränken, die Eltern über ihre Rechte aufzuklären. Er kann den Eltern, ihren Anwältinnen, dem Gericht und gegebenenfalls auch dem Verfahrensbeistand und dem Jugendamt einen vorläufigen Untersuchungsplan mit Bitte um Zustimmung oder ergänzende Vorschläge vorlegen. Falls sich im Verlauf der Begutachtung zeigen sollte, dass Änderungen erforderlich sind, kann er alle Beteiligten problemlos darüber informieren. Er kann die Eltern auch darüber informieren, in welchen Punkten die Untersuchungen mit Eingriffen in ihre Privatsphäre und Persönlichkeitsrechte verbunden sind und wie sie sich dazu positionieren können, ohne dass ihnen dadurch Nachteile entstehen. Eine weitere vertrauensfördernde Maßnahme wäre, vorab mit den Eltern darüber zu sprechen, welche Informationen bei den Befragungen professioneller Dritter erhoben werden sollen und wie dabei sichergestellt werden kann, dass es nicht zu einer intransparenten Konsensbildung kommt.

Eine Herausforderung für die zu begutachtenden Eltern ergibt sich aus dem andauernden Zwiespalt zwischen der Hoffnung auf eine vertrauensvolle Kooperation und dem auf vernünftiger Vorsicht basierenden Kontrollbedürfnis. Für jemanden, der nichts riskieren will und der nicht das geringste Vertrauen in die Begutachtung hat, macht es keinen Sinn, sich darauf einzulassen. Eine vollständige Absicherung gegen Fehler jeglicher Art oder ein vollständiger Verzicht der Sachverständigen auf einen Ermessensspielraum bei ihren Rückschlüssen ist nicht zu realisieren. Damit ist nicht gemeint, dass man dem Sachverständigen blind vertrauen sollte. Eltern sollten sich jedoch darüber im Klaren sein, dass ohne ein Mindestmaß an Vertrauensvorschuss, den sie jederzeit prüfen und anpassen können, keine Begutachtung möglich ist. Sachverständige können den Eltern die Zusammenarbeit erleichtern, wenn sie verstehen und akzeptieren, dass diese nur dann Eigenverantwortung übernehmen und trotzdem Kontrolle abgeben können, wenn sie wissen, was bei der Begutachtung mit ihnen geschieht und was dabei möglicherweise schiefgehen kann. Nur unter dieser Voraussetzung ist sichergestellt, dass die Entscheidungen der zu begutachtenden Personen, ob sie der Teilnahme zustimmen oder diese ablehnen wollen, vernünftig war oder eher irrational und ohne Abwägung der Vor- und Nachteile getroffen wurde. Dummerweise bringen manche Sachverständige die Eltern in einen unlösbaren Konflikt, indem sie diese einerseits auf ihre Eigenverantwortung für die Kinder hinweisen und andererseits alle Kontrollwünsche und Bedenken der Eltern pauschal mit dem Vorhalt einer mangelnden Kooperationsbereitschaft und eines unangemessenen Misstrauens zurückweisen.

Literatur

Arbeitsgruppe Familienrechtliche Gutachten. (2019). *Mindestanforderungen an die Qualität von Sachverständigengutachten im Familienrecht* (2. Aufl.). Deutscher Psychologenverlag.

Balloff, R. (2022). *Kinder vor dem Familiengericht* (4. Aufl.). Nomos.

Castellanos, H. A. (2021). *Psychologische Sachverständigengutachten im Familienrecht* (3. Aufl.). Nomos.

Cuvenhaus, H. (2001). Das psychologische Sachverständigengutachten im Familienrechtsstreit. *Kind-Prax, 10*(6), 182–188.

Dettenborn, H. (2021). *Kindeswohl und Kindeswille – Psychologische und rechtliche Aspekte* (6. Aufl.). Reinhardt.

Dettenborn, H., & Walter, E. (2022). *Familienrechtspsychologie* (4. Aufl.). Reinhardt.

Diagnostik- und Testkuratorium der Föderation Deutscher Psychologenvereinigungen. (2017). Qualitätsstandards für psychologische Gutachten. https://www.dgps.de/fileadmin/documents/Empfehlungen/GA_Standards_DTK_10_Sep_2017_Final.pdf.

Hammer, W. (2022). Familienrecht in Deutschland – Eine Bestandsaufnahme. https://www.familienrecht-in-deutschland.de/studie/.

Howard, S., & Reitzig, J. (2023). *Im Zweifel gegen das Kind*. Econ.

Kannegießer, A., Ebner, E., Wegmann, K., Grunert, S., Belke, A. P., & Pfandmair, M. (2021). Peer-Review im Gutachenwesen – Wie kollegiales Feedback die Qualität familienpsychologischer Gutachten zu verbessern hilft. *Psychologische Rundschau, 72*(2), 147–149.

Lack, K., & Hammesfahr, A. (2019). *Psychologische Gutachten im Familienrecht – Handbuch für die rechtliche und psychologische Praxis*. Reguvis – Bundesanzeiger Verlag.

OLG Celle. (2022). Beschluss vom 08.09.2022 – 5 U 14/22.

Salzgeber, J. (2020). *Familienpsychologische Gutachten – Rechtliche Vorgaben und sachverständiges Vorgehen* (7. Aufl.). Beck.

Salzgeber, J., Bretz, E., & Bublath, K. (2022). *Arbeitsbuch familienpsychologische Gutachten* (2. Aufl.). Beck.

Splitt, A. (2018). Rechtsfragen im Zusammenhang mit familienpsychologischen Sachverständigengutachten. *FamRZ, 2,* 51–59.

Weisbrodt, F. (2001). Gemeinsame elterliche Sorge in der Rechtsprechung der Obergerichte. *Kind-Prax, 4*(1), 8–16.

Zumbach, J., Lübbehusen, B., Volbert, R., & Wetzels, P. (2020). *Psychologische Diagnostik im familienrechtlichen Verfahren*. Hogrefe.

Stichwortverzeichnis

A

Abwehrrecht 19
Alberstötter, U. 2, 135, 136
Alleiniges Sorgerecht 11
Anknüpfungstatsache 86
Aufenthaltsbestimmungsrecht 32

B

BAG 54
Bamberger, G. G. 51, 92
Bannink, F. 51, 92
Befangenheit 71
Befunddarstellung 112
Begutachtung 54
Behrend, K. 64, 151
Beratung 50
Bergau, B. 153
Beweispflicht 91
Bindungstoleranz 154
BKJPP 54
Britz, G. 166–168
Bröning, S. 3
BVerfG 158, 168

C

Celler Empfehlung 55
Cherlin, A. J. 4, 8
Cierpka, M. 7
Cochemer Modell 44
Cuvenhaus, H. 184

D

Dahm, S. 64, 168
Defizitdiagnostik 170
Dettenborn, H. 62, 70, 136, 137, 155
DGKJP 54
Diagnostisches Gespräch 89
Dietrich, P. S. 3, 136
Doppelresidenz 30

E

Einvernehmen 29
Elterliche Sorge 10, 31
Elternprimat 19
Elternrecht 18
Entscheidungsorientierte Begutachtung 59, 92

Erforderlich 159
Erzieherische Eignung 170
Erziehungsfähigkeit 109
Exploration 88
   des Kindes 92
Explorationsmethode 91

F

Fabeltest 101
Fabricius-Brand, M. 1
Falsch-negative Diagnose 107
Falsch-positive Diagnose 107, 109
Familie in Tieren 101
Familiengericht 11, 28
Familienverfahrensrecht 28
Fichtner, J. 3, 31, 45, 50, 60, 62, 136, 153
Furstenberg, F. F. 4, 8

G

Gardner, R. A. 151
Gemeinsame elterliche Sorge 11
Gericht 34
Gerichtliche Fragestellung 85
Götting, S. 146
Gutachten 54, 59
Gutachter 37
Gutachterliche Empfehlung 112
Güterichter 52

H

Hannoversche Familienpraxis 45
Hausbesuch 68
Hochstrittigkeit 137
Hommers, W. 102

I

Informationelle Selbstbestimmung 89
Inobhutnahme 35, 165

Instanzenweg 13
Interaktionsdiagnostik 96

J

Jacob, A. 98
Jopt, U. 64, 151
Jugendamt 23, 34

K

Kindesinteresse 36
Kindeswille 160
Kindeswohl 19, 20, 152
Kindliches Problemverhalten 8
Kindschaftsreformgesetz 11
Kindschaftssache 28, 34, 42
Klarer, K. 159
Klenner, W. 11
Klosinski, G. 54
Kodjoe, U. 151
Koeppel, P. 151
Kohring, T. 60, 61
Konfliktfeld 13
Kontradiktorisches Prinzip 11
Korn-Bergmann, M. 19, 39, 58–60, 62, 64, 70, 88

L

Lösungsfokussiertes Fragen 92
Lösungsorientierte Begutachtung 29, 62, 92
Loyalitätskonflikt 8, 145, 146

M

Massing, A. 7
Mediation 11, 51
Meysen, Th. 28, 34
Missbräuchliche Ausübung der elterlichen Sorge 167

Stichwortverzeichnis

N

Narzisstische Kränkung 141

O

Oelkers, H. 166, 167

P

Parentifizierung 7, 145
PAS 150
Paul, S. 3, 136
Persönlichkeitsdiagnostische Untersuchung 110
Persönlichkeitsrecht 70, 88, 105, 111
Persönlichkeitsstörung 104
Persönlichkeitstest 106, 111
Pflichtrecht 19
Prenzlow, R. 45
Projektiver Test 101
Projektives Testverfahren 110
Psychologische Frage 82, 85
Psychologischer Sachverständiger 54

Q

Querulatorische Neigung 142

R

Reich, G. 7
Rexilius, G. 64
Rhein, M. von 54
Rorschachtest 101
Rudolph, J. 44

S

Sachverständiger 37
Salzgeber, J. 62, 68–70, 85, 89, 151, 157
Sceno-Test 101
Schmidt-Denter, U. 145

Schuldprinzip 10
Schulz von Thun, F. 51
Schweigepflicht 68, 69
Sekundäre Kindeswohlgefährdung 159
Sorge- und umgangsrechtliche Testbatterie 102
Sozialgeheimnis 35
Spindler, M. 159
Staatliches Wächteramt 20
Stadler, M. 151, 157
Stellungnahme 129
Strukturiertes Interview 91
Sünderhauf, H. 136, 137

T

Testdiagnostik 99
Testverfahren 99
Transparenzgebot 101
Trennung 3, 8
Trennungsbelastung 6
Trennungskonflikt 135

U

Umgangsbegleitung 156
Umgangsboykott 23, 150, 156
Umgangseignung 154, 155
Umgangspflegschaft 156
Umgangsregelung 154
Unschuldsvermutung 17
Unstrukturiertes Interview 91
Unverschuldetes Versagen 167

V

Verfahrensbeistand 22, 23, 36
Verfahrenspfleger 24
Verhaltensbeobachtung 96
Verhältnismäßig 159
Vernachlässigung 167
Vorhaltung 90

W

Wächteramt 23
Walper, S. 3, 149
Walter, E. 62, 70, 136, 137, 155
Weber, M. 145, 147
Wechselmodell 6, 30, 153
Weisbrodt, F. 185
Westhoff, K. 59, 62

Will, H.-D. 52, 65
Willutzki, S. 156, 157

Z

Zerrüttungsprinzip 10
Zwangsmittel 156

GPSR Compliance

The European Union's (EU) General Product Safety Regulation (GPSR) is a set of rules that requires consumer products to be safe and our obligations to ensure this.

If you have any concerns about our products, you can contact us on

ProductSafety@springernature.com

In case Publisher is established outside the EU, the EU authorized representative is:

Springer Nature Customer Service Center GmbH
Europaplatz 3
69115 Heidelberg, Germany